本书为福建省教育科学"十三五"规划2019年度课题
"力行教育思想的实践探究"研究成果
立项批准号：FJJKXB19—391

李金禄 著

小学生良好品德的形成重在力行

海峡出版发行集团 | 海峡文艺出版社

图书在版编目（CIP）数据

　　小学生良好品德的形成重在力行/李金禄著.－福州：海峡文艺出版社，2021.8
　　ISBN 978-7-5550-2680-8

　　Ⅰ.①小…　Ⅱ.①李…　Ⅲ.①小学生－品德教育　Ⅳ.①G621.6

　　中国版本图书馆 CIP 数据核字(2021)第 136532 号

小学生良好品德的形成重在力行

李金禄　著

责任编辑	蓝铃松
出版发行	海峡文艺出版社
经　　销	福建新华发行(集团)有限责任公司
社　　址	福州市东水路 76 号 14 层
发 行 部	0591－87536797
印　　刷	福州力人彩印有限公司
厂　　址	福州市晋安区新店镇健康村西庄 580 号 9 栋
开　　本	720 毫米×1020 毫米　1/16
字　　数	250 千字
印　　张	18
版　　次	2021 年 8 月第 1 版
印　　次	2021 年 8 月第 1 次印刷
书　　号	ISBN 978-7-5550-2680-8
定　　价	48.00 元

如发现印装质量问题，请寄承印厂调换

前言

"国无德不兴,人无德不立。育人之本,在于立德铸魂"。习总书记的讲话深刻阐明了"立德树人"的重要性。"育才造士,为国之本"。学校要旗帜鲜明地加强品德教育,加强社会主义核心价值观教育,引导学生从我做起、从小做起,学做结合、德智相融,在自立自强的力行中培养良好的行为习惯,成长为一个有坚定理想信念、有爱国主义情怀、德才兼备、能担当重任的有用人才。

小学生正处在品德与社会性发展的启蒙阶段,教育必须从学生发展的现实和可能出发,引导学生解决现实生活中遇到的问题,帮助他们切实扣好人生的第一粒扣子。作为全国教育系统先进集体,明溪县第二实验小学始终坚持以德育为首位,旗帜鲜明地贯彻落实"立德树人"的根本教育任务。学校以"力行教育"思想为引领,遵循"我力行"的校训精神,倡导"知行合一"的教学理念和"实践体验"的学习方式,学生在不断的力行中,实践能力得以提升,品格得到健全和发展。学校以福建省首批教育教改示范性建设项目——"立足校本特色课程,构建时代育人模式"为引领,构建了具有新时代气息和本校特色的育人模式。学校探索构建了本真的品德"四步教学法"

教学模式，即自学感知、互学明理、研学拓展、践行合一。育人模式和品德课堂教学模式的构建，极大改进了品德课堂教学，提高了学生品德学习的实效，提升了本校育人的格局，有力地促进了学生良好道德品质的形成和发展。

本书共设四章内容，第一章首先阐明小学生品德教育的重要意义；第二章主要是对小学生低中高不同阶段的品德教育提出具体目标要求；第三章是把本校品德教育的主要做法和成效进行梳理，从课程育人、文化育人、活动育人、实践育人、管理育人和协同育人六个方面进行总结回顾；第四章主要介绍本校品德教育的三大特色育人活动。

本书旨在总结明溪县第二实验小学品德教育的做法和经验，使之扬长避短和推陈出新，探寻新的更加有效的育人模式，从而深入推进该校品德教育改革向纵深发展。同时也为其他学校和社会进一步落实"立德树人"根本任务提供帮助，为新时代中国特色社会主义事业培养合格建设者和可靠接班人。

目录

第一章 力行育人对小学生品德教育的启示 1

第一节 至圣孔子"知行"育人论 2
一、行有余力,则以学文 2
二、敏于事而慎于言 3
三、力行近乎仁 3
四、不学礼,无以立 4

第二节 南宋朱熹"知行相须"育人论 5
一、知先行后,知行相须 6
二、行重知轻,"力行"为重 6

第三节 明代王阳明的"知行合一"育人论 7

第四节 陶行知的"生活教育"育人论 8

第二章 力行育人对小学生品德教育的意义 10
一、当下学生存在的主要问题 11
二、当下学生问题存在的主要原因 15
三、明溪县第二实验小学学生品德教育主要做法 17

第三章 小学生品德教育的目标要求 …… 21

第一节 低年级学生品德教育的目标要求 …… 21
一、教育和引导学生热爱中国共产党、热爱祖国、热爱人民 …… 21
二、教育和引导学生爱亲敬长、爱集体、爱家乡 …… 21
三、教育和引导学生初步了解生活中的自然、社会常识和有关祖国的知识 …… 22
四、教育和引导学生保护环境，爱惜资源 …… 22
五、教育和引导学生养成基本的文明行为习惯 …… 22
六、教育和引导学生形成自信向上、诚实勇敢、有责任心等良好品质 …… 22

第二节 中年级学生品德教育的目标要求 …… 23
一、教育和引导学生热爱中国共产党、热爱祖国、热爱人民 …… 23
二、教育和引导学生了解家乡发展变化和国家历史常识 …… 23
三、教育和引导学生了解中华优秀传统文化和党的光荣革命传统 …… 23
四、教育和引导学生理解日常生活的道德规范和文明礼貌 …… 23
五、教育和引导学生初步形成规则意识和民主法治观念 …… 24
六、教育和引导学生养成良好生活和行为习惯 …… 24
七、教育和引导学生具备保护生态环境的意识 …… 24
八、教育和引导学生形成诚实守信、友爱宽容、自尊自律、
乐观向上等良好品质 …… 24

第三节 高年级学生品德教育的目标要求 …… 25
一、教育和引导学生热爱中国共产党、热爱祖国、热爱人民 …… 25
二、教育和引导学生了解家乡发展变化和国家历史常识 …… 25
三、教育和引导学生了解中华优秀传统文化和党的光荣革命传统 …… 25
四、教育和引导学生理解日常生活的道德规范和文明礼貌 …… 25
五、教育和引导学生初步形成规则意识和民主法治观念 …… 26
六、教育和引导学生养成良好生活和行为习惯 …… 26
七、教育和引导学生具备保护生态环境的意识 …… 26
八、教育和引导学生形成诚实守信、友爱宽容、自尊自律、
乐观向上等良好品质 …… 26

第四章　小学生良好品德形成的实施路径 …… 27

第一节　课程育人 …… 27
一、德育课程育人 …… 27
二、其他课程育人 …… 30
三、综合实践育人 …… 32
四、校本课程育人 …… 34
五、实践案例 …… 37

第二节　文化育人 …… 42
一、校园文化建设 …… 42
二、校园文化建设发展路径 …… 45

第三节　活动育人 …… 57
一、抓好常规工作，完善少先队建设 …… 57
二、学生自主管理，让校园充满活力 …… 58
三、坚持"活动育人"，促进学生全面发展 …… 59

第四节　实践育人 …… 87
一、研学旅行育人 …… 87
二、志愿服务育人 …… 98
三、主题实践育人 …… 109

第五节　管理育人 …… 117
一、小学生综合素质评价 …… 117
二、班主任管理 …… 124
三、构建留守孩成长乐园 …… 143
四、特殊生心理辅导站 …… 157
五、师德主题教育活动 …… 163

第六节　协同育人 …… 173
一、学校与家庭协同育人 …… 173
二、学校与社会协同育人 …… 193

第五章 小学生品德教育的特色活动 …… 196

第一节 科学教育活动 …… 196
一、"3456"科学教育机制 …… 196
二、学校科学教育成果 …… 198
三、学校科学教育案例 …… 210

第二节 国学教育活动 …… 225
一、建设人文景观，创造国学氛围 …… 225
二、编写校本教育读本，开设校本课程 …… 227

第三节 体艺教育活动 …… 259
一、明确体育教学的育人特点 …… 259
二、落实体育教学的育人措施 …… 260
三、发挥体育活动的育人优势 …… 264
四、发挥艺术教育的育人作用 …… 273

参考文献 …… 277

第一章

力行育人对小学生品德教育的启示

中华民族自古以来就是一个提倡以德治国的大国，有崇德重德、尚德倡德的传统。中国历史上的学校教育、家庭教育最突出的特点就是始终把品德教育放在首要与核心地位。古往今来，众多教育家都非常重视通过力行来促进学生品德的形成和发展。他们的力行德育思想可谓源远流长，既有很多家喻户晓的品德教育典范故事，像《孔子庭训》《孟母三迁》《程门立雪》等；又有广为流传的品德教育经典家训、家规，如诸葛亮的《诫子书》，颜之推的《颜氏家训》，李毓秀的《弟子规》等，都是教导我们要重视思想品德修养，培养子女具有当时社会所要求的政治思想品德，教导他们如何在力行实践中做人。还有在众多各派名家的文献典籍中也都记载着如何做人处世和治家的力行育人思想。尤其是儒学创始人孔子、理学集大成者朱熹、心学集大成者王阳明、近代教育家陶行知的教育思想中都蕴含着知行合一、身体力行的道德哲学和处世之学。直至今日，仍然闪烁着智慧的光芒，对中国现代品德教育具有重要的借鉴意义。

第一节 至圣孔子"知行"育人论

孔子是中国古代伟大的思想家,教育家,儒家学派的创始人。他整理成书我国传世的第一部文学作品《诗经》,删订了我国第一部编年体史书《春秋》,为中国的文学、史学创作起到了重要的指导作用,产生了极其广泛而深刻的影响。孔子的历史功绩主要是其在丰富的教学实践的基础上,提出的教育理论和教学方法。在孔子弟子及再传弟子编写的《论语》中就记载了孔子的教育原则、品德修养等言行和学术思想。孔子一生致力于传道、授业、解惑的教育工作,在品德教育中,尤其重视"行",他认为一个人要形成良好的道德品质和道德习惯有赖于其所进行的实践活动。作为我国古代史上第一个自觉探讨知行关系问题的教育家,孔子也非常重视"知行合一",强调把内在之知落实为外在之行。孔子的教育思想及学说至今仍对现代教育工作有着不可忽视的指导意义。

一、行有余力,则以学文

孔子说:"弟子入则孝,出则悌,谨而信,泛爱众,以亲仁,行有余力,则以学文。"(《论语·学而》),其中第一句"入则孝,出则悌,谨而信,泛爱众,而亲仁",是孔子对德行修养的基本要求。要求弟子们首先要致力于孝悌、谨信、爱众、亲仁,培养良好的道德观念和品德行为;第二句"行有余力,则以学文",是孔子希望学生养成良好品德行为的同时成为有知识、有真才实学的人。从行文的顺序中我们就可以很清楚地看到,孔子的教育是以道德教育为中心,重在培养学生的德行修养,他不希望自己的学生成为仅有知识而缺乏道德的人。因为在现实生活中,学文而无行者太多了。所以,孔子首先强调:做人与读书,做人是第一位的,而对于书本知识的学习,则摆在第二位。你可以行而无学文,但不可学文而无行,无行的学文是一纸空谈,在行有余力的基础上再去学文,不是说只要行,文可以不读,因为书本毕竟是人类知识传承的最重要载体，多读书不仅可以增长我们的知识学问，而且有助于提升我们的道德素养。

二、敏于事而慎于言

在道德教育中孔子主张"敏于事而慎于言"。要求人做事要勤快敏捷，说话要谨言慎行。这七个字，表明了一种人生态度，指出了一条正确的人生路。可以看出，"事"在"言"前，孔子更加重视力行体验，更加强调实践的地位。没有实践就没有一切的思想、科学、知识，人的大脑就是一片空白，空无一物。"敏于事"重要的是提高自己办事的水平和能力，办事情要有效率，要快捷，不能只说不做、多说少做。"慎于言"就是言要得当，言之有理，言之有据，少说废话，套话，空话。言的目的是沟通人与人之间的关系，达成彼此间的共识。但语言这种作用的前提是人表达的思想要正确，正确的话才能起到好的作用。常言道："言多必失"、"病从口入，祸从口出"，但慎言并不是谨慎到不说话，因为有言很重要，人生活在社会中，不是孤立的个人，要同其他人打交道，同社会发生联系，这种联系的一个重要纽带就是语言。所以"言中伦，行中虑"（《论语·微子》），表明了孔子所说的言和行都是道德化的。言语要合乎礼法，行为是经过思考的德行。"敏于事而慎于言"是我们当今社会大多数人应该遵循的准则。我们不能做语言的巨人，行动的矮子，讲道理一套一套，做事情一无所成。我们要在日常生活中发挥才智，多力行，少说话，勤观察，多实践，促进健全品格的形成。

三、力行近乎仁

孔子的思想以"仁"为核心。他提倡身体力行，强调知行统一，言行相顾，言行一致，要求个体在实践力行中自觉提升自身道德情操和改造客观世界的能力。《礼记中庸》就有孔子论"知行"之言："好学近乎知，力行近乎仁。"指出了力行是品德修养形成的最重要途径，最好的学习方法。当弟子向他请教时，他反问肯定式地回答："先事后得，非崇德与？"（《论语·颜渊》）意思是：先去做而后再收获，才是提高品德的方法。可见"行"在孔子的德育理念中有特别重要的意义。他要求弟子要学以致用，将书本上的知识应用到自己的社会实践生活中。孔子说："诵诗三百，授之以政，不达；使于四方，不能专对；虽多，亦奚以为？"（《论语·子路》）在孔子看来，如果背诵了诗经三百篇，他却不能合理地运用它处理政事，派他出使到列国，却不能独自应酬，书读得再多，又有什么用处呢？的确，今天的孩子聪明、知识丰富但往往缺乏创新、担当，无法独自生活、与人相处。所以对于当代人来说，"力行近乎仁"仍然值得借鉴。在道德教育中孔子主张言必中伦，行必中虑；反对言不由衷，言不及义，行而无思，巧言令色，言行脱节。他不自觉地抓住了道德教育中的知和行的内在联系，构成他的言行一致，慎言敏行的道德教育原则。孔子说："始吾与人也，听其言而信其行。今吾与人也，听其言而观其行。"（《论语·公冶长》）他教导人们不仅要有高尚的思想，而且要把这种思想化为行动，做真正的躬行君子，不说大话。因此他要求学生"君子讷于言而敏于行"（《论语·里仁》），主张"言之必可行"（《论语·子路》）。"君子耻其言而过其行"（《论语·宪问》）强调衡量一个人的道德境界如何，不能只凭他说得怎样，首先应看他做得怎么样。孔子对"言"与"行"关系的论述，充分地体现了他对实践的重视，强调道德认知的同时强调道德实践，把握了道德教育的关键，要将所学转变为所行，即将道德知识付诸实践，形成良好的道德习惯、道德品质，在行动中落实道德规范的要求。

四、不学礼，无以立

礼在中国古代是社会的典章制度和道德规范。孔子德育思想的目标就是通过礼规范人的行为，使社会的道德、法律和家庭的准则对受教育的人都具有规范作用，每一个人都能自觉遵守礼，从而达到人对自己有礼、人对人有礼、人对自然界有礼的境界。孔子曾教导儿子说"不学礼，无以立"，虽只有简单的六个字，却含义深刻，就是教导儿子做人要有礼，要学习和践行礼，否则就不具有良好的道德品质，便不能很好地在社会立足。孔子对弟子的教育也是"一日克己复礼，天下归仁焉"。"非礼勿视，非礼勿听，非礼勿言，非礼勿动"（《论语·颜渊》）。强调以礼约人，要自觉遵守社会道德规范（即"礼"的规定）。不符合礼制规定、道德规范的，不能看、不能听、不能说，不能动。他说："恭而无礼则劳，慎而无理则葸，勇而无礼则乱，直而无礼则绞。"（《论语·泰伯》）。在孔子看来，只有在"礼"的指导下，德育的实施才能符合中庸的准则，否则就会出现"劳""葸""乱""绞"，就不可能达到修身养性的目的。孔子不但倡导身边的人遵守"礼"，知道何为可以为，何为不可以为。自己也认真学习，在日常生活中践行落实。如"席不正，不坐"，他认为，如果面前的席子没有摆放端正，是不能入座的，这是有悖礼制的。由此可见孔子对"礼"的推崇和坚持，认为只要每个人遵循"礼"的要求，就可以使人人成为君子，真正达到社会的和谐，实现理想的大同社会。

第二节 南宋朱熹"知行相须"育人论

朱熹是中国历史上著名的思想家、教育家，是闽学巨擘、儒学的集大成者。他毕生许多精力都在学术研究和教育活动中。在朱熹的教育观中，摆在教育首位的是从事德育的践行活动。在道德知识和道德实践的关系问题上，朱熹在吸收北宋儒家程颐有关"以知为本"的思想，又借鉴佛教和道家思想的基础上，对"知先行后"的学说进行了较为细致的论证，形成了自己的道德知行观。朱熹所倡导的知行观，注重"理会、践行"。他的主要论点包括两方面，一方面是先知后行，另一方面是行重知轻。在朱熹看来，对于"知"和"行"而言，发挥着主导和决定作用的是前者。人心当中，"知"为先天所形成的"天理"，并非来自于外物，而"行"则注重于实践，因此，经常在前的是知，他十分肯定知先行后的理论。而对于程颐所提出的知难行亦难的理论，朱熹并不认同，而是强调"行重知轻"。朱熹认为对于封建伦理道德，最为关键的就是要践行。所以，他指出"致知力行"，虽然位列其先的应当为致知。但是，从轻重方面来看，更重的则为力行。就表面而言，朱熹知行观是矛盾的，既要先学习知识，又要以实践为重。其实不然，他的观点是辩证统一的，先学好基础的理论知识，再将所知转化为所行，不断付诸实践之中，达到了知行合一的目的。

一、知先行后，知行相须

朱熹继承程颐的知行学说，并有所发展，他说："如程子云：'涵养须用敬，进学则在致知'。分明自作两脚说，但只要分先后轻重。论先后，当以致知为先；论轻重，当以力行为重。"（《朱子语类·学三》）朱熹所说的知的目标，是以"已知之理，而益穷之"，即知理，行是按知得的理去践行。如果以行为先，他是反对的。朱熹认为，如果专讲践履，不先明白义理，践行就没有目标。即所谓"经不正，理不明"，都是空的了。只有先对知"痛理会一番，如血战相似，然后涵养将去"（《朱于语类·学三》），就能行得，如果不知，义理自然不明，自不能行。他说："既知则自然行得，不待勉强，却是知字上重。"（《朱子语类·大学五》）既然知得那就自然能够行得，要行必须依赖知得。朱熹坚持知先行后，但也强调"知行常相须，如目无足不行，足无目不见"（《朱子语类》卷九）。知行二者必须相辅相成．在朱熹的《四书集注》也说"愚谓力行而不学文，则无以考圣贤之成法，识事理之当然，而所行或出于私意，非但失之于野而已。"都是讲知行要并进，要相需，在知中行、行中知，将知识收获切实落实到生活、工作、学习之中，不断学文，不断力行，学用相长，知行合一。

二、行重知轻，"力行"为重

在朱熹的知行观中，他强调行重、行笃、行实和工夫全在行。朱熹修正了程颐的"行难知亦难"的说法,认为"知之非艰,行之惟艰。工夫全在行上。"他说:"欲知知之真不真,意之诚不诚,只看做不做如何。真个如此做的,便是知至、意诚。"他还强调"为学之功,且要行其所知"。认为知是为了行,力行是明理之终,致知的目的是践行。只有"行其所知",把知落实到行上,方是"实知"。所以朱熹坚持"论轻重,当以力行为重。"的观点。认为教育的目的就是"明人伦""以修其身",教人为学就是明事理、学做人,关注学生品德修养的提升。为此,朱熹将"力行"置于德育中最重要的地位,提出"学之之博,未若知之之要,知之之要未若行之之实"。他还说:"夫学问岂以他求,不过欲明此理,而力行之耳。"加强"力行",不仅可以形成正确的道德观念,养成良好的道德行为习惯,还是纠正德育中过分追求书本知识,口耳之学等弊端的重要方法。朱熹提出"力行"的德育方法,体现了他对道德实践的重视和他在德育思想方法上的真知灼见和务实精神,今天仍然不失其现实意义。

如果说朱熹的人性论和德育规范论带有更多的唯心主义色彩和封建地主阶级的烙印的话,那么,他所提倡的德育方法则具有更多的合理性。就"主敬"来说,任何一个人如果不专心致志,不自始至终保持严肃认真的态度,就不可能一步步提高自己的道德水平;就格物致知来说,任何一种行为,尤其是道德行为,必须以一定的认识为指导,只有认识了行为的重要意义,才可能更坚定地实施这种行为,并承担该行为的责任;就"克己"来说,任何社会都要求它的成员克制和消除其与社会不相适的思想和情感,使其言行符合一定的道德准则和规范。"力行"这种方法,更是为古今教育家所重视。

第三节 明代王阳明的"知行合一"育人论

明代王阳明的教育思想是以他的哲学观点为基础的。他主张知行合一,反对道德上"只知不行"或者"只行而不知"的人。他在教育思想与实践中,强调道德意识的自觉性,要求人在内在的精神上下功夫;另一方面也重视道德的实践性,指出人要在实践中磨炼,要言行一致,表里如一。王阳明指出"真知即所以为行,不行不足谓之知。""知是行的主意,行是知的工夫;知是行之始,行是知之成"。在王阳明的教育思想中"真知"必须以"行"来体现,没有"知"的"行"便是乱"行",没有"行"的"知"就不是"真知"。因此,他主张的"知行合一"的实质就在于把"知"和"行"结合起来,知中有行,行中有知,行在知在,知在行在,不能离开"行"而求"知"。"知行原是两个字,说一个工夫"。从道德教育上看,王阳明极力反对道德教育上的知行脱节及"知而不行"。王阳明认为:"良知,无不行,而自觉的行,也就是知。"就是实践出真知的道理。你去实践了,你才拥有这个知识,你不去做,即使你看多少书,学多少理论,你都无法获得这个知识。读万卷书还要行万里路。李时珍、徐霞客、哥伦布都是靠"行"写出了宏伟巨著或取得重大发现。

王阳明说:"学校之中,惟以成德为事,而才能之异,或有长于礼乐,长于政教,长于水土播植者,则就其成德,而因使益精其能于学校之中。"这里可以看出他在学校教育中的学必立志、德育为先的教育思想,把道德教育放在第一位,首要的目标就在于培养学生形成良好的道德品质,在此基础上,再培养学生其他的才能。王阳明的"知行合一"体现了王阳明在道德教育中注重实践和追求实际效果的精神,对于今天的道德教育有着历久弥新的价值。

第四节　陶行知的"生活教育"育人论

陶行知是我国现代教育史上一位卓越的人民教育实践家、理论家,他以"捧着一颗心来,不带半根草去"的精神,为中国的教育事业鞠躬尽瘁。而他的"生活教育思想"更是博大精深,为中国教育史留下了宝贵遗产。在陶行知的教育思想中,道德教育占有极其重要的位置。"千教万教,教人求真,千学万学,学做真人"陶行知的教育目的就是培养一个道德高尚的真人。要求教师要做德育教育的传真机,教学生求真知,学真本领,养真道德,说真话,识真才，办真事，追求真理，做对社会有用的人。要实现它，陶行知坚持的就是道德教育要依靠生活、社会和实践，在实践力行中出真知，出真人。他在长期教育实践中得出这样的结论："生活无时不含有教育的意义。如果教育只是书面上的，那么就失去了教育的真正意义。将生活作为教育内容，才不会使得教育的内容狭隘，才会广阔丰富，将好的生活改造不良的生活。"陶行知这里所说的生活是包含生活实践的意义。他的生活教育理论非常重视在做中学，阐述了教育和生活是同一过程，教育含于生活之中，教育必须和生活相结合。陶行知在《教育的新生》一文中也写道："行是知之始，知是行之成。行动是老子，知识是儿子，创造是孙子。有行动之勇敢，才有真知的收获。"强调知识并不完全来自于课堂，而更多的是在生活中主动去发现获得的。只有通过自己的行为，大胆地去力行，勇敢地去实践，获得的知识，才是自己真正的知识收获，才能培养创新思维、创新意识。"两千年前孔夫子，两千年后陶行知。"陶行知提出的生活教育理论时至今日仍指导着许多学校和一线教师的教育实践。

　　孔子、朱熹、王阳明、陶行知的教育思想中都强调了立德和实践两大要义，各家在具体论证时都有所偏重。但他们都在不同的层面肯定了求知重在实践力行，充分肯定了"行"在知行中的重要地位。他们的教育思想和理论虽经历史的打磨，却历久弥新，至今仍具有旺盛的生命力，为今天的德育事业的发展提供了理论来源和思想借鉴。

第二章

力行育人对小学生品德教育的意义

"才者，德之资也；德者，才之帅也。"这句话道出人才培养一定是育人和育才相统一的过程，其中育人是本。人无德不立，育人的根本在于立德。今天的小学生是未来实现中华民族伟大复兴中国梦的主力军，是新时代社会主义的建设者和接班人，他们品德的好坏，关系着祖国的未来、民族的希望。小学时期是道德品质形成的关键时期，我们应该要把"立德树人"思想贯穿教育始终，育有"德"之才。小学低年级学生的理解力较弱，我们很难通过简单的说教向他阐述道德原理，高年级学生理解能力稍有发展，但依然对空洞的道德说教没有明确的概念和体会。对小学生而言，没有比符合道德规则的力行实践更好的道德教育方式。我们必须从品德教育的养成途径力行开始，少一些说教，多一些力行示范，多一些力行引领，这样才能更快、更好地促进学生良好行为习惯的形成和道德品质的发展，做到知行合一。通过"力行"育人实践，引导孩子"明大德、守公德、严私德"，让每一个孩子在实践中培养良好的行为习惯，培育和践行社会主义核心价值观，踏踏实实修好品德，成为有大爱大德大情怀的人。

一、当下学生存在的主要问题

(一) 生活能力差

俗话说："宠儿多不幸，娇儿难成才。"就是告诫家长不要过分宠爱孩子，溺爱孩子。然而，由于独生子女这个特殊的家庭结构，不少的家长一味地宠爱孩子，使孩子离不开父母的拐棍，导致生活难以自理，生存能力差等问题。

1. 不能进行自我服务劳动

现在孩子由于大多数是独生子女，倍受家人的呵护宠爱，一切生活由父母包办，他们衣食无忧，过着衣来伸手、饭来张口的舒适生活，从而减少了动手的机会，影响了他们生活自理的能力。小学中高年级还要父母喂饭，筷子不会使用，洗脸、洗脚、刷牙、穿衣服、穿鞋子、系红领巾等事情不能自己独立完成需要大人帮忙，离开父母没有生活自理能力。学校六年级张朝阳同学由于父母常年在外面打工，家里只有爷爷奶奶照顾，爷爷奶奶对孙儿提出的要求统统答应，包办孩子所有生活，一到三年级每天都是由奶奶把书包送到班级，几次班主任看到，对其进行劝阻，孩子奶奶不但不以为然，而且指责班主任。在爷爷奶奶的溺爱下，小朝阳到了四年级以后还不能自己穿衣服，身上的扣子经常扣的七扭八斜，自己事情不能自己独立完成。去学生实训基地进行实践活动只住了一天就哭着喊着要回来，原因是自己什么都做不来，什么都不会，只想回到爷爷奶奶身边，一辈子不离开爷爷奶奶。

2. 不能进行力所能及的家务劳动

主要表现为以下方面：不会收拾整理碗筷，餐桌，基本上不会做饭菜；不会扫地，洗衣服，做卫生；不会采购日常食品、杂物；不会帮父母照看弟弟妹妹等。小艺是家中唯一的孩子，生活起居一直由妈妈照顾，一日，妈妈因临时有事要放下正在清洗的衣服出去外面，便叮嘱小艺将没洗完的衣服接着洗完，小艺走到洗衣盆前愣住了，她发现衣服正在水里泡着，不知道怎么才能把衣服洗干净,她想起妈妈平时都是把洗衣液放到盆里进行揉搓,于是把一整袋洗衣液都放了进去,然后便用手将衣服按顺时针和逆时针的方向各旋转两圈便带水和泡沫一起拿了出来,挂到了阳台,就去出去玩了。妈妈回来发现衣服上全是泡沫,衣服还在滴着水,阳台一片狼藉,便把小艺训斥了一顿。11岁的孩子本应该要为家里、为父母做些力所能级的家务,但现在的独生子女有太多的不会,这不能不让人担忧。

3. 不能进行学校、社会公益劳动

由于生活能力和家务劳动能力差,导致孩子走入学校、社会根本无法适应学校社会的要求。学校组织的卫生大扫除和除草等基本劳动中,有许多孩子是无从下手无能为力。四年级5个同学去擦一扇窗户,他们去擦了1个多小时都没有完成任务,班主任王老师过去查看情况,发现有一个孩子正在用干抹布擦拭,还有一个孩子竟然直接用手在擦玻璃,她发现窗框边上还有许多灰尘,玻璃上面都是一道道的脏水,窗户顶端根本一点都没有擦到,本来这扇窗户没有那么脏,经过同学们的擦拭后变得更脏了。像这样学校组织的简单劳动都完不成,不正反映出我们孩子的劳动能力缺失吗?

(二) 行为习惯差

养成教育是小学生品德教育的重点,小学生正处在品德与社会性发展的启蒙阶段,由于年龄小又倍受家庭的宠爱,致使不少小学生存在不好的行为习惯。

1. 学生在家的不良行为习惯表现

小学生在家行为习惯不良主要表现为以下几个方面:

一是不知道整理个人卫生,个人物品随意乱丢。现在大多数家里都是一个孩子,深受父母的宠爱包办,导致孩子在家没有整理个人卫生的意识和习惯,个人物品随手丢弃。五年级一次家长会和班级家长聊天,问及孩子在家个人卫生和物品摆放情况,家长们普遍表示孩子能完成作业就不错了,不敢指望孩子清理个人卫生,只有极个别家长反映孩子这方面还好。

二是待人没有礼貌，不诚实。小嘉怡和别人说话都是从不加称呼，"对不起""没关系"等字眼早都忘在了脑后，她自己认为那些字都是多余的；她最不愿意家里来客人，每次家里来客人，父母帮忙引见她都是很不情愿的应几声，客人离开更是从不相送，父母说她，她还很不情愿和满脸的不高兴。像嘉怡这样的孩子并不在少数。

三是不能按时完成作业，沉迷于网络游戏。小莉是三年级的学生，她每次放学回来写作业都是磨磨蹭蹭，拖拖拉拉，导致经常不能按时完成作业，即使是妈妈在旁边盯着都不管用。最近听说小伙伴们都在讨论手游《王者荣耀》，她便试着玩起了游戏，从此一发不可收拾，放学回来后作业直接抛在了一边，每天都玩得不亦乐乎，即使是上、下学路上和课间活动也满脑子都是游戏，作业不能完成已经成了家常便饭。像小莉这样的孩子还不在少数。虽然，国家要求各大游戏平台出台未成年人网络游戏限制措施，严格控制中小学生游戏活动，但有些孩子还是会利用大人身份证进行注册或利用多个账号登录，继续沉迷网络游戏。

2. 学生在学校的不良行为习惯表现

（1）课堂行为习惯差。不遵守课堂纪律，自我约束和控制能力差，学习上缺乏主动性和自信心，有厌学情绪，直接干扰正常课堂教学活动的行为。三年（6）班发生了这样一件事："老师，牛宏踩了我的脚！"上课时，一个响亮清脆的声音打断了我的讲话。告状孩子是王博，今年 11 岁，性格泼辣，是我们班的"告状"大户。王博在班级中和同学无法和平相处，有时还会攻击其他同学。课堂行为习惯差还有交头接耳、窃窃私语、擅换座位、传递纸条等行为；高声谈笑、发出怪声、敲打作响、做怪异动作等故意惹人注意的行为；争吵、推撞、追逐、讪笑等侵犯他人的行为；顶撞老师、不服从指挥等盲目反抗性行为等等。

（2）课下行为习惯差。一是课间大喊大叫、追逐、打闹，做危险性游戏。玩耍、打闹是孩子的天性，小学生课上有老师管理，学业任务重无法放松自己,课下便成了孩子们娱乐的天堂。下课后,学校楼道、操场经常可以看见孩子们追赶、打闹的情景,孩子安全意识差,造成了不少身体的损伤,轻者肢体擦伤,重者磕坏牙齿造成肢体骨折。学校每年课间打闹造成学生损伤的有十几起,为此学校加强了老师课间巡查,但还是收效甚微。二是不讲究卫生,乱扔垃圾纸屑。个别学生父母过度宠爱,在家都是父母包办卫生,不知道收拾卫生的辛苦,在学校随地乱扔垃圾纸屑;学校成立志愿督导队每天检查各班级和卫生区卫生,但第二天还是经常会发现校园内有垃圾出现;每年段放置两个垃圾桶,班主任每天早、午组织学生倾倒垃圾,但垃圾桶旁边还是经常堆满垃圾,由此可见小学生制造垃圾量巨大,不注意爱护校园卫生。三是不愿意承担老师布置的任务。部分学生不愿意主动担当,班级要进行卫生区垃圾清理,每次选派学生的时候,要么是低头不敢与老师对视,要么用各种理由逃避任务。

3. 学生在社会的不良行为习惯表现

小学生社会行为不良主要表现为不节约,不遵守公共秩序,损坏公物等行为。

一浪费现象时有发生。现在的生活条件好了,家长尽其所能满足孩子的各种需求,导致了个别学生不懂得珍惜劳动成果,浪费现象非常严重。主要表现为:本子没有写满篇就翻页,新书没用几天就掉页,钢笔说换就换,水果不好吃,等。二是不遵守公共秩序。个别学生上下学路上路横穿马路,不排队挤公共汽车,有的学生在图书馆、医院等公共场合大吵大闹等。三是损坏公共财物。个别学生,到老年活动场损坏设施设备,紫岭社区居委会也反映该小区健身器材被学生损坏等等。

(三) 道德品质差

个别学生在以自我为中心,不考虑别人的感受,打架斗殴、说谎、顶撞、脏话连篇、偷拿父母钱财。不爱护公共设施,不懂得宽容,体谅他人,没有尊老爱幼的意识。自我约束和控制能力差,意志力薄弱和抗挫能力差等等。

1. 不懂得孝敬父母和尊敬师长

对于父母家人的百般付出不懂得感恩，没有尊敬师长的意识，平时和父母说话盛气凌人，自己的要求得不到满足便言语顶撞父母，有的甚至和父母发生肢体冲突。例如：妈妈下班回来，让儿子写作业，儿子不写却看电视。妈妈说．'写作业，你看你考试得多少分，还有脸看电视呀？'儿子说．'你才不要脸呢．'六年级的王芳因为母亲送她不及时，当场在学校门口哭起来，一边哭一边骂母亲。有些学生有时见到老师不问好、给老师起绰号、课堂顶撞老师。

2. 不自觉遵守校规校纪

由于学生年纪小，缺乏对事物正确判断力，加上处于青春发育期，很容易受到校外不良场所与社会不良信息的影响，染上了一些恶习。

3. 不能承受困难挫折和失败

现在的独生子女，由于生活条件太优越，从小生活在全家人的宠爱甚至溺爱中，由于家长的百依百顺，孩子过着饭来张口、衣来伸手的舒适生活，长此以往致使一些孩子经不起困苦、风浪和挫折，养成了以我为中心的骄傲、自满、自大的不良习气。2018年黑龙江发生这样一件事，一个六年级学生成绩一直很好，家长对其期望值很高，考上理想中学不成问题，可小升初考试后自己估分觉得考得不理想，感觉自己失败了，就留下遗书自杀了。结果是这个孩子的成绩考得很好，只是当时估分不准确，如果他的抗挫能力强一些，现在应该是个坐在课堂里学习的初中生了，将来还会是对社会有贡献的人，可现在留给家人的确是无尽的痛苦。曾经有一个专家对儿童受挫能力和失败能力进行过调查，结果有55%的孩子顶不住失败的打击，31.2%的幼儿认为自己没有经过挫折，承受能力不强。

二、当下学生问题存在的主要原因

（一）家庭教育能力有待提升

教育的根在家庭，家庭是孩子的第一所学校，家长是孩子的第一位教师，家长是孩子成长的第一责任人。家庭教育对孩子的成长是至关重要的，然而，现实中有不少的家庭教育意识淡薄，教育水平低下，有很多的农村家庭、务工家庭其家庭教育可谓缺失，因此存在 5+2=0 的现象，即学生 5 天在学校的学习收获，周末 2 天在家没人教育，一周的学习前功尽弃。家庭教育环境是小学生品德形成的重要来源，可以说家庭中不良的影响和教育是导致学生不良行为产生的主要原因。目前学生家庭中，有的父母对孩子过于溺爱，百依百顺，放纵迁就；有的父母长期外出做生意，无时间管教孩子，使孩子成为"留守儿童"，家长任其自然发展；有的父母离婚或重组家庭，家庭关爱不够，对孩子放松教育；有的父母对孩子苛求而对自己放荡不羁，不能做出榜样，教育无效。上述介绍的几种家庭状况，对孩子都缺乏真正的爱或爱的表达不当，都会妨碍学生的健康成长，导致孩子品德存在问题。

（二）学校教育理念有待转变

学校教育是学生学习成长的主渠道，因此，学校科学的教育理念是引领学生成长的航标。由于一些学校的教育理念不科学影响的学生健康成长。主要存在重智轻德倾向。一些学校贯彻落实"立德树人"不够，存在唯分数、轻德育的严重倾向。学校把主要的精力、措施放在抓语、数、英文化课的传授上，一些学校只保证开好语、数、英，不能开齐开足品德、劳动、体艺等学科，存在严重挤占技能科的现象。一些学校评价体系不合理、不科学。有的学校以教学质量论英雄，存在教师绩效考评学生评价唯分数论的单一评价方式。

（三）社会教育合力有待加强

"近朱者赤，近墨者黑"。社会主义市场经济体制的转型和多元化导致某些领域滋生了道德缺失、诚信缺失以及拜金主义、享乐主义、极端个人主义等消极现象，这些不利因素都在潜移默化地侵蚀着不谙世事的小学生。从小学生的身心发展特点来看，此年龄阶段学生的年龄小、模仿能力强、辨别能力有限。一旦社会中的一些恶习，如聚赌、斗殴以及一些腐朽没落的思想倾向被学生看见模仿，就会严重影响了学生的健康成长。除此之外新兴网络对小学生的冲击也非常大。"网络本该是一个思想自由驰骋的世界，但是这五彩纷呈的网络世界并不是真正的世外桃源，也并不是一池清水，在它绚丽多姿的背后涌动着汹涌的暗流，这对小学生的思想品德有强烈的冲击。"网络是一个鱼龙混杂、瑕瑜并存的虚拟世界。色情、暴力信息也在网络世界里泛滥。而小学生好奇心强，辨别是非能力差，网络就不可避免地对小学生思想品德的良好发展产生了不利的影响。

三、明溪县第二实验小学学生品德教育主要做法

"冰冻三尺非一日之寒。"当下学生问题的出现与社会、家庭教育和学校教育密切相关。我们要把握学生的身心发展变化，在分析学生问题的基础上，提出必要的有效策略，用新的教育理念来改善学校教育引导家庭教育，让孩子走在正确的道路上，为孩子的成长保驾护航。因此，明溪县第二实验小学提出了"力行教育"思想，通过"力行"教育来培养孩子的实践意识和能力，促进孩子良好行为习惯的养成，促进孩子健全品格的形成。

（一）优化力行环境氛围，培育学生向上精神

古人云："蓬生麻中，不扶而直。"人是被环境教育着的，通过环境渗透的教育往往是富有影响力的教育，这种不露痕迹的教育又常常是最能入脑入心的。学校坚持环境育人和文化熏陶并举，开辟了两墙（即大型运动文化墙和大型传统文化墙）；三园（即科体园、生态园和书香园）；四廊（养成教育长廊、科技教育长廊、传统教育长廊、艺术教育长廊）。让每面墙都说话，让每座园都启迪，让每个走廊都展示"力行育人"的魅力，让学校到处洋溢着力行向上的气息，让无声建筑上的力行主题校园文化激励、引领着孩子们合力同行、竭力而行、不断前行，努力做力行学生。学校向全校学生征集原创温馨提示语和书画，布置了走廊墙面；让优秀学生照片及其力行简介展示在橱窗里，形成一种种特定的力行教育语言，在点滴中感染和熏陶着每一位孩子。

(二) 打造力行教师典范，促进学生健康成长

"亲其师，则信其道；信其道，则循其步。"对于小学生而言，老师就是一面镜子，他的一言一行、一举一动都会是学生的蓝本，成为他们模仿的对象。因此，为人师者应是德为先。该校充分发挥学校党员教师先锋模范带头作用，学习身边的先进典型姜文海等党员教师的优秀事迹，引导广大教师强化师德师风建设理念，增强教书育人的责任感。定期召开师德师风讲座、举办师德师风演讲、开展读书心得交流、进行师德学习教育大讨论、师德师风测评等活动使全体教师切实做到秉持师道、弘扬师爱、塑造师风，践行"四有"力行教师要求，从而因材施教促进学生健康成长。

(三) 开发力行特色课程，激发学生个性成长

当下许多问题学生有个性，有想法，喜欢挑战。他们不满足现有的课程知识，渴望实践、探究。该校积极构建满足学生发展需要的课程体系，坚持以知行合一为教学理念，把力行课程工作落到实处、落到细处，认真开发具有我校（本书中均指明溪县第二实验小学）独特的力行校本课程。根据学生的需求成立了科技兴趣小组，举办了科技夏令营；组建了田径队、足球队、排球队、腰鼓队、合唱队、绘画班、书法班；改革了大课间活动，开展了国学操、跑操等阳光体育活动；自编了《三模》《国学》《趣味英语》等教育读本，并纳入每周课程安排；增加了机器人、研究性学习内容，其中研究性学习内容有家乡的红豆杉、客秋包、金线莲；寻访明溪民间传统文化等。这一项项校本课程成了问题学生的精神后花园，在这里个性和特长得以自由地滋润张扬，实践和创新能力得以全面地提升发展。

(四) 创建力行德育活动，构建学生成长平台

品行养成的关键是自我体验。力行德育活动就是要让每个孩子在自我体验实践中"力行"，在潜移默化中将做人做事的道理转化为良好的行为习惯，做优秀的力行学生。

1. 志愿服务、自我实践

我校以传统节日、纪念日等为契机，用道德讲堂、国旗下讲话、童谣征集传唱等形式，开展有意义的主题德育实践活动。同时学校成立了文明礼仪队、校园环保队、纪律卫生评比队等百名红领巾志愿者服务队，为孩子搭建了能力行、乐力行、提升自我、完善自我、发展自我的平台。

2. 结对帮扶、健康成长

学校留守儿童较多，留守儿童往往缺少家庭的关爱，导致品行不端，力行意识差。作为县留守儿童教育示范点，学校已经总结出一套适用而有效的关爱留守儿童工作办法，努力建好"留守儿童之家"，建立学习困难、生活困难、心理困惑"三类帮扶"留守儿童成长档案，开展不同形式的结对帮扶活动，每位留守儿童都与帮扶教师签订结对协议，每位教师在工作中都认真地记下了帮扶过程，拍下了帮扶过程中最精彩的图片。主要活动有安排留守儿童与其远在他乡的父母在网上进行电话交流、亲情视频；开展亲情书信活动；到贫困留守儿童家进行慰问；"家校关怀万里行"精准家访活动；"守望成长，爱助和谐"关爱留守儿童主题班会……通过这些活动让留守孩和其他学生一样健康全面发展，从而形成健全的人格。

3. 研学旅行、行知合一

学校践行"力行"教育精神，根据不同年级孩子的特点设置了历史文化研学、生态自然研学、红色足迹研学、改革成就研学等主题研学，依托广泛的社会资源，发挥学校、家庭、社会各方力量，把课堂搬到了室外，通过参观东方军司令部、红军战地医院、气象站、消防大队、基地实训等研学活动，融学于乐、融学于情，让学生在研学旅行中收获知识、得到成长。

（五）构建力行家校机制，助力学生全面发展

教育家苏霍姆林斯基说："最完备的教育模式是'学校——家庭'教育，学校和家庭是一对教育者。"我校构建力行家校机制，积极打造家校合力共同体，充分利用家长资源管理、教育学生。成立了校家委会和班级家委会建立家长微信群，通过家庭教育大讲堂、家庭教育公益讲座、家长开放日、电话交流等活动，最大限度地发挥家校协作教育的合力，实现家庭和学校的"无缝对接"，使家庭在力行教育体系中发挥更大作用。此外，每学期全体教师都会对每一位学生进行上门大家访，特别是针对特殊群体学生，了解他们的生活环境、家庭情况，在家表现，和家长一起商讨有效育人方法。力行家校机制让家庭教育与学校教育两者完美融合，形成并提升教育合力，真正做到家校合一，"静待花开"。

第三章

小学生品德教育的目标要求

第一节　低年级学生品德教育的目标要求

一、教育和引导学生热爱中国共产党、热爱祖国、热爱人民

尊敬中国共产党党旗，知道建党日。

尊敬国旗、国徽，会唱国歌，升降国旗、奏唱国歌时肃立、脱帽、行注目礼，少先队员行队礼。

感受人民最伟大。

二、教育和引导学生爱亲敬长、爱集体、爱家乡

孝敬父母，尊敬师长，多交流、爱交流、会交流。

积极参加集体活动，集体成员之间相互尊重，学会合作。

热爱家乡的绿水青山、旅游胜地。

三、教育和引导学生初步了解生活中的自然、社会常识和有关祖国的知识

走进生活，初步了解生活中的自然。

参与社会，初步了解社会常识。

多方感知，初步了解祖国的知识。

四、教育和引导学生保护环境，爱惜资源

爱护山水林田湖草生态系统，不向河流、水库、湖泊等水域倾倒垃圾；

爱护花草树木，不践踏草坪，不损坏树木。

五、教育和引导学生养成基本的文明行为习惯

说文明话，做文明事，当文明人。

等候服务时自觉排队，乘坐电梯、自动扶梯和上下楼梯时依次有序。

咳嗽、打喷嚏时遮掩口鼻，患有流行性感冒等传染性呼吸道疾病时佩戴口罩。

文明如厕，便后冲水，不在公共厕所内乱涂乱画。

维护环境卫生，不随地吐痰、便溺，不乱扔垃圾。

乘坐公共交通工具有序上下，主动为老弱病残孕和携带婴幼儿的乘客让座，不抢座、不占座，不影响驾驶员安全驾驶。

通过路口或者横过道路不闯红灯，不跨越道路隔离设施。

不从建筑物内向外抛掷物品。

六、教育和引导学生形成自信向上、诚实勇敢、有责任心等良好品质

自强自律健身心。坚持锻炼身体，乐观开朗向上。

诚实守信有担当。不说谎不作弊，做到知错就改。

第二节　中年级学生品德教育的目标要求

一、教育和引导学生热爱中国共产党、热爱祖国、热爱人民

尊敬中国共产党党旗，知道为什么要热爱中国共产党。

尊敬国旗、国徽，会唱国歌，升降国旗、奏唱国歌时肃立、脱帽、行注目礼，少先队员行队礼。

知道要尊敬人民。

二、教育和引导学生了解家乡发展变化和国家历史常识

感受家乡的变化发展，萌发对家乡的热爱之情。

了解国家历史常识，进行爱国主义教育和革命传统教育。

三、教育和引导学生了解中华优秀传统文化和党的光荣革命传统

爱国学，了解中华优秀传统文化。

学党史，了解党的光荣革命传统。

四、教育和引导学生理解日常生活的道德规范和文明礼貌

说文明话，做文明事，当文明人。

等候服务时自觉排队，乘坐电梯、自动扶梯和上下楼梯时依次有序。

咳嗽、打喷嚏时遮掩口鼻，患有流行性感冒等传染性呼吸道疾病时佩戴口罩。

文明如厕，便后冲水，不在公共厕所内乱涂乱画。

维护环境卫生，不随地吐痰、便溺，不乱扔垃圾。

乘坐公共交通工具有序上下，主动为老弱病残孕和携带婴幼儿的乘客让座，不抢座、不占座，不影响驾驶员安全驾驶。

通过路口或者横过道路不闯红灯，不跨越道路隔离设施。

不从建筑物内向外抛掷物品。

五、教育和引导学生初步形成规则意识和民主法治观念

遵守法规校纪。自觉礼让排队。

遵守交通法规。过马路走人行横道。

遵守公共秩序。在公共场所守不拥挤，不喧哗，礼让他人。

六、教育和引导学生养成良好生活和行为习惯

衣着整洁，经常洗澡，勤剪指甲，勤洗头，早晚刷牙，饭前便后要洗手。自己能做的事自己做，衣物用品摆放整齐，学会收拾房间、洗衣服、洗餐具等家务劳动。

阅读、观看健康有益的图书、报刊、音像和网上信息，收听、收看内容健康的广播电视节目。不吸烟、不喝酒、不赌博，远离毒品，不参加封建迷信活动，不进入网吧等未成年人不宜入内的场所。

七、教育和引导学生具备保护生态环境的意识

保护环境，不随地吐痰，垃圾分类要做到。

爱护山水林田湖草生态系统，不向河流、水库、湖泊等水域倾倒垃圾。

爱护花草树木，不践踏草坪，不损坏树木。

八、教育和引导学生形成诚实守信、友爱宽容、自尊自律、乐观向上等良好品质

自强自律健身心。坚持锻炼身体，乐观开朗向上，不吸烟不喝酒，文明绿色上网。

诚实守信有担当。保持言行一致，不说谎不作弊，借东西及时还，做到知错就改。

第三节　高年级学生品德教育的目标要求

一、教育和引导学生热爱中国共产党、热爱祖国、热爱人民

尊敬中国共产党党旗，时刻准备着，做共产主义事业的接班人。

尊敬国旗、国徽，会唱国歌，升降国旗、奏唱国歌时肃立、脱帽、行注目礼，少先队员行队礼。

立志为人民服务。

二、教育和引导学生了解家乡发展变化和国家历史常识

进一步感受家乡的变化发展，萌发对家乡的热爱之情。

进一步了解国家历史常识，进行爱国主义教育和革命传统教育。

三、教育和引导学生了解中华优秀传统文化和党的光荣革命传统

爱国学，进一步了解中华优秀传统文化。

学党史，进一步了解党的光荣革命传统。

四、教育和引导学生理解日常生活的道德规范和文明礼貌

说文明话，做文明事，当文明人。

等候服务时自觉排队，乘坐电梯、自动扶梯和上下楼梯时依次有序。

咳嗽、打喷嚏时遮掩口鼻，患有流行性感冒等传染性呼吸道疾病时佩戴口罩。

文明如厕，便后冲水，不在公共厕所内乱涂乱画。

维护环境卫生，不随地吐痰、便溺，不乱扔垃圾。

乘坐公共交通工具有序上下，主动为老弱病残孕和携带婴幼儿的乘客让座，不抢座、不占座、不影响驾驶员安全驾驶。

通过路口或者横过道路不闯红灯，不跨越道路隔离设施。

不从建筑物内向外抛掷物品。

五、教育和引导学生初步形成规则意识和民主法治观念

遵守法规校纪。自觉礼让排队。

遵守交通法规。过马路走人行横道。

遵守公共秩序。在公共场所守不拥挤，不喧哗，礼让他人。

六、教育和引导学生养成良好生活和行为习惯

衣着整洁，经常洗澡，勤剪指甲，勤洗头，早晚刷牙，饭前便后要洗手。自己能做的事自己做，衣物用品摆放整齐，学会收拾房间、洗衣服、洗餐具等家务劳动。

阅读、观看健康有益的图书、报刊、音像和网上信息，收听、收看内容健康的广播电视节目。不吸烟、不喝酒、不赌博，远离毒品，不参加封建迷信活动，不进入网吧等未成年人不宜入内的场所。

七、教育和引导学生具备保护生态环境的意识

保护环境，不随地吐痰，垃圾分类要做到。

爱护山水林田湖草生态系统，不向河流、水库、湖泊等水域倾倒垃圾。

爱护花草树木，不践踏草坪，不损坏树木。

八、教育和引导学生形成诚实守信、友爱宽容、自尊自律、乐观向上等良好品质

自强自律健身心。坚持锻炼身体，乐观开朗向上，不吸烟不喝酒，文明绿色上网。

诚实守信有担当。保持言行一致，不说谎不作弊，借东西及时还，做到知错就改。

第四章

小学生良好品德形成的实施路径

第一节 课程育人

明溪县第二实验小学主要从德育课程、其他课程德育功能、综合实践活动课、地方学校课程来实施课程育人。学校充分发挥课堂教学的主渠道作用，将德育内容细化落实到各学科课程的教学目标之中，融入渗透到教育教学全过程。

一、德育课程育人

该校严格落实德育课程。按照义务教育课程方案和标准，开齐开足《道德与法治》，落实课时，配齐配强教师。该校共有六个年段 36 个教学班，学生近 2000 人。道德与法治课现有专职教师 2 人，兼职教师 28 人。教师主要以党员、行政人员和优秀教师为主，采取专职为主，兼职结合的方式，能校好满足教学需要。

小学《道德与法治》课程是以儿童的生活为基础，以培养品德良好、乐于探究、热爱生活的儿童为目标的生活型综合课程。

根据学校力行课堂"三学一引"的教学理念，结合道德与法治学科特点，探索形成品德课堂教学模式。即，自学感知；互学明理；研学拓展；践行合一的四步教学法。

第一步：自学感知

课堂要让每个学生都动起来，培养学生主动地思考，使学生善思、勤思、深思，培养学生观察、分析、探索等解决问题的能力。

"自学"就是学生带着学习目标、任务，独立学习思考，或读文、或看图，让学生通过自己的努力来完成学习任务。

教师要引导学生联系教材内容各抒己见。

一是通过抓住精炼的问题，组织学生展开自学感知。

如部编人教版小学道德与法治四年级下册《我们的好朋友》《说说我的好朋友》通过"说一说"：

在学校生活三年多了，你一定交到不少好朋友，和大家说说你的好朋友吧。

好朋友之间总有说不完的开心事，说出来与大家分享一下吧。

与朋友在一起是那么开心、美好，说说你们是怎样成为好朋友的。预设：我们几个谈得来，越谈越得劲儿。

学生在自学感知中，分享了朋友之间的开心，找寻成为好朋友的原因。

二是联系简要的文字、精致的图片，互相交流教材中简要的文字介绍以及资料"阅读角"等，并利用图片直观形象的特点，辅助理解所学。

教师引导学生联系教材中的问题、文字、图片，组织学生在交流中各抒己见，或分享所知，或提出质疑，或即时答疑，使学生对课堂所学有总体性的感受。

第二步：互学明理

"互学"就是教师在课堂上，针对学习内容和学习要求的需要，采取的学生同桌之间、小组之间或全班同学之间的合作学习，在互学中引导学生明理。

互学体现的是以学生自主学习、合作学习为主的学习方式，落实学生的主体地位。因此，教师要重视课堂民主平等氛围的营造，要引导学生积极主动的参与学习，养成勤于思考、善于表达、学会合作的学习习惯，要调动起学生良好的情绪，最大限度地激发学生学习的主动性。

在教育部部编人教版小学道德与法治三年级下册《我和我的同伴》《我能变得更好》，教师可以组织同桌或小组互学，开展通过"赞赞自己"的活动帮助学生增强自信，肯定自己，相信自己。

第三步：研学拓展

德育要生活化。"研学"就是师生智慧共同作用下，重学巧引地进入深层次、深入性的研究性学习。学生或精读文本、或研究问题、或动手操作实践、或共同探讨来解决疑难、突破重难点，从而促进学生思维发展和创新精神的形成。

要进入深层次、深入性的研究性学习，仅以学生为中心的学习方式还不够，还要以学生的学习为核心。因为学习目标的达成是要靠学生的学习来实现的，只有学生学得深入、学得透彻，才能真正掌握知识、感悟道理、提升能力。只有以学习为核心才能更好、更有效的学习，收到最佳的学习效果，以对接生活实际。

教师要引导学生联系社会生活畅所欲言。

一要紧扣课堂需要达成的目标。教师要把握课堂教学所要达成的目标，结合教材中的文字、图片、问题，引导学生紧紧围绕目标要点展开信息交流。

二要联系从媒体获得的信息。教师要将学生的思维引导到从课外获得的相关材料，教师辅以课件介绍，通过延伸信息链，让课堂与社会的结合更加明显、有效。如教学"我们当地的风俗"时，引导学生畅谈当地风俗，通过多媒体展示奇妙的节日风俗，探讨风俗演变的理由。

三要联系典型案例。社会上发生的典型案例，学校、家庭、同学之间的真实事例，均是教育的好素材，使学生在教育过程中印象深刻。在教学《安全护我成长》时，引导学生联系交通安全、消防安全、游泳安全等方面发生的事例谈体会，以增强教学实效。

第四步：践行合一

"纸上得来终觉浅，觉知此事要躬行。"小学生品德的形成要做到知行合一，就得在生活实践中来锤炼、检验。

一要重视引导学生参加德育实践。如以课堂和教材为纽带，精心组织学生参与"活动园"。在小学道德与法治五年级下册《担当家庭责任》，教材安排的活动园——"回想自己在家中的表现，看看你在家中是否做到了自理、自立"。通过思考自己在家中的表现和参与家务劳动的活动，学生自觉做到生活自理，积极参加家务劳动。

二要重视引导学生写道德实践日记。在教学《合理消费》时，教师要引导学生反对浪费，学会节约，做一个聪明的消费者，从小逐步培养自己的理财能力。通过组织学生登记消费日记（周记），分辨必须和非必须消费事项，教育学生更新消费观念，优化消费方式，做到合理消费。

三要重视对学生的道德实践进行评价。教师要让学生，特别是留守孩等将学习的快乐，生活的情趣，进步的欢欣及时与同学、家人、亲友分享，品尝成长的快乐。

在教学《我们一家人》时，教师要引导学生主动交流沟通，增进与家人的相互了解与理解。在生活中，留心观察、主动询问，尽力关心和帮助家人，让他们多一份轻松和宽慰。

通过自我评价和家长评价，学生在反思获得了启示：自立自强，方能悦亲。作为子女，努力学习，掌握知识，练就本领，加强自身的品德修养，做到自立自强，就是对家人最大的精神安慰。

二、其他课程育人

习近平总书记指出"要坚持把立德树人作为中心环节，把思想政治工作贯穿教育教学全过程，实现全程育人、全方位育人"；习近平总书记进一步强调"要把立德树人融入思想道德教育、文化知识教育、社会实践教育各环节"。

我校根据不同年级和不同课程特点，充分挖掘各门课程蕴含的德育资源，将德育融入各门课程教学中。

（一）通过班（队）会课，进行德育教育。根据《开学第一课》、主题班队会课，组织学生学"四史"（党史、新中国史、改革开放史、社会主义发展史）；进行社会主义核心价值观教育；宣传《三明市公共文明行为促进条例》，加强文明礼貌养成教育等。

（二）通过语文学科，进行德育教育。在教学四年级语文下册《千年梦圆在今朝》时，组织学生通过默读课文，说说中华民族千年的飞天梦是怎样逐步实现的，了解我国在航天领域的最新成就，引导学生树立远大理想，为实现中华民族伟大复兴的中国梦而读书。

（三）通过数学学科，进行德育教育。在教学数学科统计知识时，可以通过统计中国和其他国家抗击新冠肺炎疫情的相关数据，如感染人数、治愈人数、伤亡人数，让学生深切感受到：新冠肺炎疫情这一近百年来传播速度最快、感染范围最广、防控难度最大的突发公共卫生事件发生后，在以习近平同志为核心的党中央坚强领导下，中国坚持以人民为中心，采取最全面、最严格、最彻底的防控举措，以巨大勇气和强大力量，坚决阻断全国本土疫情传播，取得了疫情防控阶段性重要成效。如何有效应对百年不遇的全球大流行疫情，目前仍是有待国际社会共同破解的世界难题，中国从国情实际出发，遵循传染病防控客观规律，边实践边总结边完善，并不断应对新的挑战，努力在控制疫情和救治病患等方面探索出一套行之有效的"中国实践"和"中国方法"。在对比感受中，引导学生进一步厚植爱国主义情怀。

（四）通过英语学科，进行德育教育。在实施德育中，要将学生作为主体，英语课堂教学渗透德育教育时也需要以学生为主，要充分调动学生的参与性和积极性。因此，应该重视激发学生学习英语的兴趣。首先，教师应当进行适当的德育情境创设。在课堂教学中，通过媒体播放视频等方式，引导学生在看、说、议中接受德育教育。其次，教师通过"三学一引"力行课堂教学模式，组织学生在自学互学、在老师的引导下自主、有效学习。由此不断提高学生的课堂参与度，有效融合德育教育。

（五）**通过体育学科，进行德育教育**。在学校组织的篮球、排球、小足球体育课中，渗透合力同行的力行教育理念，让学生不但做到"我能行"，更要做到"我们能行"，涵养学生团队意识。

（六）**通过科学学科，进行德育教育**。在学校科学课、校本科技教育读本的教学中，通过"3456"科技教学机制，引导学生爱科学、学科学，对学生进行创新启蒙。

三、综合实践育人

学校根据教育部印发的《中小学综合实践活动课程指导纲要》，以培养学生综合素质为导向，通过综合实践活动课和劳动教育、实践研学等方式探索综合实践育人途径。

（一）综合实践活动课

学校通过综合实践活动课实施德育教育。如在组织教学上海科技教育出版社《小学综合实践活动》三年级下册"关注身边的垃圾"活动主题时，引导学生去发现露天堆放垃圾、随意丢弃垃圾、对垃圾不加分混合处理等不良行为，知道这些行为不仅影响景观，也会污染大气、水和土壤，对居民的健康造成威胁。据调查，垃圾中有大量可以利用的资源，属于可再生资源。如果不能有效处理垃圾，就会造成资源的巨大浪费！垃圾的收集、处理和利用已成为社会发展的当务之急。

学生在探究身边的垃圾的过程中，可以了解垃圾的由来、分类以及处理过程，从而明白垃圾也是一种宝贵的资源，胡乱丢弃会污染环境、破坏生态，而对垃圾加以科学分类处理则是造福人类的善举。通过这一主题各种形式的活动,既可以培养学生的环保意识,切实感受习近平总书记关于"垃圾分类也是新时尚"的重要论述,又可以使他们认识到自己是社会的一员,也能为环保尽一份力。

(二) 明溪县第二实验小学"劳动教育"实施方案

学校积极落实《中共中央国务院关于全面加强新时代大中小学劳动教育的意见》,探索在教育部印发《大中小学劳动教育指导纲要(试行)》的指导下,通过劳动教育发挥劳动的育人功能。

1. 指导思想

以习近平新时代中国特色社会主义思想为指导,全面贯彻党的教育方针,落实全国教育大会精神,坚持立德树人,坚持培育和践行社会主义核心价值观,把劳动教育纳入人才培养全过程,贯通小学各学段,贯穿家庭、学校、社会各方面,与德育、智育、体育、美育、科技教育相融合,紧密结合经济社会发展变化和学生生活实际,积极探索"力行+劳动教育",注重教育实效,实现知行合一,促进学生形成正确的世界观、人生观、价值观。

2. 劳动素养

爱劳动、懂劳动、会劳动。

3. 教育内容

(1) 加强辛勤劳动教育,培养学生奋斗精神。

通过日常生活劳动教育,让学生立足个人生活事务处理,培养良好生活习惯和卫生习惯,强化自立自强意识。

(2) 加强诚实劳动教育,培养学生诚信品质。

通过生产劳动教育,让学生体验工农业生产创造物质财富的过程,增强产品质量意识,体会平凡劳动中的伟大。

(3) 加强创造性劳动教育,培养学生创造能力。

通过服务性劳动教育,让学生利用所学知识技能,服务他人和社会,强化社会责任感。

4. 教育途径

（1）加强学科融合，增强教育合力

一是在劳模精神学习中，教育学生牢固树立劳动最光荣、劳动最崇高、劳动最伟大、劳动最美丽。

二是在文化学习中，教育学生勤学苦练。

三是在体育锻炼中，教育学生强身健体。

四是在美育熏陶中，引导学生感受劳动美。

五是在科技教育中，鼓励学生不辞劳苦，努力创新。

（2）用好《劳动》教材和《全国中小学中医药文化知识读本》

（3）力行劳动实践，培养劳动能力

一是在校内保洁、护花草，学技能。开展校园保洁值日，爱绿护绿活动。

二是在家中洗刷、拖地板，练本领。开展周末家务活动，逢节日学"三包"手艺。（低年段包混沌、中年段包水饺、高年段包客秋包）

三是在课外实践、做公益，真力行。鼓励学生积极参加力所能及的社区公益劳动。

根据学校安排，赴实践基地锻炼，参加进行相关的劳动。

（4）正面评价激励

对劳动态度好、劳动习惯久、劳动技能熟的同学进行表扬。

四、校本课程育人

（一）开设国学经典校本课程

中华五千年的悠久历史，孕育了底蕴深厚的民族文化，通过开展传统文化教育，让学生学习国学经典，传承中华文明有着深远的意义。

我校积极营造浓厚的传统文化氛围。一是建立国学经典教育长廊。在我校教学楼的三楼建立了经典诵读的文化走廊，走廊每一根柱子上都配上精美的古典诗词，充满了经典诗文的气息。二是开辟"国学园"。国学园内设有名著导读、国学经典文化墙、宋代理学家杨时塑像、毛泽东诗词、书香小屋、棋台、墨台等，每天可接纳 300 多名学生。长达 32 米的"书香长廊"，设计精美，别具一格，每天可接纳 100 多名学生在此阅读。三是建立大型传统文化墙。文化墙版面精美、内容丰富、博古通今，有弟子规、家风家训、明溪古今、明溪八杰以及现代做人的行为准则等，彰显了地域文化特色。

我校积极开展传统文化教育活动。一是坚持开展课间国学操锻炼；二是积极推广诵读国学经典，营造和谐的书香校园活动，为了展现诵读的成果，学校定期举行以"诵中华经典，做书香少年"为主题的经典诵读展示活动。三是将诗教融入校本课程课。将《国学教育读本》纳入了校本课程，每两周安排一节国学经典诵读课。在这节课里，针对教材里的其中一首古诗词进行详细的学习，并拓展到其他的古诗词。教师通过收集大量的声音和图像信息，循序渐进地组织教学，使学生能更直观更形象来感受诗词领悟其独有的文化魅力。

（二）开设科学教育校本课程

通过"3456"科技教育机制培养学生创新意识。学校高度重视对学生的科技教育，在"力行"教育思想的引领下形成了"3456 科学教育机制"，即"三大层次——科学普及、科学提高、科学精英"，推动科技教育活动多层次，阶梯性发展；"四大领域——科技模型、机器人、电子百拼、科技创新"，丰富科技活动内容；以"五大载体——国家课程、校本课程、兴趣活动、辐射示范、科技大赛"，为主抓手；以"六大措施——学校重视、队伍强大、课题引领、科技研讨、科技活动、校内外共建"为具体工作措施，培养学生创新意识和科学探究能力，提高学生的科学素养，弘扬学校办学特色，实现学校科技教育工作的可持续发展。

由校长、科技教师参与编辑的《科技教育读本》分低年级、中年级和高年级三册，内容涵盖了科技四模（航空航天模型、车辆模型、航海模型、建筑模型）、科技创新、机器人启蒙等。学校在每周课程中安排一节科技校本课，介绍科技知识和学校科技活动开展情况。

(三) 开设"体艺"教育校本课程

学校体育以"力行"教育思想为引领，开发"足球、田径、排球"校本课程，组建足球队、田径队、排球队并严格落实训练计划，打造"一校多品"的学校体育特色；学校开发"艺术"校本课程，开设合唱、鼓号、腰鼓、绘画、书法等兴趣小组。"体艺"校本课程育人的良好氛围已然形成。

(四) 开设文明礼仪教育校本课程

学校根据《中小学生守则（2015 年修订）》，制定了文明礼仪"三字经"，引导学生养成良好的文明礼仪习惯。

1. 讲文明，学礼仪

上尊老，下爱幼，尊师长，孝父母。

见师长，要行礼，用尊称，勤问好。

父母言，要听从，父母心，要体谅。

与邻里，要和睦，多交往，常沟通。

同学间，多谦让，有事情，互帮忙。

自己事，自己做，家务事，多帮忙。

公益事，抢在前，集体事，勇承担。

2. 懂礼仪，重仪表

穿衣服，要整洁，勤刷牙，常洗澡。

头常洗，发常理，手指甲，常修剪。

不打人，不骂人，同学间，相处好。

有痰液，不乱吐，废弃物，不乱扔。

爱花草，不攀摘，爱公物，不涂刻。

立和行，要稳健，头不摇，身不晃。

学校还通过开发相关的校本课程，坚持开展毒品预防教育、法治教育、党史学习教育，切实发挥校本课程的育人功能。

五、实践案例

首批省中小学思想政治理论课示范课

三明市——【示范课教案】

《我们不乱扔》

明溪县第二实验小学 陈秋华

【教案设计】

学　　科：道德与法治

教学对象：二年级学生

课　　时：第二课时

【教材分析】

《我们不乱扔》是部编版《道德与法治》二年级第三单元《我们在公共场所》的第二课。教材内容由"我喜欢哪种情景""不只是为了干净""这样可不行"和"我能做到的"四项活动组成。本课的目的是引导二年级的学生通过生动形象的故事了解乱扔垃圾的危害；认识垃圾与生存环境的关系；通过观看环卫工人四季扫地的图片及现场小活动，初步了解环卫工人为洁净家园付出的辛劳，从而激发学生对环卫工人的尊重；在实践体验中学会准确的垃圾分类，认识到保护环境人人有责任，不让垃圾落地不仅是一个人的道德素养体现，更是一个民族、一个国家文明素养的体现。

【学情分析】

二年级学生初步懂得不乱扔垃圾，能维护学校公共卫生，但因为年龄小，生活阅历有限。如何教会孩子做到随手捡起垃圾，学会分类；如何尊重环卫工人的劳动成果；帮助孩子理解维护环境的公共卫生不只是为了干净，更是一种责任和文明，这些都需要在教学实践中明理导行。基于学生的现实情况，立足学生现况，精心设计，用心安排每一个教学环节，希望能达到预期的目标。

【教学目标】

1. 了解乱扔垃圾的危害，认识垃圾与生存环境的关系，懂得尊重劳动者。
2. 学会垃圾分类并于生活中自觉践行，明白保护环境人人有责。
3. 提升保护环境的核心素养，争当环保小卫士，为缔造美丽明溪做应有贡献。

【教学重点】

1. 了解环卫工人的生存现状，体会其为洁净家园付出的辛劳，懂得尊重劳动者。
2. 学习垃圾分类基本知识，能在生活中自觉践行并带动家人一起进行环保活动。

【教学难点】

认识到保护环境人人有责任，不让垃圾落地不仅是一个人的道德修养的体现，更是一个民族一个国家文明素养的体现。

【教学准备】

教师准备：PPT，相关学具

【教学过程】

活动一：导入绘本，激发兴趣。

1. 教师导入：

(1) 上课前老师问你们一个问题，如果你看见地板很脏，你感觉怎么样？

(2) 那你会帮忙捡起来吗？

师：看来我们班级的小朋友一个个都是讲卫生、讲文明的环保小卫士。

作为奖励老师先请你们欣赏一则绘本故事——请同学们认真听，动脑筋想一想：你从故事里知道了什么？

教师小结：孩子们，垃圾不落地，家园才能洁净美丽。这就是我们今天要一起探究的环保课题《我们不乱扔》。

【设计意图：上课伊始，教师播放配乐绘本故事，童真童趣的故事情节深

深吸引学生，画面定格在：野餐后的公园草坪上留下一地的垃圾。教师借机启发学生思考，然后小结并出示课题——《我们不乱扔》】

活动二：明白危害，提倡环保。

1. 呈现图片，像东东一家那样，随手扔垃圾，会产生什么危害呢？请看大屏幕；

2. 学生谈感受；

3. 感知乱扔垃圾的危害。

小结：我们不乱扔，不只是为了干净，更是为了保护好我们共同生存的环境。

【设计意图：这一环节，通过图片呈现，直接震撼学生心灵，引导他们明白乱扔垃圾的危害，意识到"环保"的重要性。】

活动三：实践体验，懂得尊重。

1. 出示环卫工人图片；孩子们你们知道吗？在我们身边，有一群人，也为了环保事业时刻奉献着自己。

2. 实践体验；选一列的学生当环保员，通过现场捡垃圾（频率不断提高），学生感受到捡垃圾的辛苦。

假如我们左手提着垃圾袋来到了森林公园，公园的地上布满了人们随手乱扔的垃圾，看到香蕉皮我们弯腰把它捡起来放到垃圾袋中，看到纸巾我们弯腰把它捡起来，放到垃圾袋中，看到苹果皮我们弯腰把他捡起来放到垃圾袋中，烟头弯腰捡起来放到垃圾袋中、矿泉水瓶弯腰捡起来、香蕉皮弯腰捡起来、纸巾、苹果皮、烟头、矿泉水瓶、香蕉皮、纸巾、苹果皮、烟头、垃圾、垃圾……（不断加快速度）

3. 谈感受。

小结：我们不乱扔，不只是为了干净，更是对环卫工人的尊重。

【设计意图：这一环节，通过图片呈现，实践体验、数据展示等环节，从不同角度上触动孩子，同时学生也获得直接的经验体验，感知环卫工人劳动

的艰辛与重要，萌生"尊重"情感。】

活动四：辨析两难，明确责任。

（一）创设情境。

出示三幅"两难"情境图。

（二）明确保护环境之责任。

同桌交流讨论。

小结：孩子，我们常说保护环境人人有责，我们不乱扔，不只是为了干净，更是保护环境的责任。

【设计意图：此教学环节中，老师有意识设计三种"两难"情境的处理，目的是为了让学生在讨论、交流、汇报中明辨是非，树立正确价值观，明白对垃圾进行准确投放，不只是为了干净，更是保护环境的社会责任和义务人人应该履行随手捡起垃圾，维护环境整洁的责任与义务。】

活动五：观赏实例、践行文明。

（一）呈现图片，感受文明。

1. 呈现图片；

你们知道吗，近几年来，我们的环保责任意识也越来越强了，在北京、上海、厦门人们几乎都不随地乱扔垃圾，你们看……美丽的北京、上海、厦门，正是因为大家的用心维护，才能拥有如此美丽的景致。刚刚看到很多孩子在看这些照片时，都情不自禁地发出"哇"的感叹声。你在感叹什么？

2. 学生谈感受。

小结：我们不乱扔，不只是为了干净，也是文明素养的体现。

（二）学会分类，掌握准确投放垃圾要领。

1. 观看垃圾分类视频；

2. 小组讨论；

看了这段视频，你一定对垃圾分类有了更清楚的了解，是吗？陈老师这里有一些垃圾，你能够将它准确地投入到正确的垃圾桶中吗？好，那现在请同学们看看老师的要求——出示小组活动要求。

3. 汇报；

4. 教师小结：现在把所有垃圾准确地投进垃圾桶了，真棒，把掌声送给自己！近年来随着国家对垃圾分类的重视，还出示了一系列的法律条款，因此学会了垃圾分类，一定要以个人行动带动家人努力践行。

（三）充分利用，产生效益。

1. 了解有些垃圾可以产生效益；

2. 了解有些垃圾可以变废为宝；

3. 学生谈感受；

4. 小结：是的，所以我们常常说原来垃圾是放错地方的资源。习近平总书记也再次强调，垃圾分类、变废为宝，使垃圾资源化这是化腐朽为神奇、即是科学，也是艺术，更是一种新时尚。

（四）总结全课。

我们不乱扔，不只是为了干净，是对环境的保护，是对劳动者的尊重；是我们肩负的责任，更是我们个人文明素养的体现。

【设计意图：本环节的设计，老师抓住关键词"文明"，立足情感熏陶，从图片展示彰显人们用心维护才拥有如此美丽的景致再通过小组讨论、汇报交流，让学生明白保护环境是文明素养体现的道理。】

【板书设计】

我们不乱扔

环保尊重责任文明

不只是为了干净

【教学反思】

《我们不乱扔》这一课的重点是让学生了解乱扔垃圾的危害，体会环卫工人的辛苦，从而激发学生对环卫工人的尊重，学习垃圾分类基本知识，能在生活中自觉践行，并带动家人一起进行环保活动。

为了实现这个目标，我很重视学生的积极参与，在教学过程中，我通过让学生听故事，观赏图片及视频信息，通过这样不断地直观呈现，让学生初步感受到乱扔垃圾的危害，同时也认识到垃圾与生存环境的关系。在学生有一定的认识基础上，我再次组织通过现场捡垃圾这一简单的动作，要求速度不断加快，让学生体会到捡垃圾的辛苦，从而激发学生对环卫工人的尊重。在垃圾分类环节我给足学生时间，学生自行讨论交流，他们在互学中学会了垃圾分类，再通过观赏一些实例，让学生感受到垃圾分类、变废为宝，使垃圾资源化这是化腐朽为神奇、既是科学，也是艺术，更是一种新时尚。在总结中适时组织学生学习习近平总书记论垃圾分类的金句。

第二节　文化育人

（福建省教育工委、教育厅 2012 年 1 号文件《关于加强全省中小学校园文化建设的实施意见》明确指出要树立"文化兴校、文化育人"的理念，至 2014 年底全省 90% 的城市中小学、70% 的农村中小学通过校园文化建设评估验收，到 2016 年全省校园文化建设工作普遍达标）。

一、校园文化建设

（一）什么是校园文化

校园文化是学校在育人环境中，以学生为主体，以教师为指导，以继承传统、彰显特色、体现文化构建与文化活动为主要内容，以校园为主要空间，以校园精神为主要特征，以促进学生成人成才为主要目标，由全体师生在教学、科研、管理、生活等各个领域的相互作用中，共同创造出来的一切物质和精神建设成果的总和，可以说校园文化是一个学校发展的内涵式品牌，是学校的灵魂。

（二）学校文化构建的三个层次

1. 一流的学校文化：内化于心，外化于行有先进合理的办学理念指导，校园环境主题突出，有亮点，有内涵，有明确的育人功能，学校视觉系统、色调系统规范统一；学校办学思想已通过各种途径在校内形成风气，在师生身上内化为品格及习惯。

2. 二流的学校文化：外化于行

学校的环境优美，有亮点，但会出现"有景观，无文化"的学校文化建设误区；有一定的视觉系统的应用意识，但并不全面；有自己的学校理念，但和学校环境所要展现的文化内涵不统一。

3. 三流的学校文化：空中楼阁

有校训、校风等学校理念，但仅仅是挂在墙面上，没有有内涵的育人环境，也没有配套的视觉、行为系统。

（三）确立科学的理念文化

理念文化是引领学校发展的灵魂，是由学校全体师生的思想观念积淀而成的主导意识和深层心理定式。依据教育政策、地域特色、历史沿革、发展现状和未来趋势等因素，对学校的教育理念、办学宗旨、管理理念、一训三风等进行核心性、战略性、系统性、规范性的优化设计，使其对内激励师生攀登不止，对外塑造学校形象，实现学校的内涵和特色发展。

1. 主要依据

教育政策、地域特色、历史沿革、发展现状和未来趋势。

2. 确立方式

（1）对学校现有办学理念及办学特色进行梳理与提升，扬长避短，整合现有办学理念，形成新的、科学、合理、有高度的理论系统（适用于大部分学校）。

（2）对学校办学理念、办学特色重新进行定位与规划，在此基础上形成完整的学校理论系统（适用于新建学校或没有鲜明办学特色定位的老学校）。

3. 确立内容

核心理念：核心理念的确定和提炼是其最关键的环节，也是学校发展规划中的定位环节。围绕核心理念（学校愿景或办学目标、办学特色），再进一步提出以下理念。

基本理念：三风一训、培养目标、管理理念等。

（四）用办学理念规划校园文化建设

1. 紧扣办学理念精心描绘学校愿景宏图。

2. 围绕办学理念精心规划设计环境文化建设。

3. 根据办学理念认真制定阶段实施计划（包括环境文化、行为文化、视觉文化）。

（五）用办学理念引领校园文化发展

1. 用办学理念引领校园活动的开展

引领常规活动的开展：常态性的教师、学生活动（如节假日活动、正常的少先队、体育、艺术活动、教研活动）。

引领特色活动的开展：人无我有、人有我优（如国学操、跑操、百人红领巾志愿服务队、大课间等）。

2. 用办学理念引领课程改革的发展

课改能否得以推进，能否落到实处，真正意义上实现教师角色和学生学习方式的转变，关键在于办学理念。只有真正从学生成才成长的目标出发，倡导学生自主、探究、合作学习的教学理念，才能发展学生的思维，培养和提高学生的学习能力，促进学生的成长。（我校在学生全面发展和培养具有创新意识和身心健康师生的核心理念的引领下，一是学校开齐开足课程；二是改革课堂教学，倡导学生自主、探究、合作的学习方式，推行重学巧教的教学模式）。

3. 用办学理念引领特色文化的发展

校园文化建设要秉承校史、立足校情、展望未来，在办学理念的引领下，深入挖掘能体现学校办学历史和校园精神的校园文化内涵，并通过开展丰富多彩的校园文化活动来加以提炼，使之达到提升校园文化育人效果，丰厚校园文化内涵的目的,形成校园文化的鲜明特色,并逐步打造成学校的亮丽品牌,提高学校的办学品位。

(六) 校园文化建设要注重实效

文化建设的根本任务就是达到文化育人,实现文化兴校。学校的育人对象就是学生,所以接地气就是要达到教育学生的实际效果,即要有利于学生的成长,还要适合于学生的成长。在校园文化建设中,不管是确立理念文化,还是建设环境文化和行为文化方面都要紧紧围绕核心理念,注重实效、不喊口号、不脱离实际,要立足于学生的发展,为了学生的发展,基于学生的发展。一是在内容上要挖掘能体现地域特色和贴近学生生活实际的学生熟悉的有感染、有影响、有教育意义的(如,我校的大型传统文化墙确立了明溪古今、明溪八杰、弟子规、家风家训、扬传统树新风;我校坚持开展跑操和小主人在行动活动等)。二是在形式上要选择学生乐于和易于接受的方式(如理念文化的确立要浅显直白易懂)。三是不能让校园文化成为摆设,特别是办学理念要通过讨论、研讨、交流等形式,让师生入心入脑;主题环境要通过组织师生观看,谈、写观后感等形式来达到育人的效果;行为习惯、品德精神要通过各种实践活动,让学生体验、感悟获得。

学校文化建设实施流程包括学校文化建设规划目标制定阶段、学校文化体系构建阶段、学校文化践行推进阶段和学校文化质量认证阶段四个部分。其中,学校文化体系构建是重中之重,包括理念文化、行为文化、视觉文化和环境文化。

二、校园文化建设发展路径

明溪第二实验小学坚持以人为本的办学理念,以"质量创品牌,创新求发展,特色铸辉煌"的工作思路,秉承历史、立足校情、展望未来,探索总结出了校园文化"一二三五"建设工程:即围绕一个主题(力行教育),促进两个成长(学生健康成长和教师专业成长),依托三个载体(环境熏陶、理念引领、行为体验），突出五个重点（养成教育、兴趣教育、自主教育、师德教育、特色教育）的校园文化建设主线。使我校校园文化得以可持续的快速发展，让我校师生在这种轻松和谐、文明高雅的文化氛围中感受着尊重，享受着快乐，濡染着文明。

（一）以理念引领为育人载体，构建内涵丰厚的校园理念文化

理念文化是引领学校发展的灵魂，是由学校全体师生的思想观念积淀而成的主导意识和深层心理定式。依据教育政策、地域特色、历史沿革、发展现状和未来趋势等因素，对学校的教育理念、办学宗旨、管理理念、三风一训等进行核心性、战略性、系统性、规划性的优化设计，使其对内激励师生攀登不止，对外塑造学校形象，实现学校的内涵和特色发展。

1. 确定切合校情的办学宗旨

根据国家素质教育精神和我校科技教育特色的现情，在全校师生智慧的共同作用下，确定了切合我校可持续发展的办学宗旨：倡导"力行"教育，办一所以"立德树人"为育人理念；以"知行合一"为教学理念；以"实践体验"为学习方式；以"科技教育"为品牌的优质学校。

2. 提炼富有内涵的"三风一训"

校训：我力行；校风：合力同行；教风：竭力而行；学风：努力践行。我校的校标、校歌、校风、校训是在秉承历史、立足校情、展望未来基础上，经过精心提炼产生的，把特色性、教育性、稳定性和发展性有机整合起来，是学校的灵魂，真正发挥了"三风一训"的导向功能。

（二）以环境熏陶为育人载体，打造和谐高雅的校园环境文化

环境文化是学校文化建设的基础工程，是学校理念文化、视觉文化、行为文化的物化表现，依据文化统领、彰显主题、处处有景、景景育人的原则，对学校的环境主题、校园色彩、景观文化、馆室文化、走廊文化、道路文化等进行优化设计，营造科学、人文、和谐的校园环境氛围，实现"润物细无声"的教育效能。

1. 把和谐高雅的整体校园作为育人的主阵地

苏霍姆林斯基说过:"我们的教育应当使每一堵墙都说话。"我校始终把美化校园环境,加强校园人文和自然环境的建设作为学校发展的首要任务。根据校情,我校拟定了"一塑(标志性雕塑);两墙(即大型运动文化墙和大型传统文化墙);三园(即科体园、生态园和国学园);四廊(养成教育长廊、科技教育长廊、传统教育长廊、艺术教育长廊)"的建设思路。

2. 把班级环境作为环境育人的关键

班级文化是校园文化的重要组成部分,因此,我校将班级文化建设作为环境育人的关键,主要从班级环境文化和班级行为文化两方面入手。环境布

一塑　　　　　　　　　　　　两墙

三园

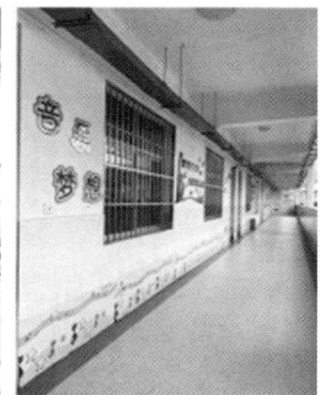

四廊

置遵循整洁、人文、温馨、向上的原则,形成充满生机、积极向上的班级环境;行为文化则以班风、学风两大支柱文化为主。倡导学生自主管理、自我发展的理念,积极尝试和推广学生自主管理的做法和经验,逐渐形成"凡是学生能做的事学生自己做,学生不会做的事老师引导做"的学生自主管理模式。

3. 把走廊环境作为环境育人的精髓

走廊是学生课间活动的长久之地,是育人的关键场所。我校按照每层一个内容的思路,分别开辟了行为教育长廊、科技教育长廊、国学经典教育长廊和艺术教育长廊,这些走廊和楼梯文化主题鲜明,内容源于学生作品,至真至善至美，易于学生接受，形式学生喜闻乐见，遵循整洁、整体、激励、和谐的原则，是我校环境育人的精髓。

4. 把卫生间环境作为环境育人的新风

卫生间文化往往是容易被忽视的，但它实际上又是学校环境育人的重要之地，如果卫生间文化能建设的完好，那才是真正意义上的"让每一堵墙都说话"，实现学校环境全方位育人的格局。因此，我校力克艰难、奋力推进卫生间环境建设，掀起卫生间文化育人的新风尚。

(三) 以行为体验为育人载体，营造师生良好的校园行为文化

行为文化是学校文化建设的保障工程，是实践学校理念与创新的办学运行模式，以理念文化为核心，对学校的组织制度、管理规范、行为规范等进行优化设计，从而塑造学校公共形象、领导行为形象、教师行为形象、学生行为形象等，使学校理念与学校行为保持统一和完整，通过学校的行为特征来识别学校。

1. 把师德提升作为教师成长的前提

师德是教师的灵魂，教师的成长必须以师德提升为前提，通过开展形式多样的师德活动，使教师形成稳定的个性和心态，形成健康的富有个性的人格。一是开展"师德承诺"活动。每位教师的"师德承诺"在学校门口电子屏幕滚动播出，本学期已将每位教师的"师德承诺"以挂画的形式在学校的办公室前、楼梯、走廊等位置挂出，向家长、学生公开承诺。二是开展主题教育活动。紧紧围绕"我是园丁我荣光""做个幸福的老师"和"忠诚履职，爱生乐教"为主题开展系列教育活动。三是开设教师讲坛。

开展"风展红旗如画，红色文化教育"教师报告会

"教师讲坛"主要有以下活动：一是道德讲堂；二是国旗下讲话；三是业务讲坛，每一次外出学习的教师回来都要做二级培训，还要进行必要的交流研讨。通过开设"教师讲坛"，为教师搭建学习交流的平台，让老师交流自己在教育教学管理中的点滴感受与职业幸福，让学习交流成为一种习惯和需要，从而感受职业的幸福感与成就感。四是发挥榜样引领的作用。我校通过不断构建学校发展的动力凝聚人心，充分发挥教师中榜样力量的作用，影响带动不同的群体。

2. 把课堂改革作为教师成长的举措

我们坚持以课题促课改，以课改促成长的有效做法。积极倡导"自己的课堂，本真的课堂"，立足校本，勤于实践。在校本教研过程管理中，我们做到：一突出，突出反思与交流；二重视，重视日常教研，重视课例研究；三研究，研究课堂，研究学生，研究自己。以研讨"有效教学"为主旋律，语文以阅读教学和习作教学为主要研究内容，数学以有效练习和高效课堂为主要内容，进行教学研讨，开展科研活动，让老师们在研中领悟，教中提高，逐渐形成自己的教学风格和有效的教学模式。

"力行"课堂教学模式——"三学一引"

学校在"重学巧教"理念的引领下，提出"力行"课堂的研究、尝试和推广，取得可喜的成效。力行课堂强调的是，学生通过自身的努力实践去获得知识和能力的课堂，着力构建"我力行"的高效课堂。力行课堂必须要实现两大转型：一是由教师传授型课堂向学生学习型课堂转变，体现"学生学习为本"的理念。二是由知识掌握型课堂向学生发展型课堂转变，体现"学生发展为本"的理念。

根据以上理念，形成了"力行"课堂教学模式——"三学一引"。"三学"：即"自学""互学""研学"，"一引"就是老师的巧妙引导。

3. 把建章立制作为规范行为的保障

校园制度是维系学校正常秩序必不可少的保障机制，但情感管理也极其重要，我校实行制度管理与情感管理并重，建立以人为本的管理文化。一是以制度管理为基础，创建规范文明学校。制定了《教学常规管理制度》《教育、教学奖励办法》《教师绩效考评细则》等一系列制度。二是让情感管理成为教师自觉接受制度管理的内驱力。学校制度从教师实际出发，实施人文化、民主化的制度管理，让教师都能产生一种被尊重、被承认的心理感受。

4. 把校园活动作为学生成长的关键

丰富多彩的校园活动，是促进学生道德品质、科学素养、体艺素质及其综合能力提高的重要载体，是促进校园文化建设提升和发展的关键所在。我校主要的活动有：四大节活动（艺术节、科技节、读书节、体育节）；大课间活动（广播操、国学操、跑操）；科技、体育、艺术、国学等各种兴趣活动；"法纪教育""留守孩教育""国学经典教育""小主人在行动"等主题活动以及"6.1"节、"10.13"少先队纪念日、清明节等各节日纪念活动。

（四）以打造品牌为育人载体，锻造鲜明的校园特色文化

我校在办学理念的引领下，致力彰显校园文化建设的鲜明特色，深入挖掘能体现学校办学历史和校园精神的校园文化内涵，锻造了独特的科学教育品牌形象，提高学校的办学品位。

少年强则科技强，科技强则中国强。习近平总书记在科学家座谈会上指出："好奇心是人的天性，对科学兴趣的引导和培养要从娃娃抓起，使他们更多了解科学知识，掌握科学方法，形成一大批具有科学家潜质的青少年群体。"这一大批青少年群体，通过不断的教育和培养一定能成为建设社会主义现代化强国的人才，甚至成为未来科学家和创造者的中流砥柱。他们必将是实现两个一百年奋斗目标和中华民族伟大复兴中国梦的伟大力量。因此，从小激发孩子的科学兴趣，培养孩子的科学素养，具有极其重要的现实意义和伟大的战略意义。

明溪县第二实验小学以"力行教育"为主线，坚持把科学素养作为学生的重要核心素养之一，把培养德为先且具有实践能力和创新精神等科学素养的新时代人才为育人目标。坚持从小抓、全面抓、长期抓、协同抓，积极探寻培养学生科学素养的有效途径，形成了适合我校科学教育发展的"3456"科学教育机制，即，"三大层次——科技普及、科技提高、科技精英"，将科技教育活动进行多层次，阶梯性发展；"四大领域——科技模型、机器人、科技创新和电子百拼活动"，丰富科技活动内容；"五大载体——国家课程、校本课程、兴趣活动、科技大赛和辐射示范"为主抓手；"六大措施——学校重视、队伍强大、课题引领、研讨扎实、活动丰富和校内外共建"，有力地推进了我校科学教育的快速发展，取得了显著成效。

1. "3456"科学教育机制的"三大层次"机制

主要是从对学生的科学教育培养目标考虑而提出的，坚持学生全体参与、全面培养，兴趣激发、重点培养的原则，遵循从易到难、循序渐进、梯次上升的教育规律。通过三大层次科学教育机制，在我校学生科学教育中做到了全面普及和重点培养，实现了全面科学启蒙教育和尖端科学小能手培养的目标，使我校科学教育得到整体全面的推进。

（1）"科学普及"即全体学生都要积极主动地参加科学学科的课堂学习和基本科学活动，在全体学生中普及科学启蒙知识和基本技能，激发学生的好奇心，让更多的学生了解科学知识，掌握基本的科学方法，培养学生从小爱科学、学科学的兴趣和爱好。

（2）"科学提高"即在科学普及的基础上，对科学特别感兴趣的学生，鼓励他们参加各项科学兴趣班，使学生通过自己的努力动手操作、实践和体验，激发学生的科学意识和科学潜能，进一步提升学生的实践能力和创新精神，从而提升学生的科学素养。

（3）"科学精英"即在科学兴趣班培养的基础上，选拔出科学小能手再通过学校组织的科学精英班中进行强化训练，培养出科技小能手参加国家、省、市组织的各项大赛。

2. "3456"科学教育机制的"四大领域"机制

主要是从对学生的科学教育内容考虑而制定的，坚持适应性、有效性和科学性的原则，即选择适合我校实际的，能促进学生科学素养提升和潜能激发，能促进学生实践能力和创新精神提升的具有科学教育价值和学生乐于学习的内容。

（1）科技模型是我校的传统项目。主要选择航空航天模型、航海模型、车辆模型以及建筑模型。航空航天模型、航海模型、车辆模型都是学生极其喜欢参加的项目，这三大模型对培养学生的动手操作能力极为有利。学生自己组装模型、改进模型，在对模型的组装、改进和操作的过程中，动手能力和思维能力都同时得到训练和发展。建筑模型则可以培养学生布局、整合、审美能力。航空航天模型不仅是学生最为兴趣的项目，也是最具有科学价值意义的项目，学生通过参加这一模型的学习，不仅对航空航天模型的性质和功能有了认识，并且学会了对模型组装、改进和遥控等操作能力，更重要的是培养了学生对航天事业的兴趣和爱好，激发了学生探索神奇太空的热切愿望。

（2）科技创新大赛是我校科学教育的重要项目。我们主要开展的创新项目有：科技小制作、科学幻想画、综合实践活动。我校每年都会承办一次全县的科技教育创新大赛，每年都派出大批学生参加省、市科技创新大赛，并且都能取得优异的成绩载誉而归。学校每年都举办一期科技创新大赛，要求全体学生参与，选拔出成绩好的学生和作品参加省、市、县的大赛。通过各种活动和各级大赛，促进了学生动手实践能力和创新意识的提升和发展。

（3）机器人科技教育项目主要有机器人足球和机器人WER等，因为机器人的智能神奇，所以深受学生的喜欢，这一项目的要求是很高的，学生不仅要会精确的计算和娴熟的操作，还要学会编程，要具备细心、冷静、沉着、坚定的强大心理素质。因此，这一项目对学生的心智成长有很大的促进作用。学习编程可以极大地帮助孩子培养逻辑思维能力和想象能力，可以帮助孩子跳出思维定式，可以增强孩子的自信心，提高做事的专注力。

（4）电子百拼科技教育项目旨在普及电子和电路知识，提高小学生的动手能力，激发科学兴趣，鼓励发明创造。主要做法是把各类无毒害的电子元器件用独特的字母扣按照一定的顺序直观的拼装在塑料底板上，形成数以千计的电子作品，达到声控、光控、水控、手控、磁控等多种效果，尤其重要的是，学生完全可以根据自己所掌握的电子知识，创造出自己想象的电子作品，寓学于乐，让孩子们在玩中学，作中学，既动手又动脑，简单，方便，易于操作。

3. "3456"科学教育机制的"五大载体"机制

主要是从对学生的科学教育形式考虑而提出的，坚持立足校本、形式多样、学生喜乐的科学教育原则，主要是落实国家课程、构建校本课程、开展兴趣活动、参加科技大赛、辐射示范引领五大科学教育载体。

（1）开齐开足国家科学教育课程。课堂是学校教育的主阵地，学校提出了"各科渗透、各科相通、和谐发展"的新思路，将科技教育融入各个学科的课堂教学。学校严格按省颁《课程计划》，开齐开足科学课。确保低年级每周一节科学课，中高年级每周三节科学教育课程不被挤占。教师在教学中注重培养学生"研究性学习"的方式，形成具有科技教育特色的教学风格。课堂上，教师始终坚持传授科学思想、科学知识，让学生在有意义的科技活动中，勇于探索科学知识，使学生成为学科学、爱科学、讲科学、用科学的时代新人，培养学生的科技创新意识和探究能力。

（2）构建校本科学教育课程。校本课程是建立在国家科学教育课程的基础上，为了满足我校学生的科学兴趣爱好需要，促进学生科学兴趣个性发展。学校按照四大科学教育领域的具体内容，根据我校学生不同年龄特点，科学教师队伍状况以及学校科学教育现状，编写了明溪县第二实验小学低、中、高三册校本教材《科学教育读本》,《科学教育读本》在实践中得到不断的完善,现已经提升为3.0版本了,学校每两周在校本课程中安排一节课教学,教师利用《科技教育读本》,向学生介绍科技知识和学校科技活动开展情况,使学生在不同年级都能学到科技知识,实现全校科技教育的普及。

(3)开展丰富多彩的科学兴趣活动。学校每年定期举办"校园科技节""校园科技创新大赛""全国科普日宣传周""青少年科学体验调查"活动、"4.26"世界知识产权日宣传活动、科技活动周、科普夏令营等活动。各项科普活动丰富了校园文化生活,推动科普教育工作,全面推进素质教育,为每位同学提供展示个性风采的舞台,满足了学生科学兴趣爱好的需要,培养了学生的动手实践能力和创新精神,激发了学生从小爱科学、学科学的潜能,提升了学生科学素养。

(4)组织参加国家、省、市各级各类科技大赛。目的是在于给学生提供展示自己科学技能的平台,进一步激发学生的科学兴趣爱好和科技潜能。

(5)开展送培送教辐射示范活动。

我校是明溪县中小学校科技教育工作的龙头校,科技教育已成为一道亮丽的风景。通过积极承办全县科技辅导员培训班和县、市级各项科技类竞赛活动和开展"送教下乡""教学公开周""科技手拉手"等活动,在提升我校教师和学生科学素养的同时,也带动全县中小学科学教育的发展,促进了全县青少年科技水平的提升。

4."3456"科学教育机制的"六大措施"机制

主要是从如何加强和推动我校科学教育发展考虑而提出的。具体是学校重视、队伍强大、研讨扎实、课题引领、活动丰富和校内外共建。一是我校高度重视科学教育工作,始终把科学教育作为学校发展的特色来打造,学校坚持优先投入科学教育,每年在科学教育的投入资金都在12万元以上,建设了科技园、科技小广场、科普宣传长廊、科技馆、科技教育成果展示走廊等宣传阵地,1000平方米的科技馆内设有科技制作室、科技体验室、科技展览室、科技活动室、科技仪器室和科技实验室等，各室设施设备充足，能满足学生的兴趣活动需要，为我校的科技教育发展提供了有力物质保障。二是打造强大科学教师团队。科学教师队伍是确保我校科学教育发展的前提和根本。我校把培养和加强科学教师队伍作为推动学校科学教育工作的首要任务，通过学科转型、补充招聘、培训提升和跟岗学习，打造了一支由7位专职科学教师和12位兼职科学教师组成的、师德高尚、乐于奉献、锐意进取的科学教师队伍。三是积极开展科学研讨活动。为了不断提升科学教师队伍的业务水平，我校科学教研组坚持开展集体备课、听课、评课和公开课研讨等科学教育学科研讨活动，还积极组织科学教师到国家、省、市举办的各种科学培训班学习。四是发挥课题引领作用，学校科学教研组还积极总结经验，善于反思改进，形成了适合我校科学教育发展的"3456"科学教育机制，并作为永恒的课题，不断地研究，不断地改进，不断地推进，引领着我校科学教育工作的深入发展。五是丰富科学教育活动。主要有开齐开足国家科学教育课程，开展丰富多彩的科学兴趣活动，组织参加国家、省、市各级各类科技大赛和送培送教辐射示范活动。六是加强校内外共建。明溪县科协和科技局在我校设立科技活动中心，明溪县文明委、文旅局、团县委等坚持与我校开展科学教育共建，市科协把我校作为三明市科技教育基地，我校福建省教育厅和科协确定为"福建省科技教育基地学校"，省科普馆坚持每年到我校开展各种科普宣传和展览活动。校内外科学教育共建活动，更加丰富了我校科学教育形式和内容，更大程度地激发了我校学生的科学兴趣和科学潜能，更加有力助推了我校科学教育的高质量发展。

青少年是祖国的未来，是科学的希望，也是科技强国和民族复兴事业的后备力量和生力军。明溪县第二实验小学致力于孩子一生成长的"力行"教育理念，努力抓好基础教育阶段的科学启蒙教育。经过全校师生的合力同行，科学教育已成为我校的亮丽品牌，赢得社会各界的高度认可，取得了丰硕的成果。"3456"科学教育机制获得三明市"教学成果奖"，学生参加全国、省、市科技大赛，夺得团体奖298项、个人奖已突破2000人次（其中国家金牌7枚、银牌8枚），学校获得"全国科技体育传统校""国家航空飞行营地""全国教育系统先进集体""福建省科技教育基地"等20多项殊荣。但成绩只能代表过去，学校将继续深入探究科学教育的经验做法，提升"3456"科学教育机制，努力把我校科学教育推向新的更高的发展阶段，为培养具有科学家潜质的新时代青少年，为实现中华民族伟大复兴的中国梦做出积极的贡献。

文化是学校长期积淀下来的，是学校的灵魂，没有优秀的学校文化，便不会有卓越的学校。我们将持之以恒抓管理，锐意进取创特色，锻造学校发展的内涵式品牌，实现文化引领、文化育人、以文化人的强烈育人效应，用先进的文化推动学校发展，让祖国的花朵在校园文化的沃土里更加绚丽多姿、异彩纷呈！

第三节 活动育人

活动是学校教育重要的育人途径之一，是将学生的道德认知转为为道德行为的重要机制。为充分发挥少先队组织的活动育人功能和作用，我校坚持以培养道德习惯和人文素养为重点，以各类活动为载体，积极推动少先队建设，培养少先队员的创新精神和实践能力，增强少先队组织的吸引力、影响力和凝聚力，让少先队活动更加有意义、有内涵。

一、抓好常规工作，完善少先队建设

我校坚持抓好少先队各项常规工作，并成立少工委、大队委，加强少先队组织建设。

（一）设立少工委

我校于2020年成立少工委，李金禄校长任主任，卢琳副校长任副主任，张婧、张英姿、孙洁等老师任委员。进一步完善了少先队组织建设，提高了少先队组织凝聚力，激发了少先队工作活力。同时，利用组织教育、主题教

育活动等形式，不断强化学生的政治启蒙与价值观塑造，培养学生热爱党，热爱祖国的情感。

(二) 切实加强少先队组织建设

为落实少先队员"自我管理，自我服务"的少先队工作机制，培养队员"力行"精神，每学年定期进行大队委竞选活动，2020届大队委委员分别是，王静溪任大队长，李诗雨、方瑞杰任副大队长，张雅婷、黄予菡、原可欣、邱子恒、张怡婷、黄钰茹、汤宸等任委员，进一步巩固少先队大、中、小队建设。开展好队会、队日活动，积极发挥少先队在班集体建设及各项活动中的重要作用，办好红领巾广播站，引导队员在少先队组织中提升自我、勤奋学习、全面发展。

二、学生自主管理，让校园充满活力

我校成立红领巾志愿服务队，坚持自主管理原则，立足校园，分工明确内设规范的选拔、监督、轮岗机制，协助学校开展日常志愿服务。红领巾志愿服务队共分为四个小队，为：文明礼仪劝导队，负责对学生文明礼仪、仪容仪表、"三操"进行检查，对校园内的不文明行为进行劝导，引导队员在日常生活中养成良好的文明行为习惯；爱绿护绿劝导队，负责校园环境卫生检查，细心呵护校园的花草树木，树立保护环境意识；纪律卫生劝导队，负责对全校卫生进行检查，督促队员养成良好的劳动习惯、卫生习惯；交通疏导劝导队，负责每日放学后对班级路队进行评比，对横穿马路、追逐打闹等现象及时进行劝导。

红领巾志愿服务队巡查校园环境

红领巾志愿服务队

三、坚持"活动育人",促进学生全面发展

活动是少先队生命所在,丰富多彩的少先队活动能够活跃少先队员的身心,陶冶少先队员的情操,培养少先队员的个性特长,能使全体队员在耳濡目染中不断提高自身综合素质,主要有:仪式教育、大型校园活动、主题教育活动等。

(一)仪式教育显庄严

仪式教育活动是活动育人的重要组成部分,发挥着思想政治引领和道德价值引领作用。我校以学生成长中的重要节点为契机,根据不同学段特点,精心构建学生成长阶梯,在特别的日子,通过庄重雅致的仪式呈现,对学生心灵起着深刻、持久、潜移默化的感染效应,激励着学生努力学习、勇敢追梦、长大后为祖国作贡献的决心。

案例一：新生入学暨开笔礼仪式

方案摘要：

1. 正衣冠；

（1）主持人讲解正衣冠含义；

（2）"正衣冠"：学生在老师的带领下整理衣冠；

2. 击鼓鸣志；

（1）由主持人讲解击鼓鸣志的含义；

（2）由校长代表敲击大鼓三声以示学生从今启蒙；

3. 启蒙描红，学习做人；

（1）由主持人讲解启蒙描红含义；

（2）由教师代表现场直书楷体"人"字，学生书写；

4. 感恩鞠躬；

学生向老师鞠躬行礼，感谢施恩；

5. 仪式第五项：校长致辞；

6. 全校同学齐诵《弟子规》片段。

简讯摘要：

为了让刚入学的一年级小朋友真正感受到入学是人生中的大事，是开始学习、走向成长的起点，并激励全校同学尊师孝亲、勤奋学习，9月9日，明溪县第二实验小学总校在学校操场隆重举行了"传承国学经典促进学生成长"活动，全校师生与部分家长代表参加了此次活动。

正衣冠：一年级新生在老师的带领下整理自己的面容、服装、使自己精神百倍、迎接新的学习生活。

击鼓鸣志：李校长三击鼓，为一年级的同学击鼓启蒙，每一声震天洪亮的鼓声都孕育着一个崭新的希望，全体同学在鼓声中庄严宣誓：尊敬师长、奋发学习、报效祖国！

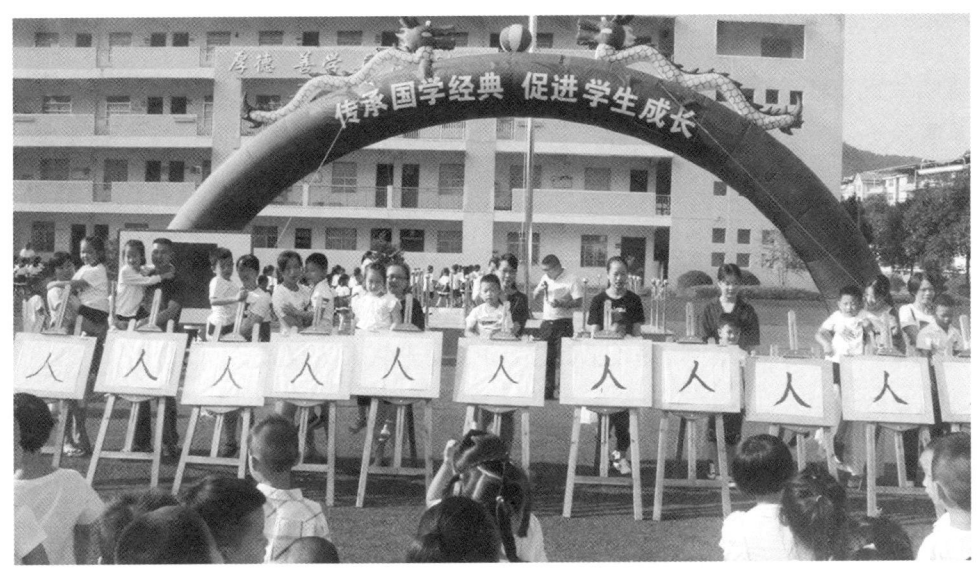

孩子们与家长手握手，一起书写

启蒙描红：李传锋老师为全校师生示范书写了笔画简单而意义深远的"人"字，一年级各班派出代表，由家长握着孩子的小手描红"人"字，这人字寓意着在人生的启蒙阶段，同学们要从现在做起，学会做人。

感恩鞠躬：同学们向学校全体老师鞠躬行礼，表达深深的感恩之心与崇高的敬意。

校长致辞：校长勉励同学们要珍惜现在幸福的和平生活，尊敬师长、奋发学习、将来报效祖国，实现伟大复兴的中国梦。

齐诵《弟子规》片段：全校同学在主持人的带领下诵读《弟子规》片段，潜移默化地影响着同学们怎样做人，怎样做事，懂礼仪、知礼节、孝父母、尊师长。

"九层之台，起于累土；千里之行，始于足下。"此次"传承国学经典促进学生成长"活动，使一年级新同学开启人生的新篇章，迈向成才的新起点；并激励全体同学发扬"我力行"精神，珍惜读书机会、勤奋学习、尊师孝亲、做到知行合一；同时这次活动以一种特别的方式传承了我国优秀的传统文化，让民族精神大放异彩。

案例二：建队日活动暨少先队入队仪式

完整方案：

2020年的这场战役是一本沉甸甸的教材，给全体少先队员上了一节生动的人生大课，让学生更多地领悟到了家国情怀，感受到了祖国的强大和团结的力量更清晰地明白了爱和责任的意义。

一、指导思想

为引导广大少先队员牢记习近平总书记的殷切希望，帮助学生"扣好人生第一粒扣子"，增强少先队员的组织感和光荣感。

二、活动主题

红领巾我为你自豪

三、活动时间

2020年10月10日

四、活动地点

体艺馆

五、活动前准备

1. 上好班会课，巩固学习少先队六知六会知识；

2. 旗手、护旗手和主持人等训练；大队旗手3人，每班旗手1人。由大队总辅导员张英姿老师负责培训；

3. 新队员排列位置和为其佩戴红领巾的人员安排；

（1）大队辅导员张英姿老师宣布名单后，新入队成员按各班级分两排站立，两排人数均等，排与排之间留一定位置，面向全体同学。(须上交各班各排人数)；

(2) 为新队员佩戴红领巾的四年级优秀队员，按与二年级相同的排数和每排一样的人数作好准备。(相应班主任负责落实队员学会为别人佩戴红领巾的训练)；

(3) 其他准备：红领巾、中队旗帜购买，会场背景定制与标语由张英姿负责，摄像由何诗琪负责，拍照由徐晖、杨官飞；

六、活动流程

1. 主持人整队，宣布入队仪式开始；

2. 出旗、敬礼、奏出旗曲；

3. 唱队歌，请指挥戴语辰同学上台；

4. 下面宣读新队员名单；

5. 请四、五年级少先队员为新少先队员授红领巾（播放背景红领巾飘起来音乐）请老队员指导新队员敬队礼。请老队员回到各自中队；

6. 请全体新队员跟大队辅导员张老师右手握拳宣誓；

入队宣誓内容：我是中国少年先锋队队员。我在队旗下宣誓：我热爱中国共产党，热爱祖国，热爱人民，好好学习，好好锻炼，准备着：为共产主义事业贡献力量！

宣誓人：×××

7. 大队辅导员为六个新中队授旗；请各中队代表上台接中队旗；

8. 请新队员代表发言；

9. 卢副校长讲话；

10. 请全体少先队员面对队旗呼号；

呼号：准备着：为共产主义事业贡献力量！全体回："时刻准备着！"

11. 退旗，敬礼，奏退旗曲。（学生完全退场后，停止音乐）；

12. 主持人宣布入队仪式结束。

五年级学生为二年级学生佩戴红领巾

完整简讯：

星星火炬，点燃梦想，童心向党，扬帆起航。当庆祝双节的喜悦还洋溢在脸上时，10月13日，我们又迎来了中国少年先锋队建队71周年的生日，明溪县第二实验小学全体少先队员以丰富多彩的主题活动为建队日献礼。

红领巾我为你自豪——入队仪式：敬爱的少先队，给予了我们快乐，使我们树立起集体观念；可爱的红领巾，使我们不怕困难，从小树立远大理想。今天我们集结在星星火炬旗帜下，举行入队仪式。

一年级队前教育：作为辅导员老师，最放心不下的就是"敬队礼标准了吗""呼号会呼了吗""红领巾会戴了吗"这些问题，于是为了让孩子们在入队前做好充分的准备，一年级的辅导员们群策群力，开展了"队前教育"主题中队活动课，助力小朋友们入队。

飞扬红领巾，献礼少先队。在建队节系列活动中，少先队员们进一步明确

宣誓与呼号

了肩负的光荣使命，坚定了努力学习、勇敢追梦、长大后为祖国作贡献的决心。在星星火炬的引领下，队员们将用自己的实际行动，为队旗增光添彩，为祖国的明天描绘更绚丽的蓝图。

案例三：十岁成长礼活动

方案摘要：

1. 学生在"我十岁啦"海报上签名；

2. 播放成长视频暖场（由学生小时候的照片制成视频，每位学生提供3张照片）；

3. 主持人介绍活动，宣布活动开始；

4. 由老师和学生代表分别讲话、致辞；

5. 学生表演节目（表演形式可以是诗朗诵、舞蹈、唱歌、小品等）；

6. 家长视频送祝福；

7. 游戏——抢凳子/你画我猜；

8. 合影；

9. "庆生仪式"，学生共同分享成长蛋糕；

10. 主持人宣布活动结束。

孩子们一起许愿吹蜡烛

简讯摘要：

十岁——漫长人生中一个新的里程碑，它意味着即将告别幼稚的童年，开始迈入憧憬无边的少年时代。为了让孩子们记住这个值得纪念而又有意义的生日，2020年12月17日下午，明溪县第二实验小学四年级所有师生在教室里举行了一场别开生面的"我们十岁啦"生日庆祝活动。306名小寿星带领他们的教师欢聚一堂，共同庆祝十岁生日，共同分享着同一份快乐。

四（4）班学生才艺展示

活动由"感恩父母""见证成长""庆生仪式"三个篇章组成，孩子们用自己的方式，以多姿多彩的才艺展示来庆祝自己的生日。

家长通过一段段温馨的话语展示着对孩子无限的关爱；随着音乐响起，主任们将家长写给孩子的信交给了孩子，阅读的过程，让孩子和家长都流下来眼泪，在眼泪中感受到了孩子的成长。

随着《生日歌》旋律的响起，教师们和孩子们一起为蛋糕插上蜡烛，一起许愿吹蜡烛，学生们都露出了快乐和幸福的微笑。

他们以自己独特的方式告诉家长和老师：我们长大了，我们懂事了，我们懂得了感恩父母，感恩老师。在活动的最后教师们送上了一份深深地祝福，并提出了殷切的期望。

十岁的成长礼是那样的庄严、温馨和感人，深深地印在了孩子们的脑海中，经过十岁盛典的洗礼，我们的孩子一定对自己的未来更加有信心，对自己的人生充满希望！

案例四：毕业典礼

方案摘要：

1. 李校长毕业寄语；
2. 毕业班教师代表讲话；
3. 优秀毕业生代表发言；
4. 表彰优秀毕业生、进步学生；
5. 节目汇演；
6. 主持人总结发言；

简讯摘要：

六年的小学时光即将结束，二实小的毕业班的孩子们对小学六年的生活充满了依依不舍，又对未来充满了无限的憧憬，六年的寒窗换回了现在的累累硕果。6月25日，我

毕业生全体合唱校歌《我们幸福的港湾》

校六年级的孩子们怀着无比喜悦的心情齐聚一堂，期盼着属于他们的毕业典礼。我校行政领导班子、六年段全体师生及部分学生家长代表参加了典礼活动。

典礼活动中共分五个程序：一是李金禄校长致辞。李校长在毕业典礼上对所有毕业生表示诚挚的祝贺，回顾六年来，学生取得的优秀成绩和学校的发展变化，他激励孩子们在今后的道路上生自强不息、刻苦学习，并希望他们不忘母校，母校永远是他们的幸福港湾。校长的谆谆教诲是孩子们奋发向上的源泉和动力。二是毕业班教师代表李晓雁发言。三是优秀毕业生李紫萱谈毕业感悟。四是表彰优秀毕业生、进步学生，李金禄校长和卢琳副校为学生颁发奖状。五是毕业班同学表演自编自导的文艺节目。节目精彩纷呈：有舞蹈、独唱、合唱、乐器演奏、诗朗诵等节目，每个节目都展示了同学们的兴趣和特长。表达了他们对学校依依不舍和感恩之情。最后，毕业生怀着对二实小的感恩和不舍合唱校歌《我们的幸福港湾》把典礼活动推向了高潮。

还记得，六年前的今天，孩子们个个满脸稚气，带着对知识的渴求踏入美丽的二实小，成了一名活泼、可爱的小学生；六年后的今天，你们将要离开母校，踏入中学校园，翻开人生崭新的一页。孩子们，成长道路上我们一起踏歌前行。你们的未来，我们为之祝福。你们的成功，我们为之喝彩。愿你们以梦为马，不负韶华。

案例五：新老旗手交接仪式

方案摘要：

1. 请少先队大队辅导员宣读新旗手名单；
2. 老旗手向新旗手交接五星红旗并进行宣誓；
3. 举行升旗仪式；
（1）由新任升旗队实行升国旗仪式，全体立正、出旗、奏乐；
（2）升国旗、奏唱国歌、敬礼；
4. 新任升旗手代表发言；
5. 有请李校长讲话。

简讯摘要：

吹响时代的号角，迈出坚实的步伐。这里曾是你们完成无数个升旗任务的操场，这里曾是你们迎来送往无数学生的校园，今天你们要把这份光荣的任务传递下去，今天让我们把这一刻定格在明溪县第二实验小学的操场上。

新老旗手交接

6月17日周一上午明溪县第二实验小学的操场上举行了一次特殊的升旗仪式，暨新老旗手交接仪式。首先新老旗手交接国旗，新旗手进行宣誓。

随后，明溪县第二实验小学第16周升旗仪式由新旗手完成，他们精神抖擞，斗志昂扬，出色地完成了第一次升旗任务。

接着，叶钰欣同学代表新升旗队发言，国旗是国家主权的象征，是老一辈用鲜血和生命换来的。担任升旗手是一种荣耀，它不仅代表着国旗下庄严的那一时刻，同时也是对我们不断进步的嘉奖。

升旗仪式

"红旗飘飘薪火相传"这次活动是精神与责任担当的传承、是一份神圣使命的交接、是一份沉甸甸责任的寄托。

(二) 大型活动展风采

"校园节庆",是校园生活中必不可少的一部分。我校结合育人目标,定期举办艺术节、科技节、运动会、读书节等活动,培养学生独立自主、展现自我的能力。精彩纷呈的校园节庆活动形成一道道靓丽的风景线,彰显了二小学子合力同行、竭力而行的"力行"精神。

案例一:第七届"科体节"暨第四十二届"田径运动会"

方案摘要:

1. 体育类:60米、100米、200米、400米、800米(五、六年段)、跳高、跳远、垒球、4×100米接力;

2. 科技类：纸船承重、纸飞机靶标；

简讯摘要：

秋风送爽，稻谷飘香。在这金秋时节，学校全体师生满怀喜悦之情，以饱满的精神状态迎来了第七届科体节暨第四十二届田径运动会。在校领导的高度重视、科技体育组教师的认真细致、各班主任的密切配合下，全体师生发扬力行精神，使得"科体节"活动完美落下帷幕。

14日上午7点50分，随着《运动员进行曲》响彻校园，我校第七届"科体节"暨第四十二节"田径运动会"在一片热烈欢快的气氛中拉开序幕。三至六年级各中队队员迈着整齐的步伐，呼喊着振奋人心的口号，进行了精彩的风采展示。

赛跑道上，同学们一次次向前冲刺，人人不甘落后，400米，800米，200米、100米赛场上，运动员个个精神严肃、摆臂有力、互不相让、你追我赶。为了集体荣誉，大家都不敢有丝毫懈怠。各班的啦啦队员们也鼓足了劲，此起彼伏的欢呼声不绝于耳。

三（5）班风采展示

4×100 接力赛跑，永远是田径场上的焦点。小小的接力棒，联结的是团结和力量；跳远场地上，运动员们腾空的精彩瞬间成为定格在观众心中的永恒；跳高场地上，运动员们的身

学生们在正在进行紧张的比赛

姿就像一道彩虹划过天际；垒球运动员努力投出精彩的弧线。

体艺馆里，参赛同学开动脑筋、动作娴熟，一架架纸飞机、一艘艘纸船在他们的小手中诞生，科技比赛充分锻炼了学生的动手能力，培养了学生对科学的兴趣与爱好。

运动真正的风采来源于不断拼搏的精神和自我超越的毅力，经过不懈的努力，运动员们纷纷斩获佳绩。闭幕式上陈雪英副校长为获奖的同学、班级颁奖，他号召全体师生要以强健的体魄、良好的心态做人生赛场上永远的冠军。

案例二：庆"六一"表彰暨艺术节展演活动

完整方案：

"六一"儿童节将至，在疫情防控期间，为进一步树立少先队员乐观向上的精神风貌，丰富校园文化生活，庆祝少先队员自己的节日，经学校研究决定开展"'疫'样精彩，争做好队员"庆"六一"暨艺术节展演活动。

一、活动主题：

"'疫'样精彩·争做好队员"庆"六一"暨艺术节展演活动

二、活动内容

1. 周一上午：升旗仪式暨庆"六一"表彰大会；

2. 周一下午：艺术节展演（在班级观看视频）；

参观科技馆、校史馆、校园；

三、活动要求：

1. 周一早上 7 点 50 分举行升旗仪式暨庆"六一"表彰大会。班主任组织全体学生在班级升旗（国旗班、旗手在操场升旗），学生要穿好校服，佩戴红领巾、校徽，在班级面向国旗，唱国歌；

2. 周一下午第一节课（2 点 30 分），各班在班级观看艺术节展演视频；

3. 参观科技馆、校史馆、校园路线安排：

各班由科技楼二楼楼梯进入科技馆；

参观路线为：校史馆——科技馆——沿靠河连廊（科技金牌榜）楼梯下楼；

参观校园路线为：力行园——科体园——书香园——大型传统文化墙，由体育组门前水泥道进入办公楼楼梯回各自班级。

4. 参观时间按附件 2 要求，每班间隔三分钟进行。参观期间禁止嬉戏打闹，戴好口罩，排好一路纵队。

5. 参观时，各班必须有 2 名教师共同组织。请班主任和科任老师带好班级队伍，组织好班级学生，抓好学生秩序。

6. 少先队将对各个班级秩序进行评比。

7. 请班主任拍观看艺术节展演、参观科技馆、校史馆、校园的照片。

附件二：

参观班级	参观时间
三年段	3：15
四年段	3：35

五年段	3：55
六年段	4：15

附件三：

"'疫'样精彩争做好队员"庆"六一"暨艺术节展演节目单

1. 书画、手工篇

绘画、书法、手工、手抄报优秀作品展。

2. 语言文字类（朗诵、讲故事篇）

（1）祖国妈妈，我向对您说——张雅婷、罗奕然

（2）今年的这个城市流行着白色——吴承宇

（3）中国加油——傅笑瑭

（4）我骄傲我是中国人——黄予菡

（5）最可爱的人——张伟泽

3. 表演类——器乐

（1）我的祖国——谢世鹏

（1）葫芦丝《大爱》——陈以恩

（2）架子鼓——廖彦博

（3）吉他——黄楚阔

4. 表演类——手势舞优秀作品

5. 表演类——声乐作品优秀作品

（1）吉他弹唱《你笑起来真好看》——张苗涵

（2）听我说谢谢你——傅笑瑭

（3）让世界充满爱——官琳丽

简讯摘要：

6月1日，特殊的"六一"儿童节，明溪县第二实验小学开展"'疫'样精彩争做好队员"庆"六一"表彰大会暨艺术节展演活动。活动分为表彰大

会、观看艺术节展演和参观校史馆、科技馆。

一、庆"六一"表彰大会

上午8点,校领导、部分学生、教师代表在操场举行庆"六一"表彰大会。其他队员、教师通过校园广播,参与本次活动。

首先,由卢副校长宣读县级表彰决定,宣布校级表彰决定,李金禄校长为受表彰的师生颁发奖状。

接着,李校长向全体学生们送上节日祝福,他鼓励孩子们要从小树立理想、信念,做德智体美劳全面发展的好学生,做民族复兴的建设者和接班人。

二、观看"校园艺术节"展演

尽管欢乐不能大声地呐喊,但 happy 是一样的。下午2点30分,孩子们在教室里观看"校园艺术节"展演。

三、参观校园

随后,同学们梦井然有序地参观了校史馆、科技馆、标本馆、科技长廊。

一张张国家、省、市级的奖状让孩子们目瞪口呆。孩子们在校史馆里感悟校史底蕴,培育爱校情怀。

同学们有序参观校史馆、科技馆、标本馆

在科技馆里通过观摩和动手实践，了解了很多科学现象，知道了很多科学原理，感受到了科技领域的广阔、深邃与神奇。

特殊的"六一"，"疫"样精彩。孩子们通过此次活动，进一步了解我校的历史与文化，更加理解了"我力行"校训的真正含义。

（三）主题教育活动增色彩

内容丰富多彩，形式多样的主题教育活动，使广大队员参与其中、乐在其中，在活动中学习知识，有效地推动了队员综合素质的发展。

1. "庆祝新中国成立 70 周年"主题教育系列活动

案例一："庆祝新中国成立 70 周年"主题教育系列活动

完整方案：

为认真贯彻落实习近平新时代中国特色社会主义思想和全国教育大会精神，着眼"培养担当民族复兴大任的时代新人"，落实"立德树人"根本任务，经研究决定，我校开展"庆祝新中国成立 70 周年"主题教育系列活动，特制订本方案。

一、指导思想

紧紧围绕庆祝中华人民共和国成立 70 周年这一主题，培育和践行社会主义核心价值观，引导学生爱祖国、爱学习、爱劳动，切实增强社会责任感、创新精神、实践能力，争做新时代好队员。

二、活动时间：

2019—2020 学年

三、主要活动

1. 庆祝新中国成立 70 周年活动启动仪式

（1）活动时间：2019 年 9 月 23 日上午升旗仪式

（2）活动人员：全体师生

（3）活动准备：小国旗（年段自行准备）、横幅

（4）活动流程：

①升旗仪式

②校队歌舞表演——我和我的祖国

③李校长讲话

④全校挥舞小国旗齐唱"我和我的祖国"

（5）活动注意事项：

①学生穿校服戴红领巾，老师上身穿白色、下身穿深色

②7点45分响运动员进行曲

③对各班队伍、纪律、唱歌声音进行评比，对表现好的班级加分鼓励

④学生进场右手轻摇小国旗入场

⑤到场站好，双手握小国旗至肚前

⑥升国旗，敬队礼，左手持小国旗至肚前，右手敬队礼

⑦摇旗（先往右再往左）齐唱"我和我的祖国"

⑧技能科老师在后面站成整齐的一排

⑨退场右手轻摇小国旗退场

2. 红星闪耀　难忘岁月

时间：9月23日—9月28日

①学习国旗法、国歌法、国徽法，唱红歌、看一部红色经典影视（《闪闪红星》《小兵张嘎》《我和我的祖国》《长征》等）、读一个红色经典人物（毛泽东、周恩来、刘少奇等）。

②手抄报、征文、办主题专刊活动

要求：9月28日前上交照片（要求：清晰、备注好年段班级活动名称）、PPT、教案。

③网上签名寄语活动

发动少先队员在文明网，写祝福祖国庆祝新中国成立70周年。

④我和国旗合个影评比活动

活动时间：9月23日—9月28日

完整简讯:

为从小培养少先队员们的爱国情怀,引导少先队员们树立正确的价值追求和行为导向,9月23日—10月9日明溪县第二实验小学开展"庆祝新中国成立70周年"主题教育活动。

同学们齐唱国歌

围绕这一主题,我校首先举行了庄严的启动仪式,随后开展了一系列丰富多彩的爱国主义教育活动。

活动一:升国旗唱国歌　国旗下讲话

同学们,我们是新时代的接班人,我们是新中国的继承者。在新中国70华诞来临之际,让我们再次向祖国母亲表达浓浓的爱意。

活动二:红星闪耀　难忘岁月

各中队利用队活动课开展学习国旗法、国歌法、国徽法、唱红歌、看一部红色经典影视、读一个红色经典人物的活动,让孩子们更加铭记现在幸福生活的来之不易。

活动三:我以我手绘我心　师生携手赞祖国

为培育和践行社会主义核心价值观,大力弘扬爱国主义精神,激发少先队员们的活力和创造力,各中队辅导员充分调动少先队员们的积极性,精心设计、用心选材,开展"献礼祖国70华诞"黑板报、手抄报评比活动、征文活动。板报形式新颖,主题鲜明,独具一格,每一幅画、每一个字,都诉说着学生们的爱国情。

各班发挥创意与祖国合影

活动四：我和国旗合个影

各中队采取不同的拍摄角度与国旗合影，带着祝福和灿烂的笑脸同鲜艳的五星红旗合影，表达了对祖国浓浓的爱意和敬意。活动弘扬了少先队员们的爱国主义精神、传递我校学生爱国风尚的浓厚氛围。

这一次活动的开展，弘扬红色传统、传承红色基因；进一步加强了未成年人的思想道德建设，激发了少先队员们的爱国情感。

2."七一建党日"主题教育活动

案例二："七一建党日"主题教育活动

方案摘要：

1. 上一节"红心红船红歌"

2. 进行国旗班交接仪式

3. 学习手势舞

学习有关热爱祖国、热爱党的红歌手势舞，表达对祖国的热爱之情。

简讯摘要：

为庆祝中国共产党成立99周年，进一步增强少先队员热爱党、热爱祖国、热爱社会主义的情感。7月1日，学校开展"风展红旗如画一颗红心永向党"系列活动，向党的生日献礼。

一颗红心永向党：队员们通过视频方式，表演手势舞《名字叫中国》《今天是你的生日》《我爱你中国》，向建党99周年送上祝福。

旗手交接仪式：新旗手在老旗手一次次的训练指导下，不断学习不断进步。看，新旗手精神抖擞，斗志昂扬，出色地完成了升旗任务。

少先队大队辅导员张老师，给队员们讲述党的历史和发展，使他们了解中国共产党的光荣历程，演唱《我们是共产主义接班人》，增强了他们对党的认同感，对少先队员的光荣感、自豪感和使命感。

高举队旗跟党走，队员们在星星火炬的指引下，牢记习爷爷的教导："热爱祖国、热爱人民、热爱中国共产党"，"从小学习做人，从小学习立志，从小学习创造"，争做新时代的好队员。

大队辅导员张老师在给队员们讲述党史

3. "3.5学雷锋"主题教育活动

4. "我们的节日"主题教育系列活动

以中华传统民族节日为载体，在春节、元宵、清明、端午、中秋、重阳等重要传统节日期间，组织开展丰富多彩的活动，引导学生认知传统、尊重传统、弘扬传统，传承中华优秀传统文化，增进爱党、爱国、爱社会主义情感。

案例一："我们的节日·春节、元宵"主题教育活动

完整方案：

春节是我国民间最重要的传统节日，为大力弘扬中华民族优秀传统文化，

充分发挥民族传统节日思想熏陶和文化教育功能，积极培育和践行社会主义核心价值观，明溪县第二实验小学开展以"鼠去牛来辞旧岁，喜迎新春送万福"为主题的春节、元宵系列活动。

一、活动时间

2021年2月9日-2月26日。

二、活动内容

1. 绘制"我们的节日·春节、元宵"绘画作品。

可以通过阅读本、上网查阅资料等方式了解春节、元宵节的来历、习俗，画出你对新年的祝福。

2. 开展"争做家务小能手""录制拜年视频"活动。

春节前夕与家人一起打扫屋子、采购年货，并用短视频的方式，向长辈、亲人送上新年的祝福，共享"年"味。

3. 绘制"我们的节日·春节、元宵"手抄报作品。

深入挖掘春节、元宵节的文化内涵，了解与新春有关的诗词经典，优秀的传统文化，并绘制手抄报，展示自己的收获与感悟。

4. 开展"写对联、贴对联、制花灯"活动。

春节来临，可以与家人一起写对联、贴对联、制花灯，体验丰富多彩的春节文化。

完整简讯：

子岁入暮，牛年伊始。2021年新春到来之际，为营造热烈喜庆的传统节日氛围，增强对传统节日文化内涵的了解，激发学生对中国传统节日的喜爱，明溪县第二实验小学的少先队员们纷纷用多样的活动向牛年献礼，一起来看看吧！

一、春节习俗我知道

新春到来之际，学校少工委发出寒假活动倡议，并利用公众号推送春节习俗小知识，让每一位队员充分感受"年"的喜庆，了解"年"的习俗，一起寻找生活中的"年味儿"！

二、送上我的"新"祝福

此刻的中国，浓郁的年味儿正在弥漫，在这新旧交替、辞旧迎新的日子，明溪县第二实验小学少先队员祝愿祖国繁荣昌盛，祝愿家乡美丽富饶！祝福大家新年快乐，万事如意！

三、嗮嗮我的"小"才艺

小队员用自己的拿手绝活来迎接春节，画一画"春节"，写一写"对联"，队员们将新年美好的祝福寄托在画纸上，在对联中，一起迎来美好的2021年。

四、秀秀我的"大"本领

过年了，小队员也积极参与到家庭的劳动中去，争做小当家，贴对联、包饺子、打扫、洗碗样样在行，让家中充满浓浓的"年味"。

曙光初露，金洒山河。伴着星辰隐去、朝阳升起，全新的一年来到了我们面前。祝愿所有二小队员们都能在2021年"牛"气冲天，"牛"转乾坤，"牛"运当头，"牛"年大吉！

金牛奋蹄开锦绣，张灯结彩闹元宵。农历正月十五日是一年的第一个月圆之夜，也是大地回春的夜晚。值此元宵节来临之际，明溪县第二实验小学开展"我们的节日·元宵"主题教育活动，号召队员们动手制作花灯、了解元宵节的故事，感受中华民族传统文化的魅力。

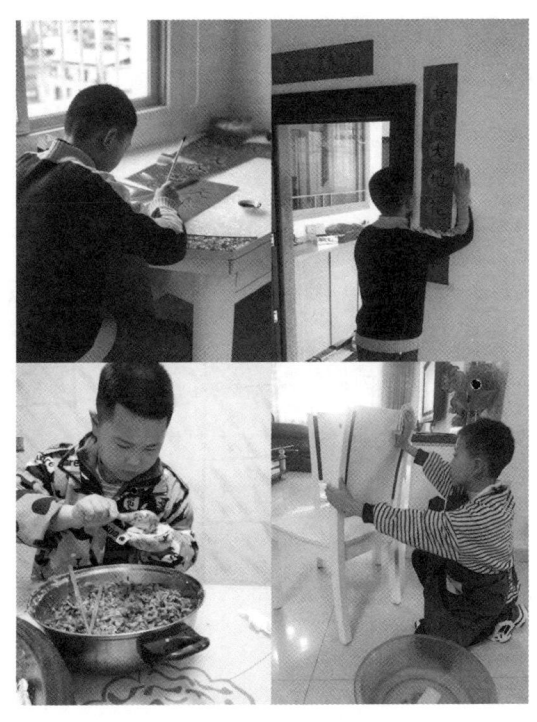

同学们展现拿手绝活迎接新年

一、巧知习俗庆元宵

元宵节是我国传统节日之一，也是春节的最后一天，在少工委的号召下，学生们通过网上学习、查阅书本等不同的方式，了解我们传统节日元宵节的由来、习俗和一些有趣的传说。

二、巧手描绘祝元宵

为了留住节日的欢乐，学生们亲手制作了元宵节手抄报与绘画作品，作品中描绘了元宵节的各种习俗：吃元宵、赏花灯、猜灯谜、耍龙灯……我们一起来看看他们的作品吧！

三、巧制花灯闹元宵

灯笼又统称为灯彩，是一种古老的中国传统工艺品，起源于西汉时期。元宵节离不开花灯，队员们积极动手动脑，以环保为出发点，充分发挥想象力，利用身边随手可得的材料，制作出一盏盏独具创新的花灯。

六年级学生积极动手制作精美花灯

一样的元宵节，不一样的体验；一样的幸福，不一样的表达。队员们在做中学，在学中乐，热热闹闹过元宵节的同时，增强了对中华优秀文化的认同感和自豪感，使优秀文化得以进一步的传承与发扬。在这个象征团圆美满的节日里，祝愿大家团团圆圆，幸福美满！

案例二："我们的节日·清明"主题教育活动

方案摘要：

1. 举办"清明诗会"活动

根据学校教学计划，于四月初举办"清明诗会"，各年段，各年级组展示经典诵读活动，以推进我们书香校园的推进。

2. 开展清明节主题班队会

各年段以"走进清明·感受传统"为主题，开展清明节主题班队会，在班队会中让学生通过图片、视频、诗歌、游戏等多种形式了解清明节，提高学生对传统文化的认识，激发学生爱党、爱国之情。

3. 开展网上学习祭扫活动

学生充分利用网络资源平台，向革命先烈鞠躬献花、写感言寄语。说出自己内心的话语，抒发感恩党、感恩祖国等肺腑之言，表达对祖国的热爱之情，与对祖国未来美好生活的展望，同时也激发学生爱国主义情感。

4. 开展实地祭扫活动

清明节期间，按照就近就便、形式多样原则，组织学校青少年到红色旅游景区景点、革命战争纪念地、爱国主义教育基地特别是"归化战役"纪念碑、烈士墓地祭扫、献花和宣誓，以实际行动表达对革命先烈的感恩怀念，礼敬先烈先辈，培养爱国情感。

5. 开展编撰"清明小报"活动

组织学生参加"清明小报"的绘制，发动学生以制作"清明节日小报"为主要载体，"体验感悟"为活动重点，深入挖掘清明节的深厚文化内涵，引导学生认知传统、尊重传统、继承传统、弘扬传统。

简讯如下：

又是一个清明节，一个缅怀先烈的日子，4月2日，明溪县第二实验小学总校组织四年段全体师生来到烈士墓前，祭奠长眠在这里的赖水金烈士的英灵，表达对先烈诚挚的敬意和深深地怀念！

默哀一分钟

握紧拳头宣誓

"青山绿水长留生前浩气,苍松翠柏堪慰逝后英灵",迈着沉重的步伐,排列整齐的队伍。唱起《中国少年先锋队队歌》追忆为国献身的铮铮烈骨。

队员们敬献花圈,缅怀对先烈的追思;队员们行三鞠躬礼,表达对先烈的敬仰;队员们默哀,默默为先烈祈祷;队员们献花,来祭奠英灵的悲壮;队员们宣誓,为共产主义事业贡献力量!

学生代表发言,从她的言语中更加体现了少先队员们的决心,让我们继承先烈的遗志,踏着烈士们的足迹奋勇向前,为祖国的富强做出贡献!

卢副校长讲述赖水金烈士的英雄事迹,勉励少先队员们发扬革命传统,继承先辈遗志,刻苦学习,力争长大成人为祖国为社会为人民贡献出自己的力量。

通过祭扫赖水金烈士墓活动,激励了少先队员继承革命先烈遗志,让他们再次接受了爱国主义和革命传统教育;化悲痛为动力,沿着先辈留下的光辉足迹,积极进取、励志勤学,争做新时代好队员。

5. 志愿服务暖人心

我校志愿服务队成立于 2012 年 9 月。在上级部门、校党支部和少先队的带领下,志愿服务队始终坚持以习近平新时代中国特色社会主义思想为指导,继承和弘扬雷锋精神,秉承"奉献、友爱、互助、进步"的志愿服务精神与"我力行"的校训精神,坚持以"立足校园、奉献社会、服务他人、锻炼自我"为活动

宗旨，用自己的实际行动保护绿色生态文明、保护环境、关心他人、关爱社会，做新时代的小主人。

6. 研学活动重体验

最好的课堂在路上，最好的成长也在路上。我校根据不同年级学生的特点，设置了红色研学、生态研学、成就研学、实

践研学等主题研学，依托广泛的社会资源，发挥学校、家庭、社会各方力量，把课堂搬到了室外，让学生在研学旅行中收获知识，将研学转化为今后学习生活中的一种信念、一种行动、一种力量。

（四）兴趣小组挖潜能

我校坚持从学生的兴趣出发，精心设计活动内容，以智启智，以趣激趣，不断创兴趣小组的形式和内涵。科技兴趣小组探索创新，足球兴趣小组英姿飒爽，田径兴趣小组刻苦锻炼，合唱兴趣小组歌声悠扬，腰鼓兴趣小组展现个性，绘画兴趣小组创意无限……丰富多彩的兴趣小组，使孩子们开阔了眼界、陶冶了情操、发展了特长、找到了自信。

1. 科技兴趣小组：以学生为中心，强调手脑结合，设置有利于学生主动探究的学习环境，达到全面提高学生科学素养的目的。不仅锻炼了学生的动手能力、动脑能力、实践能力，还激发了学生对科学知识的浓厚兴趣，通过小组活动培养学生的合作意识，让学生明白"合力同行"的道理。

足球兴趣小组

田径兴趣小组

合唱兴趣小组

2. 足球兴趣小组：给孩子挥汗的愉悦，更给他们拼搏的勇气，形成了良好的校园足球文化。同时，足球的集体性很强，要求同伴之间相互配合、相互鼓舞、能很好体现团队精神和参与意识，培养勇敢顽强、积极主动，相互合作的精神，为学生成长和学习打下坚实的基础。

3. 田径兴趣小组：为我校热爱田径运动的学生提供展现才华，提高技能的运动平台。根据小学生身心特点，以身体练习为基础，以游戏结合技术教学为主要内容，激发学生参加田径运动的热情，提高学生田径运动能力和身体素质，并在历年的运动会中取得了令人可喜的成绩。

4. 合唱兴趣小组：在这里，学生们传唱经典，收获的不仅是音乐素养的提高，更是文化素养的提升。良好的歌唱姿势、正确的呼吸方法、自然圆润的发声、清晰的吐字、咬字及音高、节奏训练等，使他们打下良好的声乐基础，并自然的运用到歌曲的演唱当中，发展学生的综合音乐素质。

5. 腰鼓兴趣小组：腰鼓风格独特，既有鲜明的表演和愉快的氛围，又易于引发孩子的兴趣。打腰鼓先从节奏练习入手，指导教师运用有趣、形象的节奏图，让学生拍手、拍腿、拍肩、跺脚等形式，使学生不知不觉地掌握基本节奏，这种易懂易学的图形，给孩子打腰鼓打下良好的基础。潜移默化中传承中华传统艺术，展现二小学生健康向上的精神风貌。

6. 美术兴趣小组：课程中老师注重对学生艺术修养的训练，让学生在学习中掌握知识和技能，在学习的同时培养、丰富的想象力和创造力，在艺术中充分表达自己的情感充分表达对美的认识。使学生学会热爱生活，感受生活，发现生活之美，享受生活，享受艺术人生。

美术兴趣小组

我校少先队工作以活动为载体，做到"活动育人"。将少先队内容有效地融入到丰富的活动之中，促进我校少先队员素质的全面发展，潜移默化地培养了队员的道德品质、实践能力和创新精神，为少先队发展谱写新篇章。

第四节　实践育人

一、研学旅行育人

在 2018 年的全国教育大会上，习近平总书记强调"要把立德树人融入思想道德教育、文化知识教育、社会实践教育各环节"。这对以综合"实践育人"为特征的研学实践教育指明了根本遵循。作为市"中小学生研学旅行试点学校"，我校将研学实践与学校课程、德育体验、实践锻炼等有机融合，根据不同年级孩子的特点,设置主题研学,把课堂搬到了室外,让学生在研学实践中收获知识、得到成长。

(一) 强化"研学"之法,了解世万象

强化"研学"之法,学校充分考虑教育规律、安全性能、公益目的、自愿原则和实践效果,根据学生的身心特点,基于学生发展的实际需求,制定研学实践教育目标和研学实践课程,并选择相应的活动方式,做到规划一盘棋,使活动内容能够由简单走向复杂,使活动主题向不断纵深发展,使每一次的研学实践都能均衡考虑学生与自然的关系、学生与他人和社会的关系、学生与自我的关系,从而更贴合学生实际,更真切地了解世界万象。由此,学校对本县及周边地区的历史文化、自然生态、风土人情等资源进行认真调研,最终确定学校的研学主题。

1. 红色研学。学校充分发挥县域红色资源,组织学生定期前往明溪县革命烈士纪念园开展研学活动。

明溪县革命纪念园项目位于明溪县城东北 2.5 公里的黄坡山下的滴水岩红军战地医院旧址,由纪念碑、纪念广场、纪念馆、红色文化长廊、红军战地医院等组成。

明溪是 21 个原中央苏区县之一,在波澜壮阔的第二次国内革命战争时期,明溪是中央苏区的东方屏障,是红旗不倒的革命根据地。全县先后有 2 万多人参加革命斗争,参加红军的 3200 多人中,绝大多数在保卫根据地和湘江战役中牺牲或失踪,他们用鲜血和生命铸就了伟大的苏区精神。

此外,学校还组织学生前往明溪县御帘村参观东方军司令部,前往建宁等县进行红色研学。

通过组织学生参观革命纪念园,传承红色基因,讲好红色故事,弘扬红色文化,激励学生为实现中华民族伟大复兴不懈奋斗。

2. 生态研学。明溪是国家级生态示范区、国家级森林经营示范县、中国红豆杉之乡、中国黄腹角雉之乡、首批省级森林城市、省级生态县;森林覆

盖率达 80.6%，林地绿化率达 94.5%，居福建省首位。

明溪县青山永续、绿水长流。目前县级罗翠水库饮用水源和 6 个乡镇饮用水源水质均达到或优于国家地表水 III 类标准，达标率为 100%；省控断面水口角溪水质达到国家地表水 II 类标准；全县 12 条主要小流域水质均达到或优于国家地表水 III 类标准，达标率为 100%。

"中国绿都最氧三明"、"明溪溪明"，为学校开展生态研学提供了丰富的资源。

通过生态研学活动，学生受到了"绿水青山就是金山银山"的直观、形象、生动的教育。

3. 成就研学。三明是原中央苏区核心区之一，中央红军长征出发地之一，也是福建省重要的生态安全屏障和老工业基地。在福建工作期间，习近平同志从 1996 年到 2002 年先后 11 次深入三明调研，16 次作出重要指示。

二十多年来，三明市始终坚决贯彻落实习近平总书记重要批示指示要求，始终坚持一张蓝图绘到底，从实际出发，以人民为中心，一茬接着一茬干，在推动经济社会建设、文化建设、生态建设等方面探索了一系列的经验做法。

党的十八大以来，三明市坚决贯彻落实习近平总书记在福建工作期间对三明工作的重要批示指示，按照"机制活、产业优、生态美、百姓富"的总体要求，把新发展理念贯穿发展全过程和各领域，探索了符合本地实际的高质量发展有效路径，形成了推动革命老区振兴发展独具特色的"三明实践"。

学校组织学生开展成就研学，通过参观新农村、莆炎高速（向莆铁路）等，在感受日新月异、翻天覆地的成就中更加热爱中国共产党、更加衷心爱戴、拥护习近平总书记。

4. 实践研学。学校定期组织学生前往明溪县学生社会实践基地开展实践研学。

（1）德育实践：通过参观"五室一厅"，以展室厅教育为载体，拓展德育教育模式，达到思想教育目的。

一是通过参观宋代理学教育展室。让学生了解明溪籍宋代理学大师杨时,激发学生爱明溪、爱家乡的热情。

二是通过参观国防教育展室。通过观看国防教育图片,增强学生国防意识。

三是通过参观交通安全教育展室。让学生掌握交通安全知识,增强自我防范能力。

四是通过参观环保教育展室。通过对学生进行环保教育,增强学生绿色环保意识。

五是通过参观科普教育展室。让学生掌握科普知识,提高科技意识。

六是通过组织学生观看教育片、科教片、听辅导报告等,加强学生思想道德教育、科学教育。

(2) 工业实践:通过动手提升学生实践与创新能力。

学生社会实践基地内配置"五合一"劳技桌,开展金工、木工、电子、烹饪、手工工艺劳技制作及实践操作活动。

(3) 军事实践:通过开展队列训练、野营拉练、整理内务等科目训练,磨炼意志、强壮体魄,强化国防教育。

(4) 农业实践:通过果树基地、蔬菜基地对蔬菜、果树等种植知识的学习和实践,让学生掌握现代农业和现代技术知识。

(5) 社会实践:一是组织学生参观瀚仙镇龙湖村杨时故里、龙池等现有资源,结合"杨时展室"学习宋代理学文化。二是前往县工业园区开展社会实践活动。三是前往县南山农业园区,进行现代农业科技教育。

(二) 拓展"研学"之识,增强所见之闻

如何开展拓展"研学"之识,增强学生见之闻呢?这就需要在开展研学实践过程中,用"力行"课堂教学模式——"三学一引"之法引导学生。一是自学,引导学生带着学习目标、任务,独立思考,上网收集、记录本次研学主题所涉及的知识。二是互学,引导学生以小组为单位,合作学习,分享查阅资料。三是研学,在每一步前行的路途中充分地了解祖国的优秀传统文化,感受丰富的风土人情,熟知祖国波澜壮阔、可歌可泣的历史。四是"引导"总结,反思提高。为强化研学旅行的成效,在研学结束后教师针对研学主题对学生进行引导总结,从而激发学生爱党爱国爱人民爱家乡情怀,不断提高社会责任感和创新实践能力。

(三)结出"实践"之果,丰富育人实效

如何让研学实践结出"实践"之果,丰富活动育人之效,更加有效地促进学生德智体美劳全面发展?在开展研学实践教育中学校注重以下几点:

1. 捕捉和利用课程实施过程中生成的有价值的问题,指导学生进一步深化主题思想,不断丰富活动内容,让学生在全身心参与中,能够更直接、有效地发现、分析和解决问题,体验和感受生活,发展实践创新能力。

2. 科学评价,提升能力。学校建立研学旅行科学评价机制,强化自评、互评等反思教育的引领作用。在活动过程中和活动结束后,要求学生自我评价、互相评价,总结反思活动的成败得失。通过科学评价,增强学生的自尊自信,提高思维品质,提升综合素养。

3. 落实好"舞台小天地,成长大世界"的展示理念,学习中搭建各种展示平台,让学生有话可说、有事可做、有情可表、有乐分享,从而促进他们在表达、总结、反思、合作等方面的能力进一步提升。

4. 加强家校联系与心灵成长分享,进一步促进学生将感受与收获分享到家庭每一个成员,带动整个家庭去感受、理解、支持研学实践的意义、方式及效果,形成更加积极有效的研学实践氛围,最终更加有效地促进学生在个性特长、实践能力、服务精神和社会责任感等方面不断提升,促进学生正确的世界观、人生观、价值观的形成。

(四)提升"实践"之法,形成指导之针

学校结合实际情况,从当前工作经验、困难瓶颈、下步打算中及时总结工作成败得失,有效把脉问诊,从国家的政策理论、丰富的课程设计、坚强的师资队伍、有效的安全与经费保障等方面，积极提升能够成为指导今后工作的"践"之法，不断完善工作机制，建立健全评价机制，更好地促进课程和社会两大有效资源有效利用，建立和完善中小学开展研学实践教育的常态机制，为研学旅行工作营造良好的社会环境，提高研学旅行质量和水平，推动中小学校研学旅行工作科学规范有效开展，真正让研学实践成为构筑起学校教育与校外教育之间的新桥梁，整体推进学生研学旅行的健康可持续发展。在今后的研学实践工作中学校将注重做到以下几点：

1. 争取多方合作，形成教育合力

继续挖掘家庭、社区、社会多方资源，形成研学旅行教育强大合力。一是与研学公司合作，共同开展研学旅行活动；二是组织家委会配合做好研学旅行的后勤工作，如研学经费的管理、协同班主任做好学生安全管理工作等。

2. 打造研学团队，促进活动开展

注重选派政治素质好、责任心强、业务水平高的教师从事学生研学旅行的组织指导工作，尤其重视发挥团队辅导员在组织指导学生开展研学旅行动中的骨干作用。

3. 健全档案资料，巩固研学成果

注重建立健全研学旅行档案资料；研学旅行工作实施方案；研学旅行主题活动方案；研学旅行会议记录；照片影像资料；总结材料；学生优秀文稿；研学旅行目的地人文资料；评选表彰资料；合作单位相关资料等。

4. 开展课题研究，完善课程体系。

积极开展研学课题研究，深入构建特色研学课程体系，争取在研学课程设计、线路规划等方面取得研究成果。

案例一：红色研学

完整方案：

为深入贯彻习近平新时代中国特色社会主义思想，全面落实立德树人根本任务，实施素质教育，深化基础教育课程改革，倡导"力行"教育，帮助学生了解国情、热爱祖国、开阔眼界、增长知识，着力提高他们的社会责任感、创新精神和实践能力，根据《教育部等 11 部门关于推进中小学生研学旅行的意见》和市、县教育局等部门的要求，结合学校实际，特制定明溪县第二实验小学"力行"研学教育活动——"红色研学"活动方案。

一、指导思想

全面贯彻党的教育方针，以《国家中长期教育改革和发展规划纲要》《基础教育课程改革纲要》为指导，认真落实立德树人的育人目标，以学生发展为本，培养学生的综合实践能力和创新能力，全面提升学生综合素质。

二、活动目的

以立德树人、培养人才为根本目的，以预防为重、确保安全为基本前提，因地制宜开展研学活动。让广大学生在研学活动中感受祖国大好河山，感受中华传统美德，感受革命光荣历史，感受改革开放伟大成就，增强对坚定"四个自信"的理解与认同；倡导"力行"教育，学会动手动脑，学会生存生活，学会做人做事，促进身心健康、体魄强健、意志坚强，培养德智体美全面发展的社会主义建设者和接班人。

三、领导小组

组长：李金禄

副组长：卢琳、陈雪英

成员：徐晖、黄根明、四—六年级段长和班主任

四、活动主题：风展红旗如画 传承红色基因

五、活动方式与参加对象

（一）与社会优秀的教育资源联合开展研学活动

（二）学生在学校、家长的指导下自愿参加

（三）研学活动中，学生以集体出行、统一食宿、统一学习的方式开展活动

（四）参加对象：四—六年级学生及部分教师

六、活动时间

2019年11月16日至2019年11月17日；

2019年11月23日至2019年11月24日；

七、活动地点：宁化蛟湖小镇、建宁

具体活动方案与要求见（《红色文化研学手册》）

完整简讯：

五年级师生在蛟湖小镇合影留念

为了践行学校"力行"教育精神，让孩子们亲身感悟红色文化，在合力同行中努力践行"读万卷书、行万里路"的研学理念。2019年11月23-24日，我校四年级90名学生走进宁化、建宁，开展主题为"风展红旗如画·传承红色基因"力行研学教育之红色研学活动。

早晨7：30分，参加活动的学生在操场集合，随行教师整队及查点人数。德育处主任冯秀莲老师对学生们提出要求，希望同学们通过这次研学活动，感受先辈们的革命精神，珍惜今天来之不易的幸福生活。

同学们认真倾听教官讲解

第一站到达宁化蛟湖小镇。在教官的组织下，首先进行列队训练，培养队员的组织纪律性；接着升国旗，奏唱国歌，向毛主席塑像敬献花篮、鞠躬，重温少先队入队誓词，齐颂《如梦令·

元旦》,感受革命先烈的英姿。午饭休息过后队员们分组活动,孩子们再也按捺不住激动的心情,在教官的带领下,进行"勇渡湘江""飞夺泸定桥"等红色拓展活动,培养团队意识与荣誉感;参观东方军入闽征战纪念馆、红星馆、孔雀园和蛟湖草堂,学习红色革命历史,传承红色经典,追寻红色记忆;夜晚,教官们组织师生一起观看了《闪闪的红星》,队员们聚精会神地观看,在潘东子遇到危险时帮他加油打气,在潘东子遇到困难时帮他出谋划策,通过电影播放,形象直观地让队员们感受革命年代潘东子及其他共产党员不畏艰辛、不怕牺牲的革命意志,同时也让青少年了解革命历史,激发他们爱党、爱国之情。

第二站到达建宁中央苏区反"围剿"纪念园。参观毛泽东、朱德等同志的故居,了解革命伟人的英勇事迹,身临其境感受当时的革命战争的艰辛条件和红军的顽强意志,使队员了解今天幸福生活的来之不易!

学生通过游戏了解红军事迹

第三站来到修竹荷苑景区。浏览国家级农业示范点修竹荷苑景区,了解荷花知识,在八卦荷苑诵读《爱莲说》,体验一方福地的自然之美!

沿着历史的足迹,听着英雄的故事,同学们从红色文化中汲取时代精神。同学们纷纷表示,一定会更加珍惜今天的幸福生活,铭记历史,发奋图强,为中华之崛起而读书!

案例二:历史研学

方案摘要:

1. 2019 年 4 月:召开研学旅行领导小组工作会议,制定研学旅行活动方案；以班级为单位召开家长会，宣传发动，组织学生自愿报名填写《申请表》；联系社会实践基地，提前安排研学旅行参观过程的讲解工作。

2. 2019年4月24日：参观杨时公园

　　2：00　教师学生集合，清点人数，举行研学旅行启动仪式

　　2：20　出发前动员会（进行组织纪律、安全教育、布置学生研学任务）

　　2：30　出发

　　4：30　返程、清点人数

　　7：00　撰写心得，交流收获体会

3. 2019年4月25日：德育处相关人员撰写研学旅行小结，小结得失，完善每一计划。

简讯摘要：

4月24日，我校组织五年段师生开展"走进杨时公园，感悟中华文化"为主题的研学旅行活动。

2点30分，全体师生在基地操场上集中，在安全教育后，便正式开启了此次的研学之旅。一路上，孩子们欢声笑语，40分钟之后便到了杨时公园和美丽龙池，大家被眼前这蓝天白云、青山绿水和独特的建筑风格所吸引，仿佛来到了世外桃源。同学们有序地跟着带队老师参观了古石碑、壁画，并认真聆听带队老师介绍杨时的传奇人生和经典故事，感受着这位北宋理学大师的爱国情怀和尊师美德，体验着明溪悠远的历史时空、厚重的文化底蕴。随后同学们来到美丽龙池，同学们纷纷驻足嬉戏。

此次研学旅行活动，不仅开拓了学生的视野，培养了学生的实践能力，也让学生在灵魂深处受到中华传统文化的熏陶，增强民族文化自信心。同学们展现出了一种积极向上、文明有序、互帮互助的精神风貌和优良品质。这不仅仅是一次旅行，更是一次不平凡的体验与成长。

同学们欣赏石碑、壁画

案例三："生命英雄"研学旅行

方案摘要：

1. 2018年10月：召开研学旅行领导小组工作会议，制定研学旅行活动方案；以班级为单位召开家长会，宣传发动，组织学生自愿报名填写《申请表》；联系社会实践基地，提前安排研学旅行参观过程的讲解工作。

2. 2018年11月8日：参观县消防大队

  2：00 教师学生集合，清点人数，举行研学旅行启动仪式

  2：20 出发前动员会（进行组织纪律、安全教育、布置学生研学任务）

  2：30 出发

  4：30 返程、清点人数

  7：00 撰写心得，交流收获体会

3. 2018年11月9日：德育处相关人员撰写研学旅行小结，小结得失。

简讯摘要：

为了加强全校师生的消防安全意识，使全体师生掌握更全面的消防安全知识，"零距离"体验警营生活，11月8日上午，在全国消防安全宣传教育日来临之际，我校组织二年级师生和家长开展"走进消防大队，感恩生命英雄"研学旅行活动。

活动中，消防大队雪峰中队的雷增杰班长组织大家进行参观学习。消防队员们不仅介绍了防火防灾的各项技能和各种在急险情况下的自救方法，还进行了灭火操作、原地着装、灭油槽火等业务技能演示。随后，学生

二年级学生在消防员的帮助下试穿灭火救援服装

学生与消防员一起进行灭火操作

们在消防员的帮助下试穿灭火救援服装,并尝试使用各种各样的消防器材,现场体验了一把当消防员的感觉。

此次活动不仅增强师生和家长们消防安全意识,也给大家上了一堂生动的消防安全教育课,使学生直观、真实地了解了消防知识,体会消防战士的辛苦工作和伟大的献身精神,拓展了孩子们的视野,师生们纷纷表示要时刻谨记消防安全的重要性,在日常生活中要注意消防安全,掌握消防知识,要真正树立一种防患于未然的安全意识,只有防治结合,才能保证学校教育教学工作安全、健康、有序地进行。

二、志愿服务育人

志愿服务是社会文明进步的重要标志,是培育和践行社会主义核心价值

红领巾志愿服务队

观的有效载体,是德育实践育人的主要途径。教育和引导全体师生开展志愿服务,是提高新时期学校德育实效性的重要渠道,学校注重调动志愿者们的积极性,促进学生志愿服务的专业化、精准化和常态化。

(一) 组建志愿服务团队

学校充分整合教师、学生、家长三方资源组建了三支志愿服务队，即：教师志愿服务队、红领巾志愿服务队和家长志愿服务队。每年都会对志愿服务队人员进行适当地调整和更换，并定期召开志愿者工作会议，根据志愿者的年龄、职业等特点，对学校志愿服务工作进行部署和安排。

教师志愿服务队

(二) 普及志愿服务理念

习近平总书记强调，要广泛宣传一线医务工作者、人民解放军指战员、公安干警、基层干部、志愿者等的感人事迹，在全社会激发正能量、弘扬真善美，推动社会主义精神文明建设。因此，学校以"开

家长志愿服务队

学第一课""学雷锋日"和"国际志愿服者日"为契机，利用班队会、国旗下讲话、校园广播等形式向全校师生宣讲抗疫精神、雷锋故事，宣扬好人好事，普及志愿服务理念，学习《志愿服务条例》，引导广大师生、家长志愿者用实际行动弘扬社会主义核心价值观，为志愿服务发展营造良好环境，把志愿服务融入文明城市、文明家庭、文明校园创建过程，营造"有时间当志愿者，有困难找志愿者"的浓厚氛围，树立"我为人人、人人为我"的生活新风尚。

案例："弘扬雷锋精神，建设文明校园"活动

简讯摘要：

为弘扬雷锋精神，使雷锋精神深入师生心中，我校于 2019 年 3 月 5 日开展"弘扬雷锋精神，建设文明校园"活动。此次活动与贯彻《志愿者服务条例》结合起来，有力地促进我校良好校风、学风。

在活动中，各班通过召开"践行日行一善，弘扬雷锋精神"为主题的班队会，向每位学生弘扬雷锋精神，使学生们能准确、全面把握雷锋精神的内涵，从这一宝贵精神财富中汲取营养，从我做起，从身边的小事做起。同时我校还组织红领巾志愿者和教师志愿者参与了"建设文明校园"志愿服务活动。服务过程中，教师志愿者们发挥了模范带头作用，红领巾志愿者们也积极参与其中。大家分工合作，有的对校园和校园周边进行清扫，有的进行植绿护绿。

通过开展此次学雷锋志愿服务活动，师生们精神面貌有了极大改观，大家纷纷表示，要从身边的小事做起，向雷锋学习，把文明带进校园，把文明带给所有人。

（三）创新志愿服务形式

1. 推行学生自主管理

学校将红领巾志愿者们分成了文明礼仪劝导队、爱绿护绿劝导队、纪律卫生劝导队、交通疏导劝导队四个小队，各小队的任务有所侧重：文明礼仪劝导队对校园内的不文明行为进行劝导；爱绿护绿劝导队细心呵护校园的花草树木；纪律卫生劝导队帮助学校总辅导员对全校卫生进行检查评比……红领巾志愿服务队立足校园开展日常志愿服务，让学生找到了能力行、乐力行、提升自我、完善自我、发展自我的标准和平台，实现了"力行"教育思想的发展目标。

第四章 小学生良好品德形成的实施路径　　**101**

红领巾志愿者正在开展日常志愿服务

案例："红领巾志愿督导队"换届选举暨培训会

简讯摘要：

为促进我校红领巾志愿督导队工作，培养队员责任意识，锻炼和提高队员的综合素质，2020年5月19日上午，明溪县第二实验小学在学术交流中心召开红领巾志愿督导队换届选举暨培训会。

首先进行红领巾志愿督导队换届选举，经老队长推荐，

少先队徐老师正在给队员讲解督导队职责与要求

全体队员投票，最终选出新一届队长与队员。新老队长工作交接，通过以老带新，传承督导队的责任与担当，用行动展现督导队的新风貌。

接着，少先队徐老师向队员们明确了督导队的职责要求，希望全体督导队员发挥主人翁意识，起榜样带头作用，要严肃检查的纪律、规范检查的行为，评分做到公平公正，值勤时对同学的不文明行为进行监督与劝导，引领同学们守规则、讲文明，使各项活动有序地开展。

最后，少先队总辅导员张老师对督导队员的行为规范及仪容仪表进行了详细的培训。同时还邀请了戴雨辰、张越、邓依然、叶钰欣、孔德希等同学为督导队员分别示范讲解佩戴红领巾、袖带、袖章，以及站姿和敬队礼的正确步骤。

本次活动，提高了红领巾志愿督导队员们的积极性和主动性，也对自己肩负的责任有了明确的方向。队员们纷纷表示，要践行"力行"精神，以实际行动带动更多的同学，弘扬红领巾精神，成为校园一道靓丽的风景线！

2. 汇聚家长志愿力量

学校充分发挥家校共育的作用，积极组织家长报名参加志愿服务活动，协助做好学校日常工作管理。

（1）参与交通疏导志愿服务。为解决每天上学、放学高峰期学校门口交通拥堵的问题，家长志愿者们参与交通疏导服务，在校门口交通要道上指挥车辆通行，引导学生过马路，有效地缓解了学校门口的交通拥堵现象。

汇聚家长志愿力量 参与维护会场秩序志愿服务

（2）参与维护会场秩序志愿服务。家长志

愿者们参与学校大型校园活动（科体节、艺术节），帮助维持会场秩序，协助班主任完成各项任务。

（3）参与关爱特殊生志愿服务。家长志愿者们自筹善款开展为学校贫困学生献爱心活动。2016—2020 年，家委会捐赠的学习用品和慰问金达 4 万余元，帮扶贫困学生 110 余人次。

活动案例："家校同携手，助力护成长"志愿服务

简讯摘要：

为进一步加强家校联系，营造良好的育人环境，促进学生全面发展。近日，明溪县第二实验小学总校开展"家校同携手·助力护成长"志愿服务活动。

家长志愿者们分别在各个重要交通路口开展交通疏导。他们做出准确的疏导手势，确保每一辆车井然有序地停放在正确的位置。志愿者耐心地引导家长们将车辆开往正确的方向，他们用自己的热情为师生及家长们服务，始终对过往的行人报以真诚的微笑。身着红色马甲的志愿者们俨然成了学校一道靓丽的风景线。

家长志愿者以轮流值班、分工协作的方式开展志愿服务，不管刮风下雨、天气严寒，始终在上放学期间三五人一组坚守值岗，提前 30 分钟到学校门口帮助管理和维持文明交通、治安方等秩序。

志愿者们将"我力行"的精神贯彻到实际行动中，

家长志愿者正在指挥交通

积极指挥道路交通，通过家校的配合，校门口的交通状况得到了极大的改善，在上、放学期间通过志愿者的疏导，家长们自觉遵守交通规则，有序的接送孩子上、放学。

家长们对于志愿者无私奉献，辛苦的指挥交通，表达了诚挚地感谢，同时，增强了学生的责任意识，提高了他们的文明交通意识。

（四）做强志愿服务品牌

1. 学雷锋志愿服务。学校坚持每年 3 月开展"学雷锋"主题教育活动，通过主题的班会、国旗下讲话、黑板报、手抄报、征文活动和红领巾广播站，宣讲雷锋故事弘扬雷锋精神。同时，学校还积极组织教师志愿者和红领巾志愿者开展"环境整治""爱绿护绿""文明劝导""社区服务"等志愿服务活动。

2. 文明县城创建志愿服务。学校志愿者服务队积极参与文明办、社区号召的各项公益活动，如："禁毒宣传""交通文明劝导""爱国卫生运动""治理母亲河"。

3. 大型节日志愿服务。每年利用春节、中秋、重阳、学校科体节、学校艺术节等节日活动开展"孝老爱亲""社区服务""维护会场秩序服务"等志愿服务。

4. 疫情防控志愿服务。2020 年疫情期间，学校教师志愿服务队参与社区值守，入户排查，巡逻劝导；开展送教上门；开展复学返校后值守等。

案例一："3.5 学雷锋"爱国卫生志愿服务

简讯摘要：

在第 58 个"学雷锋纪念日"到来之际，为进一步弘扬雷锋精神，贯彻落实习近平总书记关于爱国卫生运动的系列重要指示批示精神，宣传"奉献、友爱、互助、进步"志愿服务理念，倡导文明新风尚，明溪县第二实验小学组织志愿者走进社区、深入校园开展爱国卫生志愿服务。

3月5日上午，15名红领巾志愿者齐聚校园，在进行简单的任务分配后开始志愿服务，小志愿者们积极清理垃圾，不怕脏、不喊累，相互配合。他们沿着绿化带行走，细心的寻找、捡拾。

3月5日中午，组织15名教师志愿者，走出校园，清扫社区街道，在志愿者辛勤的劳动下，地上的落叶，路边的白色垃圾，都被逐一清理，他们忙碌的身影也成为了明溪一道亮丽的风景线。

教师志愿者正在打扫社区卫生

活动中，他们犹如鲜红的"火苗"，点燃了大家保护环境、爱护环境的热情，用实际行动为校园及社区环境增添了一份清新，一抹明亮。

案例二："创城进行时，二小在行动"志愿服务

简讯摘要：

为进一步推进创城攻坚迎检工作，弘扬"奉献、友爱、互助、进步"的志愿精神，提升校园与周边环境的卫生质量，2020年11月6-7日，明溪县第二实验小学教师志愿者走进社区、深入校园开展志愿服务

教师志愿者正在校园内外开展创城志愿服务

活动。

11月6日下午，10名教师志愿者带上扫把、簸箕、铲子等清扫工具，对紫岭社区公租房、廉租房周边废弃杂物、墙面小广告、绿化带垃圾等卫生死角进行了细致的清理，大家分工明确，配合默契，让社区环境焕然一新。

11月7日下午，15名教师志愿者针对校园花圃、绿化带、卫生死角等地进行全面打扫清理。在大家合力同行下，校园内外一尘不染，花圃深处均已不见塑料袋、纸屑的踪影。

此次志愿服务提高了教师的责任感与环保意识，不仅美化了社区及校园环境，培养了团结互助的团队精神，同时也为创建文明城市，推进文明校园建设，贡献出一份力量。

案例三："九九重阳节，浓浓敬老情" 重阳节敬老活动

完整简讯：

2020年9月30日下午，重阳节来临之际，明溪县第二实验小学少先队大队部带领红领巾志愿者前往德亨医养中心，开展"九九重阳节，浓浓敬老情"重阳节敬老活动。

红领巾志愿者前往德亨医养中心开展孝老爱亲志愿服务

在敬老院负责人地引领下，志愿者们先是在门口欢迎各位爷爷奶奶入场，搀扶老人入座、亲手将水果和糕点等慰问品送到老人手中，然后和爷爷奶奶们聊天、给爷爷奶奶捶背，爷爷奶奶们的脸上笑开了花，快乐与温暖溢满心头；紧接着，志愿者带来了群舞《我和我祖国》、小提琴演奏《四季歌》、双人舞《读唐诗》、独唱《你笑起来真好看》、拉丁舞《劳尬舞》、尤克里里《童年》、合唱《我和我的祖国》等精彩节目赢得了爷爷奶奶们的阵

阵掌声；最后，少先队大队辅导员张英姿老师带领全体志愿者向爷爷奶奶送上国庆节、重阳节的祝福，让爷爷奶奶感受到重阳节的快乐的同时也感受新中国成立70周年的欢乐气氛。看到爷爷奶奶们流露出来的笑容，小志愿者们感受到社会的温暖，希望老人们能够安享晚年，身体健康。

合唱表演《我和我的祖国》

通过这次活动，孩子们不仅体验到了志愿服务的快乐，也激发了志愿者们孝老爱亲的内在自觉，大力弘扬中华民族尊老敬老的传统美德，营造尊老爱老和谐氛围，进一步树立学生的社会责任感。

案例四：科体节志愿服务

简讯摘要：

金秋时节，秋高气爽。明溪县第二实验小学满心欢喜地迎来了第五届科技体育节。10月11日上午，伴随着嘹亮的运动员进行曲，我校第五届科技体育节在全校师生的无限憧憬和期待中隆重地举行了开幕仪式。

红领巾志愿者在科体节协助老师维持秩序

在为期两天的科技体育节中，我校 20 名红领巾志愿者与 36 名由家长组成的青年志愿者进行志愿服务活动。在活动开始之前，志愿者们积极配合教师工作，在自己的岗位上认真做好准备工作，帮助教师检查学生带零食与玩具进入现场的情况，维持活动现场的卫生情况；在活动中，志愿者们尽职尽责，帮助维持现场秩序，保护参赛选手与学生的安全；在活动结束后，志愿者们自觉拿起扫帚，自发清理垃圾，让活动现场恢复整洁。

在本次活动中，志愿者们服务热情高涨，自觉分工合作，相互配合，同时起到模范带头作用，为学生中树立了榜样，也用实际行动诠释了"我力行"校训精神的深刻内涵。

案例五："复学路上，有你有我"疫情防控志愿服务

完整简讯：

没有一个寒假如此漫长，没有一次返学如此瞩目，2020 年 5 月 11 日清晨，明溪县第二实验小学迎来复学返校第一天，在学校迎接大家的不仅有同学、老师还有一直陪伴在大家身边的志愿者。

为切实维护好疫情期间学校正常教学秩序，确保师生安全健康，5 月 11 日一大早，明溪县第二实验小学为开学启动"护学岗"，为返校的师生筑起安全防线。党员、教师志愿者上、放学期间在校门口与校园内积极疏导人流，引导学生有序排队测量体温，避免出现滞留、拥堵现象，确保师生迅速通过；此外，红领巾志愿者们也出现在校园的各个角落，协助党员、教师志愿者维持校园秩序。课间

红领巾志愿者正在引导学生测量体温

休息时间，志愿者们分批到各个活动场地，提醒学生有序行走，避免追逐打闹。

"请各位同学保持安全距离，排队测温，有序进入校园……"一声声亲切的提醒回荡在校园各个角落，志愿者们发挥"力行"精神积极行动，切实做好疫情防控期间学校秩序管控，全力为开学复课保驾护航，形成一抹靓丽的风景线！

教师志愿者正在引导学生有序排好路队

三、主题实践育人

在法治教育工作中，学校以上级部门普法规划为指导，以进一步推进依法治校、依法执教为中心，紧紧围绕学校"七五"普法确定的目标和任务，广泛开展各种形式的法治教育活动。

（一）建立健全职能机构，推动普法工作落实

为深入贯彻依法治国基本方略，提高全体师生法律素质和依法治校的水平，学校成立了"七五"普法工作领导小组，每学期定期召开法治教育领导小组会议，法治宣传教育工作做到了有安排、有部署、有计划、有总结。

（二）完善校园文化建设，营造浓厚法治氛围

为充分发挥校园文化育人的作用，学校在校园环境建设中融入许多法治元素，

如在校园内外醒目位置设置法治教育宣传展板，把法治元素融入楼道、办公室文化等，同时利用国旗下讲话、开学仪式和闭学仪式、校园广播、LED 滚动屏、禁毒宣传室、班级黑板报等进行《宪法》《义务教育法》《未成年人保护法》《预防未成年人犯罪法》《禁毒法》《环境保护法》等法律法规的宣传教育活动，营造浓郁的法治宣传教育氛围。

（三）开展教师法治培训，提高教师法律素质

1. 开展学校领导班子成员、党员教师学法活动。学校每月组织领导班子成员和党员教师集体学习政治理论、法律知识和最新政策法规等。

2. 组织教职员工开展法律知识培训。利用全校教师大会组织学习《宪法》《民法典》《教育法》《教师法》《义务教育法》《未成年人保护法》《预防未成年人犯罪法》等有关法律法规及文件和政治理论。教师全年自学法律法规达 40 小时，集中学习达 20 小时，网上法律知识竞赛参与率达 100%，"明溪县公职人员法律知识测试"参与率达 100%。

（四）发挥课堂教育作用，增强学生法律意识

1. 在法治教育课中落实法治教育。学校将每学期 8 课时的法治教育课合并到《道德与法治》《环保教育》《禁毒教育》中，做到了计划、教材、课时、师资"四落实"。每学年末对学生进行学法知识检测，并记入学生《素质发展报告册》。

2. 在各个学科中渗透法治教育。充分挖掘各学科蕴涵的法治教育因素，对学生进行法治文明、公平正义、恪守规则等方面的教育。例如，语文课通过文学作品中的典型人物和事件，渗透崇尚公平正义、违法要承担责任、履行义务光荣等教育；科学课对学生进行保护环境、热爱生命、尊重人权的教育；体育课对学生进行遵守规则、崇尚公正的教育等等。

（五）丰富校园法治活动，实践"七五"普法承诺

1. 每学年借助"4.15""4.26""6.5""6.26""12.4"等法治教育宣传日、宣传周、宣传月进行主题教育活动。

2. 每学期至少组织学生观看一次法治专题教育影视片并撰写学习心得体会。

3. 每学年开展四次的法治教育题班队会，主题包括："弘扬宪法，砥砺前行""以案释法""倾听法治声音，科学防控疫情""典亮青春，与法同行""健康人生绿色无毒"等。

4. 每学年组织学生参与全国青少年普法网法律知识竞赛、青骄第二课堂禁毒知识禁赛，学生与率达100%。

5. 定期组织学生参观学校林则徐禁毒宣教室，向学生介绍毒品的危害和禁毒相关法律法规。

（六）争取多方合作支持，形成法治教育合力

1. 通过家长会、电访、家访、致家长一封信等形式，与学生家长保持密切的沟通，向家长宣传法律法规政策，将法律送进家庭。

案例：全民禁毒宣传月活动

完整简讯：

为认真贯彻落实中央、省、市和县禁毒委关于禁毒工作的系列部署要求，进一步增强广大师生拒毒、防毒意识，我校于2020年6月开展了"健康人生 绿色无毒"为主题的全民禁毒宣传月活动。

活动中各班以《中小学生毒品预防教育专题教育大纲》为指导，认真上好毒品预防教育课，并通过组织学生参观林则徐禁毒宣教室、观看禁毒公益宣传片、观看《禁毒之战2020》专题节目、撰写心得体会、绘制黑板报等系列活动，落实毒品预防教育"五个一"。此外，活动还利用"小手拉大手"的方式，通过印发《禁毒宣传致家长的一封信》和组织亲子共同观看禁毒专题节目，进一步将禁毒知识传导给学生家长，使毒品预防教育向家庭、社会辐射。

此次活动共组织学生参观林则徐禁毒宣教室36次，征集优秀禁毒征文作品25篇，印发《禁毒宣传致家长的一封信》1800余份，师生参与率达100%，参与家庭1800余户。学校师生在本次活动中践行"我力行"校训，一如既往地把毒品预防教育深入开展下去，不仅在校园中形成自觉抵制毒品的浓厚氛围，还带动家长们自觉抵制毒品，参与禁毒斗争，为建设平安明溪贡献一份力量。

2. 邀请法治副校长及校外法治辅导员（公安、消防、检察院、交通、等部门）到校开展预防校园欺凌、以案释法、交通法律、消防法律、禁毒等法治宣传教育专题讲座。

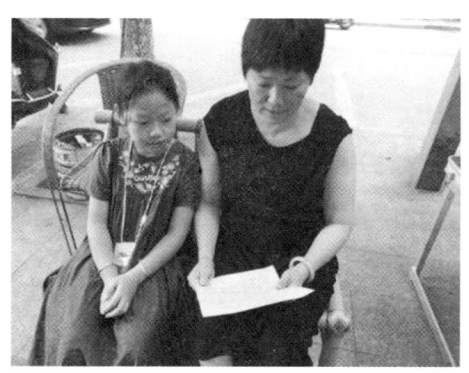

案例一：交通安全、法律知识讲座

简讯摘要：

12月2日下午，正逢全国交通安全日，为增强我校师生交通意识，创造安全、文明、和谐的城区交通环境。明溪县第二实验小学邀请综治副校长卢志强和县交警大队林秋泉警官给我校师生开展了题为"交通安全伴我快乐成长"的交通知识讲座，我校四年段学生参加此次讲座。讲座中，林警官讲解了如何安全出行、道路交通安全的形势和遵守交通法的重要性，强调了安全出行的注意事项，警示广大学生要严格遵守交通法规，牢固树立"文明出行，安全第一"的思想理念，确保道路交通安全。

林警官正在给学生讲解安全、法律知识

我校一直把交通安全教育工作作为学校的大事来抓，开展了一系列交通安全知识的教育活动。此次交通安全知识讲座活动，加强了学生们的交通安全意识，充实了学校安全教育内容，为争创平安校园起到了积极的推动作用。

案例二：以案释法主题活动

简讯摘要：

为加强对青少年的法治教育，增强未成年人知法、守法、用法的意识和自我保护能力，6月8日下午，明溪县第二实验小学联合明溪县人民检察院开展以案释法主题教育活动。我校五年级师生参加了此次活动。

吴检察官正在给学生讲解法律知识

讲座上,检察院吴红红检察官详细解读了《未成年人保护法》《预防未成年人犯罪法》中的相关内容,特别强调了犯罪的种种行为和特点,以及当前青少年犯罪呈现出的特点。吴检察官没有单纯讲解枯燥的法律术语,而是用一个个生动鲜明、触目惊心的青少年犯罪案例为题材,通过以案释法、交流互动的方式,向广大师生剖析了青少年走上犯罪道路的主客观因素。

通过本次活动,广大学生树立了基本的法制观念,增强了法律意识,提高了对学法、守法重要性的认识,知晓了如何运用法律武器来保护自己、维护自己的合法权益。

案例三:"扫黑除恶"专项斗争暨预防校园欺凌知识讲座

简讯摘要:

为加强学生安全教育,保障学生的身心健康,构建和谐、平安的校园环境,2019年6月6日上午,明溪县第二实验小学开展"扫黑除恶"专项斗争暨预防校园欺凌知识讲座。讲座由法治副校长卢志强警官主讲,我校五年级学生参加了活动。

卢警官正在引导学生正确认识校园欺凌

卢警官从什么是校园欺凌、校园欺凌的表现、校园欺凌的危害、校园欺凌的原因以及如何预防校园欺凌六个方面,让学生们正确认识校园欺凌。通过讲解相关法律条例,提高了同学们的法律意识,还通过大量具体的事例,指导同学们如何有效地预防校园欺凌。

一直以来，我校十分重视预防校园欺凌教育，通过这次讲座，同学们纷纷表示受益匪浅，学到了如何避免校园欺凌以及正确应对校园欺凌的方式。相信孩子们已经能够正确判断身边的欺凌，敢于向校园欺凌现象说"不"，不做校园欺凌违法之事，坚决向校园欺凌现象作斗争。本次活动为构建我校和谐、平安的校园环境夯实了基础。

案例四：禁毒宣传教育活动

简讯摘要：

为了进一步增强全校师生禁毒意识，普及毒品知识、传播禁毒理念、宣传禁毒政策，2018年4月20日上午，我校邀请法治副校长徐雯警官进行了一次了以"美好青春远离毒品"为主题的禁毒宣传活动。活动中，徐警官从毒品的特征和种类、毒品对人类尤其是青少年的危

学生在徐警官的带领下学习禁毒知识

害以及抵御毒品侵害的措施等方面向我校师生普及了禁毒知识，并通过一个个真实生动的例子形象地告诉大家：一定要拒绝和远离毒品。此外，徐警官还带领同学们参观了禁毒展板，同学们纷纷驻足观看，相互沟通交流，现场学习氛围浓厚。

通过此次宣传活动，我校师生进一步了解毒品对国家、家庭的危害，了解到党和政府禁毒工作方针、政策，提高了识毒、防毒、拒毒能力。

3. 联合社区共同开展法治教育活动，如：2016年9月联合紫岭社区开展的"争做防震减灾禁毒志愿者签名活动"、2018年6月联合雪峰镇开展禁毒宣传活动等。

案例一："争做反震减灾、禁毒志愿者"志愿服务活动

简讯摘要：

9月12日，明溪县第二实验小学开展"争做防震减灾、禁毒志愿者"签名活动。上午该校的红领巾志愿者代表在老师的带领下，走入紫岭社区参加防震减灾、禁毒志愿者签名活动。活动中，小志愿者认真倾听了科技局刘副局长关于防震减灾、禁毒的讲话，郑重地签下自己的名字，表达自己争做防震减灾、禁毒志愿者的决心。最后，观看防震减灾、禁毒知识的展板。此次志愿服务活动不仅让孩子们学到了地震逃生和毒品危害的知识，还提高了少年儿童防震减灾、禁毒的意识。

红领巾志愿者参与签名活动

案例二："健康人生，绿色无毒"禁毒宣传活动

简讯摘要：

为认真落实禁毒宣传工作，推动我校禁毒教育工作深入发展，6月13日，我校联合雪峰镇综治办、司法所开展了以"健康人生绿色无毒"为主题的禁毒宣传教育活动。我校四（3）班学生参加了本次活动。

学生正在认真学习禁毒知识

本次活动宣传形式多样，内容生动，工作人员除了向学生们发放禁毒宣传资料，还通过简洁明了的幻灯片以及我校的禁毒展示厅向在场的学生们介绍毒品的种类和吸毒的危害，告诫学生们要提高警惕、谨慎交朋友，不要进入治安复杂的娱乐场所，不要轻信谎言，不轻易和陌生人搭讪，不

接受陌生人提供的饮料及食品等。

活动中，学生们认真倾听，并踊跃参与禁毒知识讨论，现场气氛轻松愉悦。最后，工作人员给每一位同学送上了精美的学习用品，希望同学们要好好学习，做一个遵纪守法的好学生。

此次活动，不仅增强了我校师生拒毒的意识和参与禁毒的积极性，也提高了师生对毒品的抵制能力，使禁毒宣传更加深入人心，为创建无毒校园营造了良好的氛围。

（七）取得的成绩

学校先后被评为市级"法治宣传教育先进单位"、市级"未成年人零犯罪学校"、市级"禁毒示范校"等荣誉称号，实现了在校学生"零犯罪"的目标，保持了安全工作"零事故"的纪录。

第五节　管理育人

一、小学生综合素质评价

完整方案：

为全面贯彻党的教育方针，落实立德树人根本任务，不仅考查学生学业水平，也重点关注思想品德、身心健康、艺术素养、社会实践等发展状况促进学生健康成长、全面发展，根据国务院发布《关于深化考试招生制度改革的实施意见》《福建省"十三五"教育发展专项规划》《福建省深化考试招生制度改革实施方案》等规定文件精神，结合我校实际，进一步完善学生综合素质评价制度，制定本方案。

（一）重要意义

综合素质评价是基于我校学生成长发展事实，遵循教育规律和学生身心发展规律，客观反映学生德智体美全面发展情况的综合系统评价。实施综合素质评价制度，旨在通过创新学生评价机制，落实"立德树人"教育根本，引导树立科学的人才观、质量观，既关注技术技能培养、又关注人文素养教育，为学生成长成才和终身发展奠定坚实基础，为单位选人用人和高等学校招生录取提供真实可信的参考依据。

（二）基本原则

1. 发展性原则。综合素质评价以促进学生全面而有个性发展和可持续发展为出发点，关注学生的发展现状和发展需求，帮助学生合理规划职业生涯，提高综合素养。

2. 激励性原则。综合素质评价面向全体学生，建立激励机制，增强学生自信心和自尊心，激发学生潜能优势，引领学生认识自我、完善自我、成就自我。

3. 过程性原则。综合素质评价贯穿于学生知识技能学习训练、关键能力培养、创新潜能开发、身心健康发展、教师职业精神塑造的全过程，避免单一结论性、终结性评价。

4. 多元化原则。综合素质评价要公正、客观，运用多元评价指标、多元评价主体、多样评价方式，全面反映学生成长发展状况，以多元视角、相互认证的全方位评测，确保结果真实有效。

（三）评价内容及方法

1. 思想道德素质

（1）共同成长

开展形式：按照检查细则每天对各个班级进行检查，每周在系统中生成获得流动红旗班级。

参与角色：负责检查各班纪律卫生情况的人员

涉及系统操作的角色：检查人员检查后及时录入系统，或每个年级选择一位老师负责每个年级系统录入工作，并在系统中生成红旗班级

操作频率：每周一次

综合设置：每周每班 100 分满分，一般事件扣一分，恶性事件扣 20 分。

共同成长检查项：

项目	内容	周期
纪律	佩戴红领巾、校徽	每天
	爱护公物	每天
	课间操	每天
	眼保健操	每天
	穿校服	每天
	升旗、路队	每天
	违纪现象	每天
卫生	教室内外卫生	每天
	卫生区卫生	每天

（2）点赞卡（德育）

开展形式：按照学生表现，对学生进行线下发卡。

参与角色：全体教师以及班级输机员。

涉及系统操作的角色：班上输机员输入学生得卡数量

操作频率：每月一次

2．科学文化素质

（1）课堂优化

开展方式：

由学校值周老师和科任老师负责对学生的每节课进行评价。评价操作简单：每班班门上或讲台上放置一张课堂优化评价表，如果某名学生课堂听讲中变现优异或者严重违纪，老师只要在这个同学的名字后面和课节对应的方框里输入对应的类型序号即可。

参与角色：值周老师和科任老师

涉及系统操作的角色：各科老师需要在课后进行评价优化，每个年级选择一位老师负责每个年级系统录入工作

操作频率：科任老师每日一次，值周老师每周一次

参与课堂优化学科：全体学科

扣分项	加分项
课前准备需努力	课前准备充分
上课讲话	物品摆放整齐
做小动作	积极发言
上课走神	专心听讲
欠交作业	积极思考
书写马虎	书写工整
作业没有订正	按时完成作业

（2）学业表现活动

开展方式：由任课教师和家长对学生的每种课程进行评价。

参与角色：任课教师、家长

涉及系统操作的角色：任课教师对自己所任科目进行评价，家长针对自己孩子所学科目进行评价

操作频率：每学期在期末操作一次

综合设置：

教师评设置：

按课程评星：参与评星课程：语文、数学、英语

综合学科：音乐、美术、体育等

得星数设置：优异的学生得五颗星，中等的学生得 3 颗星，加强的学生得 2 颗星。

周期设置：开展周期为一个学期开展一次

（3）点赞卡（智慧、阅读、进步）

开展形式：按照学生表现，对学生进行线下发卡。

参与角色：全体教师以及班级输机员。

涉及系统操作的角色：班上输机员输入学生得卡数量

操作频率：每月一次

3. 运动与健康素质

（1）体育测试

开展形式：每学期由体育老师按照小学生国家测试项目标准录入学生体育测试成绩

参与角色：学生、体育老师

涉及系统操作的角色：

体育老师：每学期录入自己所任教班级的体育成绩

操作频率：每学期一次

综合设置：

优秀等级：90颗星；良好等级：80颗星；及格：60颗星；不及格：30颗星

评价方案：

年级	单项指标	权重（%）
1、2年级	体重指数BMI［体重（千克）/身高（平方米）］	15
1、2年级	肺活量	15
1、2年级	50米跑	20
1、2年级	坐位体前屈	30
1、2年级	1分钟跳绳	20
3、4年级	体重指数［体重（千克）/身高（平方米）］	15
3、4年级	肺活量	15
3、4年级	50米跑	20
3、4年级	坐位体前屈	20
3、4年级	1分钟跳绳	20

(续表)

3、4 年级	1 分钟仰卧起坐	10
5、6 年级	体重指数［体重（千克）/身高（平方米）］	15
5、6 年级	肺活量	15
5、6 年级	50 米跑	20
5、6 年级	坐位体前屈	10
5、6 年级	1 分钟跳绳	10
5、6 年级	1 分钟仰卧起坐	20
5、6 年级	50 米 X8 往返跑	10

（2）我的学校活动记录评价

开展形式：我的学校活动记录可由学校根据实际情况选择任意时间段，面向班级、年级或全校开展。学校开展活动后，由学校指定的老师进行创建活动，再由指定教师进行赋星评价，以及奖项评定。

参与角色：全体学生、教师

涉及系统操作的角色：指定负责老师在系统中创建活动，并且给学生赋星并且评定奖项

操作频率：自由设置，建议最高频率为一个月，最低频率为一学期。

综合设置：

表现优秀的星星数：5 颗星；表现良好的星星数：3 颗星；表现及格的星星数：2 颗星。

获得奖项可另外再加星

一等奖：5 星；二等奖：3 星；三等奖：2 星

体育类：

运动会篮球比赛、足球比赛、乒乓球比赛、拔河比赛、跳绳比赛等特色活动；

（3）点赞卡（体育）

开展形式：按照学生表现，对学生进行线下发卡。

参与角色：全体教师以及班级输机员。

涉及系统操作的角色：班上输机员输入学生得卡数量

操作频率：每月一次

(四) 审美与表现素质

1. 我的学校活动记录评价

开展形式：我的学校活动记录可由学校根据实际情况选择任意时间段，面向班级、年级或全校开展。学校开展活动后，由学校指定的老师进行创建活动，再由指定教师进行赋星评价，以及奖项评定。

参与角色：全体学生、教师

涉及系统操作的角色：指定负责老师在系统中创建活动，并且给学生赋星并且评定奖项

操作频率：自由设置，建议最高频率为一个月，最低频率为一学期。

综合设置：

表现优秀的星星数：5颗星；表现良好的星星数：3颗星；表现及格的星星数：2颗星。

获得奖项可另外再加星

一等奖：5星；二等奖：3星；三等奖：2星

音美艺术类：

书法比赛、绘画比赛、歌唱比赛、诗朗诵比赛、乐器演奏比赛、班级风采大赛、雕塑比赛、手工艺比赛、学校艺术节、经典诵读展演等等活动。

2. 点赞卡（艺术）

开展形式：按照学生表现，对学生进行线下发卡。

参与角色：全体教师以及班级输机员。

涉及系统操作的角色：班上输机员输入学生得卡数量

操作频率：每月一次

（五）实践与操作素质

1. 我的学校活动记录评价

开展形式：我的学校活动记录可由学校根据实际情况选择任意时间段，面向班级、年级或全校开展。学校开展活动后，由学校指定的老师进行创建活动，再由指定教师进行赋星评价，以及奖项评定。

参与角色：全体学生、教师

涉及系统操作的角色：指定负责老师在系统中创建活动，并且给学生赋星并且评定奖项

操作频率：自由设置，建议最高频率为一个月，最低频率为一学期。

综合设置：

表现优秀的星星数：5颗星 表现良好的星星数：3颗星 表现及格的星星数：2颗星

获得奖项可另外再加星

一等奖：5星；二等奖：3星；三等奖：2星

实践动手类：

植树节、社区卫生打扫、敬老院等志愿服务、科技兴趣、研学等等。

2. 点赞卡（科技、劳动、志愿服务）

开展形式：按照学生表现，对学生进行线下发卡。

参与角色：全体教师以及班级输机员。

涉及系统操作的角色：班上输机员输入学生得卡数量

操作频率：每月一次

二、班主任管理

学校认真贯彻落实上级关于加强班主任建设的文件精神，制定了班主任工作计划，以规范管理、分层培养、促进发展为目标，为学校德育工作打下坚实基础。

(一) 认真做好班主任选聘工作

学校现有36个教学班，每个班级配备一名班主任，由思想道德素质好、业务水平高、身心健康、乐于奉献的优秀教师担任。各班主任明确职责，加强班级的日常管理，做好班集体建设工作，形成良好的班级文化，促进学生健康成长，并有针对性的指导家庭教育。

(二) 班主任考核方案

为全面提高学校教育教学质量，充分调动班主任工作积极性，根据县教育局、财政局、明溪县人力资源和社会保障局《关于印发明溪县中小学班主任考评奖励办法（试行）的通知》（明教人〔2018〕11号）文件精神及《明溪县教育局关于班主任考评奖励办法指导意见》，结合本校实际，按班生规模、工作绩效等实行差别化考评。考评细则如下：

一、考核办法：

考评体现公平、公正、公开的原则，总分100分，按分数分优秀、良好、合格三个等级。考评结果将作为班主任绩效发放和评选优秀班主任的依据。

1. 班级常规管理：每天由巡查教师、督导队员负责检查、评分。

2. 考评小组不定时考评，如：班级卫生、学习园地、黑板报、课桌椅摆放、红领巾佩戴等。把考评分计入当月考评分。

3. 每学期末，考评小组对各项工作检查进行期末总评，累计分数，排出名次，及时公示。

二、考核内容：

(一) 师德师风（15分）

依据学校每年的师德测评结果，优秀者得15分；良好者得12分；合格者得9分；不合格者不得分。对不服从学校工作安排，工作推诿、扯皮者；不认真完成学校布置的临时性工作（德育活动、征文、学生作品征集、主题班队会、公开课活动等）；家校工作不配合者，将视情节轻重从总分中酌情扣分。

（二）安全工作（15分）

落实管理责任，抓好班级学生在校期间、上学放学期间的安全教育和管理，完成安全平台的各项任务。

1. 负责学生在校期间和学校组织各类活动中的安全教育与管理，并做好相关记录。

2. 做好学生考勤工作，发现问题及时联系家长，协同采取有关措施并做好记录。如：学生上课期间请假必须写好请假条，班主任签字后交到门卫室方能离校。未按要求做每一例扣1分。

3. 每周开展班级安全隐患排查并及时整改，不能解决的及时向学校报告。查到一次未整改或上报的扣1分。

4. 认真完成学校布置的安全工作，及时上交有关材料。一项未完成，扣1分。

5. 如发生安全事故应及时上报并及时妥善处理，若造成不良影响，一票否决，视情节此项考核不得分，并由学校评定该年年度考核结果。一般事故能自行妥善处理不扣分，没有处理好每次扣2分。

6. 路队管理：班主任在清校前，组织好班级学生排好路队，有序的出校门。路队管理按学期总评扣分。

（三）班级常规管理（50分）

1. 班风（5分）

班级班风优良，学生行为文明规范，能按要求到校，不在教室外追逐、打闹。班级纪律、秩序不好的，酌情扣分。

2. 卫生工作（15分）

（1）室内卫生（7分）

①地面：整洁。

②桌椅：干净、摆放整齐、课桌抽屉里无杂物。

③门窗：玻璃完整、明净、窗台无杂物灰尘、门上无污迹。

④房顶墙面：无蜘蛛网、无悬尘、墙面干净无画痕、无乱贴乱挂现象。

⑤值日生按时擦黑板，保持干净。

（2）责任区卫生（8分）

①操场：无纸屑、无矿泉水瓶等杂物，垃圾及时清理。

②楼梯：墙面干净、护栏无灰尘、台阶无果皮、纸屑。

③花圃：无果皮、纸屑、矿泉水瓶等垃圾物。

说明：根据学校卫生检查情况反馈扣分，室内卫生未按要求完成每次扣1分，责任区卫生未按要求完成每次扣1分，完成较好的班级每次加1分；一、二年段责任区卫生取全校平均分。

3. 课间管理（10分）

（1）三操：（5分）

课间操学生进出场有秩序，做到快、静、齐，做操动作整齐有力、节奏准确。无秩序，动作不规范、不整齐的每次扣1分；无教师带操、带跑的每次扣1分；学生眼保健操、眼肌操动作须规范，无组织的每次扣1分，动作不规范的每次扣0.5分。

（2）课间活动：（5分）

①不打架、不骂人、言行文明。

②课间不在走廊楼道追逐打闹。不进行对抗性活动、不进行剧烈运动、不在教室内外大声喧哗、不追打、攀爬。

③上下楼梯靠右行、不抢行、不拥挤，不逆行。

4. 学生管理（15分）

（1）升旗、集会：升旗仪式、大型活动学生统一穿校服。班主任按规定时间准时带学生集中。队伍进出场有秩序，无教师带队的班级扣1分；活动中吵闹、较多学生松散的扣1分；没有教师安全护送学生回班级扣1分。

（2）候课管理：按照学校上学要求进入校园，进入校园后，在班上伏桌休息或做作业或阅读。做到安静有序。纪律差扣1分。

（3）学生仪表：少先队员要系好红领巾、校徽、臂章。未按要求佩戴的，一人次扣 0.5 分。

（4）卫生文明：乱扔纸屑，校内吃零食扣 1 分；校外购买"三无"食品扣 1 分；横穿马路扣 1 分。

5. 学校公共设施、班级财产管理（5 分）

学生爱护校园环境，爱护公共设施和班级财产。班级财产做到期初财产登记，期末检查。如有损坏或丢失，要及时查清原因，负责追究赔偿责任。自然损坏及时书面报告总务处，经确认后由学校组织维修。

（1）未落实赔偿责任的每样每次扣 1 分。

（2）损坏公物，损坏班级负责管理的财产（如消防栓等），在校园、班级墙壁，课桌椅上乱涂画、刻画的一次扣 2 分；

（3）不关门窗、电器的一次扣 0.5 分；

（四）班级文化建设（5 分）

班级文化要以人为本，班级布置美观实用，中队风采内容完善，图书角摆放整齐，定期更换黑板报，班级文化宣传版面无破损，为符合要求的酌情扣分

（五）班级日常事务（15 分）

1. 严格考勤制度，及时上报、追踪缺勤学生，做好每节课的点名登记，杜绝学生迟到、早退及旷课现象。

2. 上好班队会课，要求写好队活动教案，少一篇扣 1 分；（年段公共教案，可根据实际增删）班队活动没开展，挪用班队活动课，记录不完整等，查到一次扣 1 分。做到有教案、有主题、有内容、有实效。

3. 填好班主任手册，做好会议记录，每抽查到缺一次扣 1 分。

4. 完成学校、年段安排的工作、各类活动及竞赛等，没完成的每次扣 0.5 分，完成质量差的扣 0.5 分。

5. 黑板报要符合学校布置的主题，内容精心设计，每月更新一次，书写

工整，无错别字，美观大方，少一期扣 2 分，质量极低扣 1 分。

6. 积极做好家校配合，每学期组织一次家长会，每学期至少对每位学生进行一次家访（走访或电访），根据填写记录单和家长材料进行考核。没有家长会材料扣 0.5 分；家访记录不全，少一人次扣 0.5 分；虚假记录，情况不符扣 1 分。

7. 认真完成各项资料、数据的填写和上报（含各类计划、总结、报表、作品、评语、留守儿童材料、特殊生、贫困生、扶贫对象材料、临时性材料等），及时按学校要求上交材料。未按要求填写资料，应付了事，上交旧材料或抄袭（含网抄）每次扣 1 分；未及时填写、上交的每次扣 2 分。（此项由各处室考评）

8. 班级活动简讯被学校采用的每篇加 0.2 分。

（六）奖励分（5 分）

1. 班级集体获奖或表彰（如文明班级、书香班级、科体节、"三操"评比等）。国家级 4 分、省级 3 分、市级 2 分、县级 1 分、校级 0.5 分。（三等奖视为下一级别奖励，校级奖励只取一等奖和二等奖）同年度、多级表彰重复累加计分。

2. 班主任工作成效显著，被推荐至校级及以上做经验交流。国家级 4 分、省级 3 分、市级 2 分、县级 1 分、校级 0.5 分。同年度的，取最高级别计分。

3. 班级学生获表彰（新时代好少年、四星学生、优秀少先队员等由教育局、团县委、关工委等颁发的综合性表彰），国家级 4 分，省级 3 分，市级 1 分，县级 0.5 分。

（三）定期开展培训交流

学校重视班主任的培训交流，每学年都开展班主任培训交流活动，为班主任们搭建平台，提供提升空间。

1. 每学期初，由德育处牵头召开班主任工作会议，组织班主任学习理论知识，安排部署新学期工作。

2. 每学年末，开展班主任经验交流。依托校本培训，针对班主任工作中存在的热点、难点问题进行交流，提升班主任管理水平。

3. 每学期撰写工作总结、班主任工作案例，学校进行评选、汇编，切实提高班主任育人水平。

4. 选派班主任参加省、市、县级的培训，派出的班主任回到学校后做二次培训。

班主任工作交流：

交流一：家校携手　共建力行班级

明溪县第二实验小学　孙洁

班主任事情多、事情杂、事情烦，家校关系更是一团麻，这几乎是所有班主任都会面临的情景。家庭和学校作为儿童教育过程中的两种主要教育力量，如果形成合力，就能互相支持和配合，强化教育作用；如果不能形成合力，则互相削弱和抵消，班级教育就无法充分发挥。苏联教育家苏霍姆林斯基说："教育的效果取决于学校和家庭教育影响的一致性。如果没有这种一致性，那么学校的教学和教育过程就像纸做的房子一样倒塌下来。"可见家庭参与教育对班级教育的效果具有极大的影响。一个班集体要充满朝气，要有强大的凝聚力，光靠老师的力量是远远不够的，必须充分调动家长的积极性。那么，作为班主任应该如何做好家校合作工作呢？

（一）提高自身修养，塑造良好形象

教育者必先受教育，正人者必先正己。教师最可贵的师德修养就是为人师表，乐于奉献。在与家长的接触中，要始终让家长能感受到：你是"一个教师，是拥有高尚职业的人"。作为一名班主任，在与每一位家长的谈话中，一定要能反映或体现出我们老师对待学生就是"一切为了学生"、"为了学生一切"。把他的孩子交给我们教育能令他感觉放心、安心。让家长信任我们！

(例) 对于新老师在未建立口碑之前，外在印象是非常重要的。正如我们在买东西的时候都会先看产品的包装，或者是它的一些行销手法，所以我认为对于一个老师来讲，外在的言行举止比如说礼貌、态度等，都给家长留下了第一印象，所以不可以忽视。

(二) 加强和谐互动，增进信任理解

学校教育长期以来得不到家庭的有力支持，是因为班主任往往把家长当成是教育的对象，或者是自己的助手，家长与班主任的信息交流仅局限于一种单向传输，要改变这种状况，真正实现班主任和家长互动，首先要尊重家长作为教育者的主体地位。家长是孩子的第一任教师，是孩子监护人，他们有权了解学校教育活动，有权知道孩子在学校的学习和活动情况。班主任应为家长了解孩子提供便利；其次，在双方合作互动的过程中，班主任和家长应相互尊重。

1. 与家长沟通要善于倾听

哪个父母不喜欢自己的孩子？哪个父母不希望自己的孩子很优秀，并经常获得老师的夸奖呢？

如果约见家长时，说得多，听得少，只顾自己痛快，一通数落。情绪发泄完了，自己累了。而家长的耳朵也塞满了，他原先准备好的话也没说出来，只好闷在心里，回家拿孩子撒气。

我们不妨换个方式，班主任做个听众，既能构建平等的谈话气氛，也有便于我们从中捕捉信息。

2. 要克服互相埋怨的情绪

由于班主任与学生家长对教育工作中的困难认识不一致，特别是当教育教学效果不佳时，双方就易产生互相埋怨的情绪：如家长怨老师不会教，对自己子女有偏见；而老师则怨家长管教不严，纵容袒护其子女。此外，由于所处环境的不同，老师了解较多的是学生在校情况，而家长了解较多的是学生在家的情况。而学生由于环境的不同表现出来的行为也会有所差异。如果双方缺乏沟通的话，就会由以上的埋怨情绪导致某种对立情绪，最终将对学生产生不利的影响。（例）所以，当别人把你和其他老师作对比时，不要抱怨，不要妄自菲薄，就让事实说话吧！

3. 讲求艺术，巧妙接待不同类型家长

学生来自不同的家庭，每个家长的文化水平、素质、修养不同，各个家长对学校教育的配合程度自然存在很大的差异性，那就要求我们接待不同类型的家长时必须讲究语言的艺术。

对于有教养的家长，尽可能将学生的表现如实向家长反映，主动请他们提出教育的措施，认真倾听他们的意见，充分肯定和采纳他们的合理化建议，并适时提出自己的看法，和学生家长一起，同心协力，共同做好对学生的教育工作。

有些家长对学生的家庭教育其实是很有一套的，于是我就萌生了通过这些家长来激发其他家长的想法。在家长会上让他们就自己的家教经验给其他家长做分享，起到了很好的效果。

对于溺爱型的家长，更应先肯定学生的长处，对学生的良好表现予以真挚的赞赏和表扬，然后再适时指出学生的不足。要充分尊重学生家长的感情，使对方在心理上能接纳你的意见。同时，也要用诚恳的语言指出溺爱对孩子成长的危害，耐心热情地帮助和说服家长采取正确的方式来教育子女。启发家长实事求是地反映学生的情况，千万不要袒护自己的子女，因溺爱而隐瞒子女的过失。

对于放任不管型的家长，班主任要多报喜，少报忧，使学生家长认识到孩子的发展前途，激发家长对孩子的爱心与期望心理，改变对子女放任不管的态度，吸引他们主动参与对孩子的教育活动。同时，还要委婉地向家长指出放任不管对孩子的影响，使家长明白，孩子生长在一个缺乏爱心的家庭中是很痛苦的，从而增强家长对子女的关心程度，加强家长与子女间的感情，为学生的良好发展创造一个合适的环境。（例）

对于后进生的家长，我们要让家长对自己的孩子树立信心。班主任最感头痛的是面对后进生的家长，面对孩子可怜的分数，无话可说；面对家长失望的叹息，无言以对。对于后进生，我们不能用成绩这一个标准来否定学生，要尽量发掘其闪光点，要让家长看到孩子的长处，看到孩子的进步，看到希望。

对孩子的缺点，不能不说，也不要一次说得太多，不能言过其实，更不能用"这孩子很笨"这样的话。在说到学生的优点时要热情、有力度，而在说学生缺点时，语气要舒缓婉转，这样就会让家长感到对他的孩子充满信心。只有家长对自己的孩子有了信心，他才会更主动地与老师交流，配合老师的工作。

只要掌握与家长的沟通技巧，一定能与家长之间架起一座心灵之桥。赢得了家长，就赢得了教育的主动权。无论何时何地，只要以爱为出发点，把教师对学生的那份浓浓的爱心、耐心和责任心充分地展示给家长，让家长深切地感受到教师是真心实意地关心爱护他的孩子，那么班主任的工作就一定能够得到家长的理解、支持和配合。

（三）选拔家委，擅于利用

在班级里，选择一些文化层次高，热心于教育的家长，成立班级家长委员会。让家长委员协助班主任做一些班级事务，如志愿者工作、收钱等。通过家长委员与其他家长沟通，营造一种良好的合作氛围。

（四）利用微信群，做好班级工作

1. 强调活动重要性，调动参与积极性

2. 及时反馈，有做必赞

尽量做到件件有回音，事事有答复

3. 利用个别家长攻克所有家长

4. 温馨提示，细节关怀，以情动人

5. 转发好文，家校合作，达成共识

6. 分享图文，班级点滴，见证成长

学校举行的各大活动也进行分享，让家长通过照片、视频直观地感受到校园活动的丰富多彩，见证孩子们的成长。家长们更能支持、配合学校的工作。

7. 微群表扬，放大优点，正面引导

班级微信群中全班同学的家长都在，俨然是一个大集体。在群中表扬某些学生或家长，无异于放大优点，让受表扬的家长和学生备受尊重，从而更能达到表扬的效果，形成正面引导。

其实，在学生出现行为问题后，与其在微信群中大发脾气、痛骂家长，不如大力表扬学生正确的行为，从正面对班级进行引导。受表扬的学生满心欢喜、再接再厉，其他同学下次也自然会创先争优、笨鸟先飞。

我们应该这样做——

如果个别学生有问题可单独与家长沟通，共性问题才在班群中与家长交流在班级中晒照片要注意尽可能多一点学生"露脸"，尽可能多表扬，少批评试着在每一条通知后加上"感谢家长们的支持与配合"或类似的话语，可以让说话语气更缓和，而非发号施令做班级群中的引导者，对于一些不适合发在群里的内容，要学会婉言提醒。

在班级群中点名批评孩子、公布成绩、排名等信息，让家长感到不舒服且不能保障自身利益每次只发布优等生的照片，有些家长永远也看不到自己的孩子出现在班级群中"发号施令"式的说话方式，交代完家长就撒手不管了总之，只要班主任心中充满了对学生真挚的爱，一切出发点都是为了学生更好的发展，在这个爱学生的基础之上，平等对待学生，也平等对待家长，一切为了孩子，为了孩子的一切，我想班主任与学生家长的关系也就非常容易建立了，家庭教育与学校教育的相互协调合作也就更容易实现了。

管理好一个班级，不是班主任一个人可以完成的，我要感谢每一位配班老师和科任老师，是你们的无私帮助，合力同行，才给了我今天上台的机会。

谢谢大家!

交流二:"力行"教育思想引领下的班主任工作经验总结

明溪县第二实验小学　方容梅

今天很荣幸能站在这跟大家交流班主任工作中的一些做法。这几年我都是担任一二年级的教学,并担任班主任工作。一二年级的孩子小,一接班的时候我常常待在班级,找孩子们聊天,与孩子们玩耍,这样总能很快地了解班级孩子们的情况,班级工作能很快走上轨道,并得到孩子们的喜爱。

(一) 身体力行,带动学生

大教育家乌申斯基曾有过这样一段话:"教师个人的范例,对于学生的心灵是任何东西都不能代替的最有用的阳光。"李校长所著《"力行"教育思想的探究与实践》中也重点指出在学校教育对儿童影响的诸因素中,教师的影响是最积极,最重要的。小学,尤其是一、二年级的学生对学校、老师、同学都感到陌生,对一切都充满新鲜感,对学校、对老师也很好奇。新学期开始,他们第一个想知道的就是自己的老师是一个怎样的人,这时他们会留心观察老师的每一个动作、每一个眼神、每一种表情,会细心倾听老师的每一句话,他们对老师有着一种特殊的信任和依赖情感。老师的一言一行,一举一动,无形之中会成为全班几十个孩子的榜样。因此,在班级工作中要时刻注意自身形象,事事身体力行,以"力行"教育思想,潜移默化地影响着学生。平时,凡要求学生做到的,基本要手把手地带领孩子们做。

(二) 抓好队伍的建设,以"力行"教育思想培养班干部。

集体是培养学生个性的沃土,有了这块沃土,学生的个性才能百花争艳。集体活动,最能培养学生的凝聚力、集体荣誉感,而要形成良好的班集体,好的班干部是非常重要的。我一向都很注重培养班干部,这样做,一是可以锻炼学生的管理能力;二来可以让学生学会自我约束,更加明了什么是该做的,什么是不该做的;三是为自己培养得力助手,这样工作起来就更细致了,也减轻了一些负担。我今年采用了学生民主选举的形式选拔班干部。由孩子们自己评选出各方面能力强，又关心集体，有强烈的责任感的孩子做班干部。一年级的孩子们虽说刚入学，但他们的积极性非常高的，班干部竞选时都举起了高高的小手，充分体现了"我力行"的教育思想。

我信任选出的班干部并赋予他们"权利"，让他们参与到班级工作中，并带动其他孩子积极向上，共建良好的班集体，形成良好的班风、学风。

(三) 主题队会显特色，寓教于乐促成长

小学生的可塑性大、模仿性强，是形成良好行为和品德的最佳时期，为此，要充分利用主题班队活动，强化孩子们的养成教育，树立良好的班风。

1. 中队紧跟学校工作安排，开展活动

上学期印象最深刻的是孩子们结合"风展红旗如画"开展的一系列活动，有收集爱国教育知识，看一部红色经典电影，讲一个红色故事，写一篇红色经典征文，上一课红色班队会等等。激发了学生的爱国情怀，增强了学生爱国意识，丰富了关于国家的知识，活动的寓意深远，富有实效。

下学期印象最深刻的是我们在线上举行的《新学期、新目标主题班会》活动和《你好，少先队主题队会》活动。在《新学期、新目标主题班会》活动中共进行了五项活动：

(1) 制定新学期的计划、目标；

(2) 与同学们分享最想做的一件事；

(3) 聆听宁永鑫、邓梅华事迹；

(4) 观看钟南山、李兰娟、邓梅华对同学们的寄语；

(5) 写下自己深刻的感受。

活动结束，孩子们纷纷上传了自己写的活动感受，一篇一篇，上传的速度非常快，可见活动带给孩子们的冲击是巨大的，相信通过这样的活动，在疫情期间，虽然不能到校上课，但孩子们一定会形成"我力行"的意识。

如果不是疫情，一年级的孩子在六一是要光荣地加入少先队组织的。因为疫情我们只好在线上举行了《你好，少先队主题队会》活动。我们学校的少先队大队辅导员精心制作了入队教育微课，活动前先让同学们通过观看微课，熟知"六知六会一做"，再让孩子们根据"六知六会一做"内容，安排时间完成入队前要做的事，学戴红领巾，学唱队歌，学呼号，学说入队誓言，画红领巾，画队旗，写入队申请书，为人民做一件好事。通过学一学，画一画，做一做，都体现了孩子们珍惜入队的机会，体现了孩子们热爱我们的少先队组织。

2. 紧扣学校特色开展活动

我们学校是全国科技先进学校，为了将科技发展的意识深入到每个队员心中，学校开展了一系列主题活动，我带领的班级每次都积极参加，在活动中除了对参赛的同学进行指导，更重要的要对参赛同学的家长进行指导，这样不仅能减轻自己的工作压力，更能做出好的作品，上学期，我班的陈赫凡同学科技画获得县二等奖。下学期，我班同学多人在学校的科技活动中获奖，而且黄子诺同学科技画又获得县三等奖。我自己也被评为优秀科技辅导员。

开展经典诵读是我校的一大亮点，从一年级开始，每一天的晨会课前和每一节语文课前三分钟，作为经典诵读的时间，这一活动营造了健康快乐的中队文化氛围，融洽中队感情，提高集体凝聚力，我班班长总会提前到校，带领同学们进行经典诗文的诵读。他们每周还会督促我在黑板报上更新一首古诗，还协助老师布置班级学习园地，展示学生优秀作业等，这种积极向上的文化氛围浸润学生心灵，熏陶学生的性情，提升学生的价值观念。

上学期，我班代表年段参加学校一年一度的经典诵读展示活动，在我校举行的经典诵读展示活动中获得二等奖，孩子们在尝到胜利果实的那一刻，平时训练的艰难经历就成了最难忘，最珍贵的回忆，队员们的集体荣誉感和中队凝聚力更强了。

(四)"力行"思想架构家校桥梁，连接情感热线

1. 建立沟通渠道

为了加强班级与家长的沟通，在开学时就成立了微信班级群，微信班级群里转载了《优秀家长故事》《关于亲子阅读的十条建议》等育儿文章，与家长进行情感交流。中队活动过后，微信班级群里，及时展示活动图片或学习心得，使家长及时了解孩子在学校的学习情况，孩子们的点滴进步，通过微信班级群展示出来，让家长看到孩子在茁壮成长。家长们也积极参与到中队的建设中，通过活动形成学习的团体。家长们都称赞说：微信班级群真正是家校沟通的桥梁啊。

疫情期间，我们沟通的通道又多了钉钉软件，让教师与家长更紧密地联系在一起。

2. 组建家长委员会

李校长书中就重点阐述了"家长委员会"是一种家校合作的很好的方式，

是沟通家长与学校，实现家校共育的重要管道。在第一次与全体家长见面时，就选出热心的家长组成家长委员会，让家长们参与进班级的管理中，确实有家委会成员的帮助，班级的工作完成得往往事半功倍。

3. 渗透"力行"思想，提高家长对家校合作的认识

著名教育家苏霍姆林斯基曾说过，"教育的效果取决于学校和家庭教育影响的一致性。如果没有这种一致性，那么学校的教学和教育过程就会像纸做的房子一样倒塌下来。"只有将家庭教育和学校教育结合起来，才能实现对学生的最优质教育。这是李校长书中的一句话。我班的赖昶志，开学的第一天，他就假装听不见老师说的话，不管你怎么叫他，甚至走到他的身边跟他讲规矩，上课不能乱下桌，可是，他等下又旁落无人的走来走去，我跟陈老师用电话，把这个情况告知家长，孩子的妈妈说怎么可能，孩子在幼儿园时都非常乖，经常得到老师的表扬。这样的沟通没有起作用，我和陈老师就互相配合，在对方上课期间发现孩子走来走去的现象，马上挂电话，请孩子爸爸、妈妈一起到学校偷偷地看看，孩子爸爸、妈妈了解情况后，我又请孩子爸爸、妈妈到校配合，进入课堂帮助孩子养成上课的习惯，孩子的爸爸、妈妈亲自

参与到我们的教学和教育中，他们对我们的工作越了解，就对我们越信任，渐渐的孩子发生了改变，孩子的爸爸、妈妈没有再每天到学校来了，我们在家长接孩子的时候，好事用喇叭说，坏事悄悄说，这样家庭教育和学校教育真正结合起来，实现对学生的最优质教育。现在这个孩子不仅能坚持上完一节课，而且在上课时还能举手发言，发言还非常精彩。

（五）关心爱护每个学生

作为一名教师，我爱班上的优等生，更关爱班级的后进生。在学习中，不让一个学生掉队。如在疫情期间，我班的余聪，家长都在国外的，跟着爷爷、奶奶生活，学习上没有办法帮助孩子，疫情有所好转后，我与陈老师马上进行上门送教，手把手地教他完成作业，抓住他的点滴进步，不断鼓励他，夸奖他是个聪明的孩子。渐渐的，他不但能完成作业，而且成绩也有了很大的进步。

我给我带的每一个中队都命名为"向日葵"，向日葵是阳光，积极向上的，亲爱的学校就是滋养他们的雨露，"力行"思想就是哺育他们成长的阳光，相信在雨露，阳光滋润下的队员们一定能肩并着肩，手牵着手，迈开大步去迎接一个又一个挑战，创造一个又一个惊喜。

交流三：班主任工作经验总结

明溪县第二实验小学　方铭

感谢大家对我的厚爱与信任，使我荣幸站在这里与大家分享我班主任做法。其实，我担任班主任的年限不长，总共才5年，跟在座的有经验的班主任来说，我就是菜鸟级。所以，谈不上有什么班主任的经验，只是把我当班主任的所思所想与大家分享。

首先，我要感谢李校长栽培和我校的"力行"教育思想理念的引领，还有我二实小良好的教育环境，促进我个人专业与班主任经验的不断成长。

其次，我要感谢张丽华老师手把手指导，才让我对班主任的工作能力有了全面提升。他把管理班级的好办法毫无保留的传授给我，使我快速成长。这也体现了我校青蓝工程，让优秀的有经验的老教师带领无经验的新老师的管理体系。

接着，我要感谢我的配班老师，正是因为他们的合力同行，才促进了我的班主任工作的顺利开展。

再次，我要感谢在座的每一位班主任，因为我在平时观察你们在教育自己班级孩子的时候或者你我在交谈中，都有或多或少的受益，才让我在不断地反思中进步。

最后，我要感谢我的家人的理解与支持，才能让我无后顾之忧，全身心地投入班主任工作中。

现在，我简单地谈一谈我的班主任工作中的所思所想。

首先，创立独特的班徽、班级的口号。这是我校少先队和德育处发起的动感中队的做法。其实在五年级学生在基地实践中，我从教官那里学到的："气势不能输"我也感受到，一个团结向上的班集体也需要这种气势的引导。请看（视频）。这是我六（5）班的口号，班徽也是学生自己设计的。特别在小升初考试，喊喊口号，提升士气，也增加孩子们一点自信心。

其次，班规制定。这是我偷师于曾桂招老师。她的一些班级管理的做法确实老道有效。她让每个学生都参与到班级的管理之中，让每个孩子都有事情做。体现了学生作为班级的小主人，培养孩子们独立自主管理能力。

接着，班级德育教育。李校长的《"力行"教育思想的探究与实践》这一本书就讲到：在素质教育下，不仅是知识学习的高效，更应该是育人效果的高效。我经常让学生观看励志短片，让学生明确自己的学习目标，制定自己的学习计划，在班级讨论时事政治，谈谈自己的想法，培养学生"爱祖国、爱人民、爱劳动、爱科学、爱社会主义"的基本社会公德教育和道德品质教育。

然后，开展丰富多彩的班级活动。班级活动是促进班级全体学生德、智、体、美、劳诸方面全面发展、打好素质基础的重要形式、途径和方法。它充实了学生的校园生活，而学生是班级活动的主人，班级活动由学生积极参与设计、管理，这些对学生独立工作能力与创新能力的培养和锻炼都有积极的作用。班级活动还可以满足学生交往的需要，使他们在交往中培养起健康的、丰富的感情，学会处理各种人际关系。总而言之，开展丰富多彩的班级活动，是班主任对班级的学生进行集体教育和个别教育培养学生素质基础的基本形式，活动搞得多，内容丰富多彩，锻炼学生和学生干部的能力，让孩子们在班级活动中寻找快乐，获得知识，提高各方面的能力。

还有，针对不同的孩子的特点，因材施教。这一点我很佩服陈金霞老师，她对班上每个孩子什么性格特征了如指掌，所以能"对症下药"。还有王君辉老师是我带的六（5）班的前任班主任，他对每个孩子认真分析，让我快速地掌握孩子们的性格特点，在平时的接触与观察中，了解他们的动态，更好地引导班级管理，达到事半功倍的效果。

比如：与贫困生余某某同学。除了党员教师与贫困生结对服务的硬性要求。平时，我也乐于与她谈心谈话。在疫情期间，我就多次通过电话、微信视频等方式掌握她的学习和生活状态，更好地帮助她进步。

在处理留守儿童也是特殊生的吕某某同学，她沉迷手机、不思进取、还要求家人满足她的物质需求等。刚接触她，我也是一个头两个大，她父母出国回来探亲，搞得母女反目成仇，甚至都放弃她，我也都快束手无策。后来，我想到了张艺谋的电影《一个都不能少》印度电影阿米尔汗《地球上的星星》（有兴趣的老师可以去看看，都会给你一点启发。）王君辉老师也分析过她："她底子好，就是手机害了她。"我认为她是缺少父母的关爱与家庭的温暖。我就从这方面出发关心她。她在上课玩水晶泥时候，我课后告诉她："这个水晶泥不能玩，有毒。老师看你心灵手巧，给你买个点饰品配件，你可以自己尝试做一做。做好了送给老师。"她玩手机太迟，不想上学，我就亲自去她家接她来上学，途中还请她吃了早点，告诉她："熬夜看手机对身体不好，早上不吃早饭对身体不好，自己多努力学习，以后才有稳定工作。"还有一次下大暴雨，她没带伞下公交车就冲着来学校，淋湿一身。我就带她到办公室用电吹风给她烘干，帮她梳头发。我点点滴滴让她感受学校和老师对她的关爱。虽然成效不大，但是她愿意打开心门，和我沟通，至少觉得自己努力没白费。临近毕业考，我对她说："你学了六年，老师们也教了你六年级，你至少考个合格给老师看看。"后来，小王老师惊喜发现她想努力一点，钉钉名称都换成小王老师的铁杆粉丝，最后成绩也基本达到预期合格标准。

与学困生温某某同学帮助中。其实他家长也很努力在配合我们老师的工作。但是自己孩子不争气，她也渴望有像优秀学生的家长那样被老师点名表扬。我与家长分析道："孩子的学习成绩不理想，是否是学习习惯不好。学习方式方法不对。只要他肯努力，点滴进步，我们都要予以表扬。"在疫情上课期间，我也通过微信视频在家长面前表扬了孩子。还在直播课中点名表扬了他："温某某最近作业完成不错，有很大进步，字也写得好看一些。"他虽然嘴上没说什么，但是心里乐开了花。他妈妈私底下偷偷告诉我："那几天，孩子在家作业也写得更认真一些。感觉有人认可他的努力。"虽然这次毕业考，他成绩还是不理想，他妈妈都已经放弃他了。我还是鼓励他妈妈说："条条道路通罗马。读书这条路行不通，你可以发掘他的其他优点。我看他家长暑假发的让孩子体验生活的照片，去他爸爸工地看挖掘机，就很不错。祖国的建设需要不同的专业人才。上次浙江一个快递小哥逆袭成为专业技术人才，所以行行出状元。要相信他总有一天会成功的。只是时间的问题。"我不知道他妈妈有没有听进去。但是我喜欢一句话，与各位同仁共勉：无论成绩好坏，每个孩子都是种子，只是花期不同，有的花，一开始就灿烂绽放；有的花，需要漫长等待，不要看别人的花怒放了，自己的花无动静就着急，也许你的种子永远不会开花，因为他可能是参天大树！

当然，金无足赤，人无完人。我也有做的不够的地方：与学生太亲近了，不够严格。还有这届班级只是短短地带了一年，还是没有真正了解他们。特别是疫情期间，好多孩子都改变了许多，我对他们的学习辅导还是不够，不能真正发挥他们的潜力。今后，我会继续努力从优秀的班主任那里学习，成为更优秀的自己。

总之，在李校长的"力行"教育思想的引领下，我相信我们全体教师合力同行、竭力而行、努力践行，成为新时代的"我力行"的教师，我二小的教育事业将更加蓬勃发展。

最后，祝愿大家在新学期身体健康，工作顺利，谢谢！

三、构建留守孩成长乐园

明溪二实小留守儿童关爱工作实施方案

为进一步加强学校留守儿童关爱保护工作，落实明溪县人民政府办公室《关于成立明溪县开展贫困留守儿童"雏燕"关爱行动工作领导小组的通知》（明政办网传〔2020〕9号）和三明市教育局《关于印发"红烛暖心"贫困留守儿童关爱计划工作方案的通知》（明教初〔2020〕64号）要求，现制定留守儿童关爱工作实施方案如下：

一、组织领导

明溪县第二实验小学成立"红烛暖心"计划专项工作领导小组，负责加强对本项工作的统筹指导，名单如下：

组　　长：李金禄

副组长：卢　琳　陈雪英

成　　员：张　婧　肖勇明　曾佑泷　张英姿　晏　芳　徐　晖
　　　　　曾小静　李晓雁　王君辉　王　琦　张　翔

领导小组办公室设在德育处，承担领导小组日常工作。

二、目标要求

贯彻落实国家和省、市、县有关关爱农村留守儿童工作部署要求，积极搭建载体，不断创新工作举措，充分发挥学校在关爱帮扶留守儿童中的积极作用，提高留守儿童关爱保护工作水平，用真心用真情做好留守儿童关爱保护工作，促进留守儿童自信、从容、有尊严地成长。

三、主要措施

1. 加强学业辅导帮扶。健全完善控辍保学机制，以学校行政领导、班主任教师、党员教师为主，以同班或同年级优秀同学为辅，建立"1+N"师生帮扶和"1+1"同伴帮扶关系。突出加强对贫困留守儿童学困生的帮扶指导，制定个性化帮扶措施，加强日常跟踪、督促，引导养成良好的学习习惯，促进其学业质量提升。〔责任处室：教导处〕

2. 加强心理健康引导。建立"课后谈心"制度加强与留守儿童的沟通交流和帮扶指导，做好个案接访和资料收集等工作，利用信箱、校园广播、国旗下讲话、主题班会等做好日常心理科普教育。对个别问题较严重的儿童要做好个案咨询，必要时予以及时转介。〔责任人：德育处〕

3. 搭建亲情沟通平台。组织开展"暖心话真情"等主题活动，引导激发学生感恩父母、自强不息、刻苦学习等精神。定期组织教师进行实地或电话家访，向家长通报留守儿童在校学习、生活、品德和心理健康等方面情况，并提出针对性的家庭教育指导。〔责任处室：德育处〕

4. 优先提供课后服务。利用"四点半课堂"，优先、免费为贫困留守儿童提供校内课后托管服务，并发挥互联网（微信群、钉钉群等）多方渠道优势，为贫困留守儿童学生提供个性化的教育服务和课后帮扶，促进其健康成长。〔责任处室：教导处〕

5. 组织实施送教上门。对因残疾等特殊原因不能到校上课的留守儿童，要针对"送教上门"服务对象的生理、心理特点，制定切实可行的教育教学计划，注重教育内容和方法的针对性，提供规范、有效的"送教上门"服务。〔责任处室：教导处〕

6. 加强劳动实践教育。积极搭建实践活动平台，让留守儿童积极参加实践劳动、志愿服务，强化留守儿童的劳动体验，培养积极、健康、热爱劳动

的品格。〔责任处室：少先队〕

7. 开展捐资助学帮扶。落实国家资助政策，并从学校事业收入中按3%-5%提取资金，专项用于提供贫困留守儿童生活补助，倡导爱心企业和个人为贫困留守儿童及其家庭提供生活救助帮扶。健全贫困留守儿童信息采集系统，精准摸排贫困留守儿童信息，分类登记，一人一档、一人不漏。〔责任处室：德育处〕

8. 加强安全宣传教育。会同公安、司法等部门做好法治宣传和安全教育，帮助儿童增强防范不法侵害的意识，掌握预防意外伤害的安全常识。〔责任处室：保卫处〕

四、保障措施

1. 加强组织领导。领导小组制定具体实施方案，明确职责分工，教务处、德育处、少先队、保卫处、总务处等部门密切配合，确保各项工作任务落实到位。校级领导带头示范，认真落实关爱帮扶机制，定期组织召开会议，及时总结工作成效，分析解决存在的问题和困难，提出下步推进思路，力争工作取得实实在在的成效。

2. 加强经费保障。积极创造条件为"红烛暖心"计划实施提供必要的经费支持，确实提高资金的使用时效，确保关爱贫困留守儿童的各项工作有序开展。

3. 加强宣传引导。及时总结选树工作中的好经验、好做法，突出特色、典型，利用网站、美篇、微信公众号等多形式广泛宣传，切实营造关爱贫困留守儿童的良好氛围，引导更多教师、志愿者和社会爱心人士参与到关爱贫困留守儿童队伍中来。

作为明溪县留守儿童教育示范点，学校出台了《明溪县第二实验小学"红烛暖心"留守儿童关爱工作实施方案》总结出关爱留守儿童工作流程图和"一二三四"留守孩关爱工程，即，建好"一个家"，依托"两个阵地"，落实"三类帮扶"，做好"四项工作"。

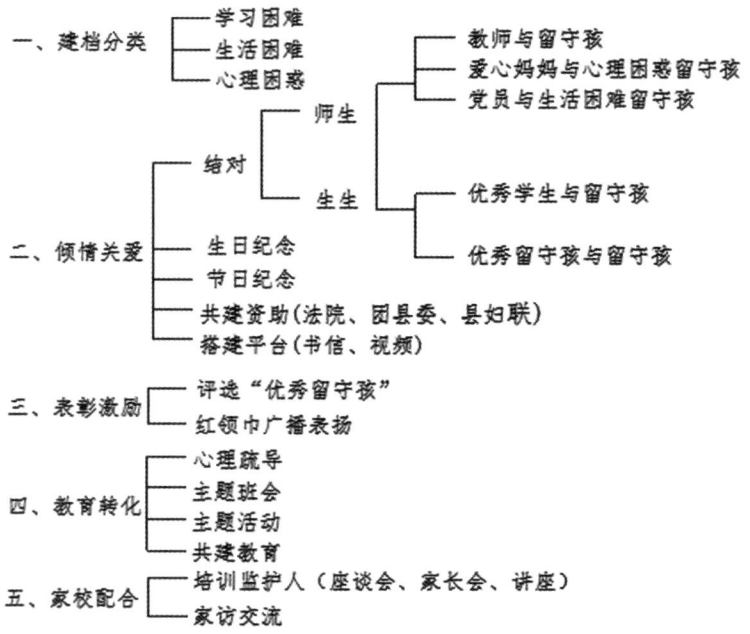

（一）建好"一个家"

建立"留守儿童之家"，设立了亲情网络室、心理咨询室、爱心书屋等活动场所。心理辅导教师定期对留守儿童的心理问题进行针对性的疏导。

（二）依托"两个阵地"

1. 依托课堂教学主阵地。一是教师在课堂中多关注留守儿童，及时解决他们在课堂中的困惑，并为他们提供更多的展示机会。二是各学科教师不失时机地对留守儿童进行各方面的教育，帮助他们树立积极的价值观和远大的志向。三是利用晨会、班队课等动员全班同学参与到关爱留守儿童的行动中。

案例一：留守儿童集体生日会

完整简讯：

4月12日上午，明溪县第二实验小学五（2）班洋溢着欢声笑语，热烈的掌声、清脆的笑声、真诚的祝福回荡在教室的每一个角落。原来学校正在为林海峰和林耀印两位留守孩过生日，老师和同学为他们送上生日的祝福。

两位留守孩正在与老师、同学庆祝生日

生日会上，两位小寿星点燃了生日蜡烛，香飘四溢的生日蛋糕上燃起了美丽摇曳的烛光，增添了几分温馨，两位同学面对漂亮的蛋糕许下心愿，切蛋糕，分吃蛋糕，师生齐唱生日快乐歌，温暖的烛光中，孩子们脸上洋溢着动人的微笑。吃完蛋糕，两位留守孩表达了对学校和老师的感激之情，并下决心努力学习，争取好成绩回报学校。

通过留守孩过生日这项活动，给留守孩营造一个温馨的港湾，让留守儿童感受到集体的温暖、学校的关怀，体会到成长中的关爱与快乐。

案例二：观看微电影《归巢》活动

简讯摘要：

3月15日至28日期间，明溪县第二实验小学全体师生在德育处安排下，观看了微电影《归巢》。学校各个班级以此次活动为契机开展了关爱留守儿童为主题的班队活动，让师生给留守儿童更多一点爱，鼓励他们，帮助他们幸福健康的成长。

六年级的学生正在观看微电影

此次活动,不仅使学生增强了法制意识,提高了自我保护的意识,懂得了要利用法律保护自己,也让全体教师进一步明确关爱留守儿童的重要性,共筑一片蓝天,让学校成为一个留守儿童温馨的家。

案例三:"守望成长,爱助和谐" 观看留守儿童视频

简讯摘要:

6月12日,我校组织各班观看由福建省民政厅、福建省委文明办联合制作的关爱留守儿童宣传视频《守望成长——让爱回家》和《守望成长——我们在行动》。

晏老师正在组织学生观看留守儿童宣传片

短短两分钟的宣传片却释放出了深远能量。宣传片中对于留守儿童群体生活状态和内心世界的刻画,极具现实启示意义,旨在呼吁更多的人关注留守儿童的健康成长。观看视频之后,师生们对于关爱留守儿童及关注其成长话题进行了热烈讨论,学生们纷纷表示看完视频深受触动,希望能为身边的留守儿童尽一份绵薄之力,为缺乏亲情陪伴的孩子们送去一点温暖。

2. 依托文化阵地。一是发挥环境育人效应。让无声的建筑影响每一个学生的精神世界,促进学生的品德发展。二是通过举办"四大节"活动(艺术节、科体节、读书节、校园足球文化节);开设科技、体育、艺术、国学兴趣小组;开展"法纪教育""国学经典教育""研学旅行"等专题活动,让留守儿童体验到成长的快乐,培养他们自主独立、展示自我的能力。

(三)落实"三类帮扶"

每学年开学,学校对留守儿童情况进行全面的摸底和调查,把留守儿童分为学习困难、心理困惑、生活困难三类,并根据实际情况开展结对

帮扶。

1. 科任教师、优秀学生与学习困难留守儿童结对帮扶。制定个性化帮扶措施，同时加强日常跟踪、督促，促进其学业质量提升。

2. 爱心妈妈与心理困惑留守儿童结对帮扶。用爱心和耐心引导学生改变不良态度，培养健康的人格。

3. 党员教师、学校中层干部与生活困难留守儿童结对帮扶。重点关注学生的生活状况和思想状况，除了在生活方面给予学生必要的物质帮助，还注重对学生扶思想、扶观念、扶信心。

案例：教师、优秀学生与特殊生结队帮扶仪式

结对帮扶协议书：

一、帮扶教师的职责

1. 帮扶教师要切实负起责任，从学习、生活、情感上帮扶，确保自己所帮扶的学生生活上有人照料、行为上有人管教、学习上有人辅导、心灵上有人安慰，安心学习、生活舒适、情感温馨。

2. 帮扶教师要详细了解被帮扶儿童的家庭、学习、生活情况，深入家庭了解家庭经济、人口、父母或第二监护人的详细资料。

3. 帮扶教师要熟记自己帮扶儿童的监护人电话，保证随时能联系帮扶儿童的家人。同时要做到定期家访，与监护人交流，及时反馈儿童的情况，帮助做好儿童的思想工作并做好记载。

4. 帮扶教师要经常找帮扶儿童谈心，了解他们在学习上、生活上是否有困难，及时把握帮扶儿童的思想动态，积极为他们解决所面临的各种困难和问题，给予关爱，并做好谈心记录。

5. 在日常活动中要照顾帮扶儿童，组织各类活动要让被帮扶儿童有更多的参与机会。在实践活动中细致的教他们自主的生活、自护自救的知识，让他们能健康快乐地成长。

二、被帮扶对象的职责

1. 尊重帮扶教师，接受帮扶教师的指导，积极向帮扶教师汇报思想、学习情况。

2. 结对帮扶活动结束时，向帮扶教师交出一份（口头）学习、品行等方面进步的汇报。

三、甲乙双方必须履行各自的职责。

四、本协议一式两份。（一份交学校，另一份帮扶教师留存。）

甲方签名：　　　　　　　　　　乙方签名：

　　年　　月　　日　　　　　　　年　　月　　日

完整简讯：

为贯彻落实国家、省、市有关教育脱贫攻坚及关爱农村留守儿童等特殊生的工作部署要求，充分发挥学校在关爱帮扶特殊生中的积极作用，明溪县第二实验小学于9月27日开展2020—2021学年教师、优秀学生与特殊生结对帮扶仪式。参加此次活动的有师生结对代表43对、学生结对代表18对。

本次活动共有五项议程：

第一项议程，宣读结对名单。

2020—2021学年学校共开展四类结对帮扶：（1）53名党员教师、中层干部与建档立卡等家庭经济困难学生开展"扶志""扶助"结对；（2）81名语、数、英科任教师与学习困难留守儿童结对名单；（3）12名"爱心妈妈"与心理困惑、行为问题等特殊生结对；（4）24名优秀学生与学习困难留守儿童结对。

第二项议程，帮扶双方签订帮扶协议。结对帮扶名单和结对要求宣读之后，

德育处张主任正在宣读结对帮扶名单

结对双方郑重地在结对协议书上签下了自己的承诺。

第三项议程，学生代表四（1）班邱子航同学发言。

他代表同学们向学校、领导、老师们表达了感谢和敬意，并表示不会辜负领导和老师的厚望，会珍惜现在，努力学习，将来也要把这份爱心传递下去。

第四项议程，教师代表欧仙龙老师发言。

"我们要努力成长成为中华民族的参天大树！"——发言中，他引用习近平总书记近日在郴州市汝城县考察时勉励学生们的一句话勉励在场的各位学生，希望孩子们努力做到珍惜时间，并用"我力行"校训指引自己未来成长之路。

第五项议程，李金禄校长总结讲话。

李校长强调此次活动是十分有意义的，它不仅大力弘扬了"我力行"的校训精神，也将促进二小师生共同成长。同时，李校长还对参与结对的教师和学生们提出两点建议：1. 希望帮扶教师和学生要履行帮扶责任，准确了解被帮扶学生的困难，落实精准帮扶；2. 希望被帮扶学生要珍惜机会，学会感恩，努力成长，用自己进步回报教师，回报社会。

此次结对仪式在全校营造了关爱帮扶特殊生的良好氛围，我们相信爱的力量会点燃受助学生身上的希望之光，让他们健康快乐成长；我们也相信二小全体师生一定会化关爱为动力，合力同行，实干担当，感恩奋进！

（四）做好"四项工作"

1. 倾情关爱

（1）与法院、检察院、县妇联、派出所、紫岭社区、校家委会等形成关爱合力开展活动，并争取爱心资金资助贫困留守儿童。

案例一："手拉手诵红色经典"关爱留守儿童活动

简讯摘要：

10月27日下午，县妇联、县妇女儿童活动中心联合明溪县第二实验小学开展"手拉手诵红色经典"活动。明溪县妇联副主席付莉丽，县妇女儿童活动中心陈春香主任，县科协办公室主任江建英，县教育局宣教股肖德清副股长和明溪县第二实验小学李金禄校长以及150名学生和部分家长参加了活动。

本次活动有两项议程。首先进行的事捐赠留守儿童活动。由县妇联副主席付莉丽，县妇女儿童活动中心陈春香主任等领导为家庭贫困的留守儿童送上慰问金。县妇联副主席付莉丽做了讲话，她的讲话既饱含了对广大留守儿童的关爱，也对他们提出了殷切期望，希望留守儿童们好好学习，长大了成为国家和社会的栋梁之材，也希望借此活动，能带动更多的爱心人士加入关爱留守儿童的志愿队伍中来。接着进行的是纪念中国共产党成立95周年暨红军长征胜利80周年诵读活动。六个年段的同学依次上台表演，他们用热情洋溢的诵读展示了少年儿童对祖国的热爱。赢得了观众们的热烈掌声。

通过此次活动，发动了更多社会力量来关爱留守儿童的健康成长，同时也让更多的孩子们明白要热爱读书，更要热爱中国共产党，爱祖国，珍惜现在的幸福生活。

案例二：留守儿童水上交通安全知识进校园活动

简讯摘要：

为提高学生的水上安全意识、溺水自救能力和渡船遇险逃生技能，6月9日下午，三明市海事局与明溪县地方海事处工作人员为我校留守儿童近50名师生上了一堂别开生面的"水上交通安全知识"课。

课前，为师生们播放了海事局推荐的学生防溺水自救动画，吸引了师生关注水上安全，学习溺水自救知识的兴趣。随后，工作人员向师生们介绍了水上环保知识、航运知识，简单分析了近年来发生的有关渡船和旅游船舶事故案例，讲解了乘坐渡船和旅游船舶注意事项及溺水自救知识，还演示了救生衣穿着方法，并与学生开展了互动。课堂上，工作人员通过动画演示，互动问答，现场演示等多种方式，吸引了师生们的注意力，调动了师生关注水上安全，学习水上自救知识的积极性，整个课堂气氛热烈，效果明显。课后工作人员还向到场的师生赠送了学习用品及《小学生水上交通安全教育读本》，学生参观了水上交通安全知识展板。

此次活动的开展为我校师生普及了海洋文化和水上交通安全知识，提升了小学生水上交通安全出行意识和溺水自救的技能。为我校创建"平安和谐"校园打下了基础。

案例三："大手拉小手，学法助成长"关爱留守儿童活动

简讯摘要：

4月26日，明溪县第二实验小学25名留守儿童代表在老师的带领下，来到明溪县检察院参加主题为"大手拉小手，学法助成长"关爱留守儿童活动。首先，同学们在吴检察官的带领下，参观了检察官办公室、心理咨询室、反腐倡廉警示教育基地等场所，了解检察官的工作情况和工作性质。然后，吴检察官通过各种生动具体的案例为同学们讲解相关法律知识并且以游戏、交流、谈读书心得的形式关心同学们的学习和生活情况。最后为同学们送上学习用品和图书，鼓励他们好好学习，好好生活。

此次活动的开展，不仅让留守儿童们感受的学校和社会力量对他们的关爱，更进一步增加了法律知识和增强了法律意识。知道正确运用法律来保护自己，不走上歧途。

案例四：爱心捐赠暖人心情系教育助学子

简讯摘要：

2019年6月30日上午，在明溪县第二实验小学三楼会议室，学校第八届家长委员会主任张瑞明同志代表全体家委会成员为学校35名优秀贫困生、优秀留守孩以及期末学习成绩取得年段前三名的孩子们捐了100元新华书店代金。

会上李金禄校长代表学校对家委会成员的爱心捐赠表示感谢，肯定了第八届家委会在张瑞明主任的带领下为学校的发展所做出的贡献，对受赠同学提出了殷切希望：希望同学们加倍珍惜学习机会，化感动为力量，全身心地投入到学习中去，将来用丰厚的知识回报社会，回报曾经帮助过我们的人，把这份爱心接力下去；能以书为伴、以书为友、快乐学习、发挥好图书的引导教育功能，不辜负家委会成员的辛勤付出。家委会张主任也作了发言，他希望受赠的同学将看完的书借给班上学习不好的同学，帮助同学一起进步。孩子们纷纷表示要好好学习，将来长大也要做一个有爱心的人

案例五："集邮知识进校园"关爱留守儿童活动

简讯摘要：

为了丰富学生的课余学习生活，培养青少年的良好兴趣和爱好，促进青少年综合素质的提高，明溪第二实验小学于2019年5月31日，联合明溪县集邮公司开展"集邮知识进校园"关爱留守儿童活动。

活动中，县集邮分公司工作人员向同学们介绍了邮票的来历、发展变化；中国和世界第一枚邮票的诞生；邮票的常见种类（普通邮票、纪念邮票、特种邮票）；构成邮票的三要素以及邮票在国家重大外事活动中的"国家名片"作用、伟人集邮典故等集邮知识。同学们认真倾听并积极参与抢答互动，现场气氛轻松活跃。

此次集邮进校园活动开阔了学生的视野，使同学们认识到了集邮的知识性、趣味性、艺术性，丰富学生的课余文化生活。

（2）学校定期组织留守儿童通过一封书信、亲情电话或网络视频与远在他乡的父母交流、沟通，增进彼此之间的情感。

2. 表彰激励。学校专门设立留守儿

童的表彰项目,在每年的六一表彰和每学期末的表彰中,对表现突出的留守儿童给以表彰。

3. 教育转化。除了有爱心妈妈对行为问题、心理困惑的留守儿童进行心理疏导外,学校还利用国旗下讲话、晨会、主题班会、主题活动等专题活动教育和转化问题留守儿童。

李校长在引导学生　　　　　　曾小静老师正在进行心理疏导

4. 家校配合。通过入户走访,线上家访或家长会等方式与家长取得联系,沟通解决家校配合中的困惑。此外,每年组织开展家庭教育大讲堂活动,引导留守儿童监护人更新教育理念,提高家庭教育水平。

案例一:留守儿童家访活动

简讯摘要:

2018年9月,我校组织教师深入留守儿童家中家访,了解留守儿童在家的学习、生活及安全状况并对该生家庭教育中存在的盲点和困惑进行有针对性的指导。

家访中,教师们详细地了解了留守儿童的兴趣爱好、性格特长及家庭

官老师正在向家长详细了解学生在家情

结构、成长经历、健康状况、学习环境、在家表现、行为习惯,并听取了家长对教师的意见。同时,如实地向家长反映学生在学校的表现,肯定学生的优点,甚至是家长还没有注意到的闪光点,诚恳地指出学生的缺点,耐心地传授家庭教育的方法,让家长知道留守儿童的健康成长不仅是学校的责任,也是家庭的责任,提醒家长不仅要关心留守儿童的学习、生活,更要关心他们的情感和品德。

这次家访活动拉近了学校与家庭的距离,让孩子们感受到了老师的关爱,让家长感受到了学校的温暖。教育因为家访而温暖,家访因为教育而丰富。

案例二:"不忘初心,关爱成长"家庭教育公益讲座

简讯摘要:

为宣传贯彻习近平新时代中国特色社会主义思想和全国教育大会精神,充分发挥家庭教育在少年儿童"扣好人生第一粒扣子"成长过程中的作用,构建和谐家庭,促进学生德智体美劳全面发展,我校于1月23日与县教育局、县邮政分公司共同举办"不忘初心关爱成长"家庭教育公益讲座。

蒋老师正在认真向家长介绍家庭教育的重要性

本次讲座邀请了福建省妇联家庭教育讲师团讲师,心理学高级讲师,国家二级心理咨询师蒋秀清老师。蒋老师以"原生家庭如何影响孩子一生"为主题,从"原生家庭影响亲密关系""原生家庭影响性格特质""原生家庭影响亲子关系""原生家庭影响信念价值观""如何治愈原生家庭创伤"五个方面进行了精彩的阐述,她利用心理学原理、亲身体验、大量的案例及现场模拟家庭关系,让家长们看到原生家庭对孩子产生的巨大影响,了解该为孩子创建怎样的原生家庭,也让家长

体会到家庭教育、早期教育的重要性。她幽默风趣的语言不时赢得家长们的阵阵掌声，在场的家长们也积极互动，敞开心怀，畅所欲言，收获满满。

讲座结束后，家长们纷纷表示受益匪浅。部分家长意犹未尽，纷纷围着蒋老师踊跃地提出了自己在教育孩子中遇到的烦恼和问题，蒋老师都耐心地给予了解答。

此次讲座不仅帮助家长了解掌握孩子在不同年龄阶段的表现和成长特点，传播科学的家庭教育理念、方法，也进一步明确家长在家庭教育中的主体责任，提高家庭教育针对性和有效性，推动家庭教育、学校教育和社会教育有机融合。

四、特殊生心理辅导站

明溪县第二实验小学留守儿童数量多，还有部分学生经历父母离婚、再婚，个别学生在单亲家庭中长大。由此产生的特殊生群体容易产生多方面问题，如性格趋于自卑、孤独、敏感、固执、偏激等，学习动机、兴趣和积极性低，学习成绩差，有极端倾向等。

针对现状，学校高度重视特殊生的心理健康教育，多措并举形成教育合力，有效缓解特殊生心理障碍，帮助学生健康成长。

（一）组织部署，成立心理健康教育工作小组

1. 领导重视。学校成立特殊学生心理健康教育工作小组，校长亲任组长，形成由班主任和心理健康教师为骨干，全体教师共同参与，社区家庭合作的协同、共享、发展的心理健康教育工作机制。

2. 学习先行。学校重视心理健康教育知识教育，要求全体教职工持续深入学习，通过提供多种学习途径，如外出培训、学校二级培训与网络学习，将心理健康教育融入学校办学思想和教学理念中。

（二）强化队伍，精准识别精准帮扶

心理健康教育是一个大工程。我校在普及教职工心理健康教育方面，通过一带多的方式形成了裂变效应，效果良好。

1. 学科渗透，扼制特殊学生心理问题萌芽。学校通过对全体科任老师和班主任老师进行心理健康知识的培训，让他们掌握基本的心理知识。这样，学科教师可以更好地结合教学工作对学生进行心理疏导，预防学生心理问题的产生。

2. 制定档案，进行有效的帮扶。每学期初，学校德育处组织教师针对本班学生实际情况进行摸底调查，排查出有行为问题、心理困惑和网困生的名单。并深入了解，详细记录摸排出的特殊生家庭、学习、人际交往和心理状况。在此基础上，统一安排经验丰富的教师进行一对一的结对帮扶，帮扶教师不仅能辅导特殊生学习，还能时时关注特殊生心理发展动态，及时对其进行正向引导，每月跟踪记录，做到一人一档，精准帮扶。

(三) 多措并举，丰富心理健康教育途径

我校持续发力、多措并举完善特殊生心理健康教育教育机制。

1. 发挥课堂主渠道的作用。用好课堂时间，通过专业心理健康教师、班主任和科任教师普及心理健康教育知识，让所有学生了解到心理健康常识，提醒学生如何有效调节心理困惑，抑或是在严重时可以如何正确寻求帮助。

2. 开展心理健康教育实践。利用好课余时间，通过开放心理辅导室开展一些团体辅导活动和一对一的单独辅导，通过举办文娱演出、志愿者活动、心理健康教育主题班会、黑板报、手抄报等活动，丰富学生的课余时间，让特殊生打开心扉，吐露心声，给学生更多的心灵感触和启迪，让更多特殊生感受到生活的阳光与关爱。

3. 完善帮扶途径。我校心理健康辅导室设立 24 小时心理健康热线电话，公开心理健康教师微信号，方便学生家长咨询交流。事实证明，微信是一种非常受欢迎的辅导形式，既解决了需访学生的困惑，也让他们很有安全感，避免与老师的直接接触，使他们更能畅所欲言，便于老师有针对性地开展心理辅导。通过专业的心理教师与家长交流，为学生疏导，切实促进了特殊生的心理健康教育。

（四）协同合作，创新互助联动的帮扶模式

为更好地实现心理健康教育的目标，满足学生的发展需要，我校创新探索"家庭-学校-社区"三位一体的教育资源整合与协同共享发展，切实发挥合作的力量，有效做好特殊生转化工作。

1. 加强家校联系。开展家庭心理健康教育讲座，班主任通过家长会、班级微信群或家长微信传递正确的教育理念，有效帮助家长树立正确的教育观念，了解和掌握孩子成长的特点、规律以及心理健康教育的方法，增强了亲子沟通，积极配合帮助有心理困惑特殊生的心理干预，与学校一起做好特殊生的转化工作。

2. 加强与社区合作。为了更好观察了解特殊生心理健康状况，学校与社区合作，加强对学生的心理健康教育，及时了解学生状况，及时进行心理干预辅导。同时，社区在举办一些志愿活动与文化活动时，鼓励我校学生积极参与，比如积极参与关心慰问老人活动、垃圾分类活动、环境整治行动等等，通过社区构架起学生与社会联系的纽带，给学生一个了解社会的窗口，促进学生健康成长。

教育不是注满一桶水，而是点燃一把火。我校心理健康教育在李金禄校长的重视和力行教育理念的引领下，面向全体学生，直面特殊生群体，做到精准教育疏导，引导他们愿意将自己内心的真实想法和情感向老师、家人或同学表达出来，能够主动寻求帮助，能够在老师的帮助下制定进步的目标，朝着目标努力前行，健康成长。

案例一：学生心理健康辅导案例分析

明溪县第二实验小学　黄莹

（一）基本情况

阿婕，女，11岁，六年级学生。性格上，胆小、自卑。在交往方面的主要问题有：不合群，孤独，害怕参加活动。上课从不主动举手回答问题，即使被老师提问也因紧张而说不完整,语言表达能力较差。家庭作业经常不能完成,尤其是作文,十次有八次都不会交。父母工作经常需要加班,早出晚归。周末在家,则常会约上几个朋友打麻将,与她交流的时间很少。她的成绩在班上处于中等偏下,会被一些自以为是的同学看不起,甚至嘲笑。

(二) 问题分析

通过几个月深入的观察与了解,我发现她与人交往时最主要的表现是:自卑心理、孤独心理、压抑心理。只要老师耐心地给予她相应的心理疏导和帮助,让其感受关爱与温暖,忘却孤独,增强自信,促进她心理素质不断优化,心理逐步健康,成绩也能得到提高。

(三) 辅导措施

1. 谈心谈话,初步建立信任感

我选择了她看起来心情比较高兴的一天,把她请到办公室,请她面对面地坐下来,以真诚的态度与她谈心,让她对我产生信任感。在交流的过程中,我不失时机地抓住她的闪光点,给予及时的表扬和肯定,并帮助她的树立远大的理想,告诉她,一分耕耘,一分收获。

谈心后,我也随时对她进行关注。上课时,选择一些她会解答的问题主动请她回答,只要答对就马上表扬她;她的作文有困难,我就单独辅导她,一有进步就夸赞她;平时一有机会就对她嘘寒问暖,百般关注。

2. 家校合作,共同构建良好的转变氛围

通过家访,开家长会,家长学校讲座等方式,劝说她的父母周末多陪陪孩子,和孩子多交流,及时了解她的学习、生活情况。我把她这几年来的学习情况、性格、交往的发展状况以及她的智力发展分析给家长听,建议他们综合考虑她的实际情况,适当地降低要求,提出一些她能够达到的目标,并帮助她实现这一目标。要注意观察她实现目标后的表现,及时调整,循序渐进。建议家长对她多鼓励少批评,多关心少打骂,为她营造一个温馨、和睦的家庭环境。这样促进了家长与孩子间的沟通,有利于减轻孩子与家长交往时的紧张感，消除家长和孩子的隔阂，增进家人间的亲情与温暖。同时也能帮她树立自信心，增强自尊心，这是促使她自信地与人交往的起点。

3. 同伴助力，增强社会支持系统

与她朝夕相处的是同学，所以我也让一些学生参与到帮助她的活动中来。首先我安排一个外向、活泼、乐于助人的优秀学生做她的同桌。这样当她有困难时，同桌就能及时、有效地帮助她，帮助她恢复对自己的信心。同时，也能让她在与同桌交往的过程中懂得热情帮助人是赢得同学喜爱的首要条件。在潜移默化中，帮助她走好人际交往的第一步。

（四）辅导效果

进行了一段时间的心理辅导后，阿婕的交往自信心明显提高了，家庭作业能按时完成了，上课时也能积极举手发言了。不仅课堂上能与老师交流，而且课下也会和我说一些很知心的话。慢慢地，在班上她有了好朋友，脸上常常挂着微笑，人也精神了很多，成绩也芝麻开花节节高了。家长反映她不再孤僻、难管了，能主动和父母谈学习上的事了。

案例二：学生心理健康辅导案例分析

明溪县第二实验小学　孙洁

（一）基本情况

叶子浩，男，9岁，三（5）班学生，本学期从外地刚转来。父母常年不在身边，平常沉默寡言，难以融入同学群体。课堂上，他注意力不集中，自控能力较弱，不自信，学习成绩差，课外学习均依赖托管老师。

（二）原因分析

1. 个人因素

孩子父母长期不在身边，他的各种情绪无法与人沟通，造成了以自我为中心的心理，没有了正确的价值取向，无法正确处理亲人及同学间的关系，使他陷入错误的恶性循环之中，这样就严重影响了他的身心健康发展。

2. 家庭因素

由于在校学习不主动，家里爷爷奶奶无法辅导，家长委托的课后托管老师对他的学习辅导过于包办，无形中让他在学习上更加不自觉，从而忽视了他意志品质的磨炼，不利于培养他良好的学习习惯和学习方法。

3. 环境因素

最初他来到这个班级，由于新环境的陌生，融入集体有困难。为了想证明自己的存在，课堂上故意拿别人的学习用品，课间故意碰撞同学，越是这样，同学们就越反感。当他在学习上遇到困难的时候，大家也不愿意去帮助他，他也不愿意去问同学。久而久之，他在班级上的伙伴越来越少，学习也越来越困难，他自己也失去了学习的乐趣和动力。

分析原因后，我意识到作为老师，必须给予他相应的心理疏导和帮助，促使他改掉不当的做法，改善和同学之间的关系，让他在班级里能得到同学的认可。同时在学习上多给予他辅导，增强自信，提高学习成绩。

（三）辅导措施

1. 经常谈心，帮助他和同学建立起良好的关系

我利用一些课余时间，经常与他交流，使他能感受到在学校有老师的关怀。开始，我找他谈心时，他经常低垂着头，眼睛盯着地，双手不安地捏着，一脸痛苦的表情。每次我总是和颜悦色地询问他，你想让同学喜欢你吗？想要在学习上不断进步吗？开始他点点头，不讲话。等他抬起头来，我通过眼神鼓励他勇敢说出来。顿时，他委屈泪流，"老师，我也很想学习好，我也想让同学喜欢我，可他们就是不喜欢我啊？我也没有办法？"听到这里，我感觉到教育的时机到了，顺势说，"老师很乐意帮助你，但是你要相信我，我们一起努力啊，同学肯定会喜欢你的，你的成绩也会进步的。"说到这里，他信服地点点头。接下来，我再做班干部的工作，引导学生宽容他、接纳他。美术课上，我安排他当科代表，帮忙收作业。下课后，也能看到他和同学一起玩耍的情景。慢慢地，有更多同学去接纳他。我进一步与他沟通，让他发现同

学们都是非常友善的,和同学在一起是很快乐的。他也因此改变了不少,偶尔放学后,他还会主动帮助同学值日。从此,他在班级里感受更多的欢乐。

2. 与家长沟通,找到正确辅导他学习的方式

我利用面谈、电话访谈的形式和他的父母进行沟通,他的父母也认识到了托管老师在辅导孩子时所存在的问题。此后,不再是简单告知,而是做到循序渐进,有耐心地、启发性地引导他,放手让他自己做题,挑战难题。

3. 遇到冲突,坚持冷处理

虽然他在很多方面有了较大的改变,但他依然不能像其他孩子一样在集体中快乐地生活,他的情绪还是时有波动。遇到这种情形,我大多时候采用冷处理,等到他情绪稳定了,再找个恰当的机会,与他交谈,他会马上认识到自己的错误,有时还主动向老师或同学道歉。

(四)辅导效果

如今的叶子浩和同学相处融洽,人也变得开朗起来,同学们都愿意和他交朋友,和他一起玩。学习上,他也变得积极主动,有了很大的进步。课堂上,他也不再总是慢吞吞地找本子磨蹭时间了,有时候,对于我提出的问题,他还能很快地做出回答。课后作业遇到困难,他也能主动思考,挑战困难。

(五)辅导感悟

1. 学生的心理问题,都是日积月累逐渐形成的。教师要在工作中化被动为主动,及时发现,及时辅导,以促进其尽快转变。

2. 在辅导的过程中要向学生倾注更多的爱,努力构建起师生之间良好信任的关系。加强教师与家长的联系,共同督促形成良好的转变氛围,这样的教育和辅导才会起到事半功倍的作用。

五、师德主题教育活动

习近平总书记在全国教育大会上对教师队伍建设提出新的更高要求,明确要求将师德师风作为评价教师队伍素质的第一标准。突出师德师风建设,

把提高教师思想政治素质和职业道德水平摆在首要位置，对于推动教师成为学生健康成长的引路者意义重大。

明溪县第二实验小学高度重视和加强"师德师风建设"工作，不断更新教师师德观念，努力规范教师师德行为，通过开展"三学三比"、"教师应具有怎样的师德"大讨论、"红色经典教育"等师德主题教育活动，教师良好形象有了新的提升，在服务社会、服务家长、服务学生方面有了新的变化，学校各项工作有了新的发展。

（一）抓学习，求上进

学校为做到师德教育经常化、制度化，为每位教师配备专用的学习笔记本，以供学习之用。坚持周二教职工例会的固定时间，通过观看师德教育视频、支部成员讲座、"三明红色故事"宣讲、师德表现优秀的教师进行"师德师风微讲座"等，进行集中学习。

坚持形式灵活的个人自学。主要是学习与师德相关方面的材料，内容主要有：《中小学教师职业道德规范》《教育法》《教师法》《义务教育法》《未成年人保护法》《预防未成年人犯罪法》；教育名人和教育家关于教师职业道德的论述；模范教师先进事迹等。

利用学校微信公众号，不定期推出相关文章，宣传师德师风；同时利用各类工作群，对师德师风先进事迹进行表彰，激发正能量。

（二）抓重点，求实效

1. 建立健全师德师风工作机制

学校成立师德师风建设工作领导小组，抓建章立制、考核奖惩、强化管理，切实落实师德规范，确保师德师风工作深入开展。

2. 建立和完善教师职业道德考核制度

学校坚持每学年对教师进行师德师风考核，开展师德反思活动。要求教师对自身在教育教学过程中的师德师风问题进行反思和总结，采取教师互评、家长测评、学生测评、学校考评小组综评等相结合的办法对全体教师进行考核。考核结果存入教师个人业务档案，把师德考核结果与教师奖励、岗位聘任、专业技术职务评聘、年度考核挂钩。

3. 开展多种志愿服务，传递师德正能量

学校定期开展形式多样的志愿服务活动。教师们进社区义务劳动，在学生中传递师德正能量；教师们利用放学时间，开展课后服务，帮助家长解决辅导学业难题；对于特殊情况的学生，教师们送教上门，为学生们送去知识与希望；每学期的大走访，架起了教师与学生家庭间的沟通桥梁。

4. 发挥优秀教师引领作用

充分发挥党员教师、骨干教师、学科带头人的引领带动作用，通过师徒结对、经验交流、业务培训等方式，培养教师的团结合作意识，弘扬正气，让良好的师德精神更深入人心，充裕校园。

（三）抓权益，求稳定

管人要管心。我们在要求教师职业道德要高于其他行业标准的同时，也在努力使教师在精神上和物质上能得到鼓励和改善。因此，在强化师德师风教育学习工作的同时，学校还从教师的实际出发，关心教师的工作待遇和生活情况，维护他们的应有权益，为他们排忧解难，这样他们才会安心，才会努力去研究并解决工作上存在的问题，去严格要求自己和不断地提高自己的品行、德性，才会迸发出更多的光和热。

首先，管理人文化、制度化。学校注重搞好班子建设，以提高管理水准；注重加强个人修养，以提高管理艺术；以较好的人格魅力影响教师，从而在领导和教师之间建立和谐融洽的人际关系。另外还在实践中逐步完善学校管理制度，避免管理中主观随意等人为因素。

第二，奖惩分明。对在不同岗位上师德表现突出的教师，分别设立多项的表彰评定：坚持每学年评定"力行教师"、优秀班主任等，特别是"力行教师"的评选在教职工中影响较大。职称评定、年终评优等都与教师的师德表现挂钩，让师德和能力皆优者得到荣誉和实惠。

第三，依法维权。让教师获得应有的权利：及时公开校务，维护教师对学校行政管理的知情权、监督权；关心女教职工，保障其各项合法权益；执行上级有关规定，结合学校教育教学的实际需要，支持教师学历进修，保障教师外出学习。

第四，提供发展空间。学校是教师实现人生价值的舞台，我们努力为他们创造更大的空间、更多的机会。硬件的：优先改善教师的办公条件，如配备办公电脑，建设多媒体电教室，解决教师运用现代化设备进行教学的问题。软件的：任人唯贤，不屈才、不误才，使真正德能双馨的人才敬业乐业，爱校如家，发挥所长。鼓励教师开设"名师工作室"等。

（四）抓活动，求深化

学校根据师德师风建设活动计划，开展丰富多彩的师德主题教育活动，提高全体教师的专业素养，极大地深化了师德建设工作。

案例一："三学三比"师德主题教育活动

完整方案：

一、活动内容

学政治比师德、学法纪比师风、学业务比师能

二、活动时间

2018 年 3 月—12 月

三、活动安排

（一）成立机构，全面部署

成立"三学三比"师德主题教育工作领导小组，对开展师德师风教育活动进行部署。利用学校 LED 滚动屏、宣传栏、微信平台等载体营造舆论，形成浓厚氛围。

（二）精心安排，组织实施

1. 学政治比师德（2018 年 3 月—4 月）

组织和引导广大教师深入学习习近平新时代中国特色社会主义思想、十九大报告及习近平总书记关于教育工作的一系列重要论述，相关法律、法规文件。

（1）围绕学习习近平总书记关于新时代加强教育工作的重要论述，争当"四有"好教师为主题，结合实际，开展教师演讲比赛。

（2）开展"我身边的好老师"征文比赛活动和校级"最美老师"的评比活动。围绕师德师风建设，以发现身边教师的典型事例为主要内容，组织学生开展"我身边的好老师"征文比赛活动和"最美老师"评比活动。同时，通过学校宣传栏、微信平台、校园广播站等向广大师生宣传身边的师德楷模。

（3）开展"师爱进万家、教师大家访"关爱行动。组织班主任、科任教师开展"师爱进万家、教师大家访"活动，建立家访工作记载手册，做好结对帮扶工作。

2. 学法纪比师风（2018年5月）

深入学习落实教育部《中小学教师违反职业道德行为处理办法》《严禁教师违规收受学生及家长礼品礼金等行为的规定》《严禁中小学校和在职中小学教师有偿补课的规定》等办法和规定，引导教师对照检查、自查自纠，规范从教行为。组织开展廉洁从教承诺活动，并将承诺的内容以一定形式向家长、学生和社会各界进行公布，设立举报电话，畅通和公开举报渠道，主动接受社会监督，促使广大教师不断规范从教行为。

3. 学业务比师能（2018年6月—11月）

在广大教师中大力开展"好读书、读好书、写好读书笔记"读书活动。组织开展教师公开课、示范课、教师基本功、教学比武等"岗位练兵"活动。

（三）总结推广阶段（2018年12月）

全面总结和分析师德师风教育活动的总体情况，进一步巩固活动效果，使师德师风建设活动常态化、实效化。

在师德专题教育活动中要注意发现优秀教师典型，大力宣传本单位涌现出来的优秀教师的先进事迹，总结推广师德师风建设的成功经验，进一步提升教师师德水平。通过典型带动，形成学先进、比先进、争先进，做"四有"好教师的良好氛围。在年终时要评比表彰一批"四有"好教师。

召开"三学三比"师德师风建设年活动推进会

完整简讯：

为进一步提高广大教师职业道德素养，带头践行社会主义核心价值观，增强依法执教、教书育人的责任感和使命感，克服教师职业倦怠现象，我校开展"三学三比"师德主题教育活动。

一是，成立机构，加强领导。学校成立"三学三比"师德主题教育工作领导小组，制定切实可行的具体实施方案。4月16日，学校召开"三学三比"师德主题教育活动动员大会，对活动进行部署，明确具体要求。

二是，学政治，强素质。学校采取集中培训和分散自学相结合的形式，学习了《习近平新时代中国特色社会主义思想》《十九大报告》《习近平总书记关于教育工作的一系列重要论述》《社会主义核心价值观的深刻内涵》。经过学习，教师能准确理解和把握社会主义核心价值观的深刻内涵，带头践行社会主义核心价值观。

三是，"师爱进万家、教师大家访"关爱活动。3月份，全校班主任和科任教师重点深入留守儿童家庭、单亲子女家庭、特殊学生家庭进行家访。教师、家长、学生促膝谈心，拉近彼此的心理距离，工作更加得心应手。

四是，师德主题演讲活动。5月9日下午，学校举行"情系教育，做新时代'四有'人民教师"师德演讲比赛。参加本次活动的有全体教职工及家委会成员。参赛老师们演讲精彩纷呈，以一个个生动事例，从不同角度、不同方面诠释了"四有"教师的深刻内涵，展示了二实小教师的师德风貌。

五是，读书心得交流。6月12—16日，学校开展教师读书心得交流活动，共有10名教师代表上台交流。老师们有的畅谈自己在读教育专著过程中的收获、反思以及由此而引发的亲身经历的故事；有的老师介绍了自己的读书经验、体会；还有的交流自己读完一本教育专著以后的感受。

六是，教学技能比武。11月6日至9日，学校开展教师技能比武。此次比赛是在各备课组、教研组初赛的基础上，择优推荐18位选手参加，共分现场授课和评课两个项目。课堂中师生互动、生生互动，学生自学、互学，教师引导点拨，体现我校力行课堂的精髓。评课比赛环节，选手们从教学目标的落实、重难点的突破、处理课堂的预设与生成、教学语言和教态、学生自主意识培养等谈自己的见解。

通过"三学三比"师德主题教育活动的开展，全体教师树立了强烈的事业心和责任感，增强了职业道德观念，依法履行教师职责和义务，恪尽职守、勤奋工作，为实现"教育强校"谱写新的篇章。

5月25日上午，在明溪县实验小学举行了县教育系统"三学三比"师德师风演讲比赛。我校张英姿、肖美玲老师在校级比赛基础上选派到县级参赛。

全县共有25名教师参加本次比赛。比赛过程中，我校的肖美玲和张英姿老师在演讲中从不

张英姿、肖美玲老师获得县级演讲比赛一等奖

同角度、不同方面诠释了"四有"教师的深刻内涵，精彩的演讲赛感动着在场的每一位听众，赢得了阵阵掌声。最终，我校的两位老师均获一等奖。

通过这次比赛，教师们收获的不仅仅是一张奖状，更是对教育工作的一次深刻感悟。近年来，学校着力培养教师的敬业奉献精神和热爱学生的崇高品质，切实增强教师的服务意识和以身作则、为人师表的自觉性，牢固树立

好高尚、敬业、善学、爱生的人民教师形象，为全面提高教育教学质量，办人民满意的教育奠定了坚实的基础。

案例二："教师应具有怎样的师德"主题教育活动

方案摘要：

1. 组织学习、撰写剖析材料。组织教师学习《习近平新时代中国特色社会主义思想三十讲》《中小学教师职业道德规范》、习近平总书记关于教育工作的重要论述等，在学习、研讨的基础上，对照"四有"好老师标准，人人开展自我剖析，撰写一篇自我剖析材料，重点是查问题、找不足，拟出下一步整改计划。

2. 开展一次主题大讨论活动。以年段（组）为单位组织开展"教师应具有怎样的师德"大讨论活动，并由年段（组）推荐一名教师参加学校的讨论活动。

简讯摘要：

9月11—28日，学校开展了"教师应具有怎样的师德"师德主题教育活动，通过大学习、大讨论，形成了"爱岗爱生、敬业精业、刻苦钻研、勇于创新、以身作则、为人师表"的良好氛围，教师的思想政治素质和职业道德水平得到了提升。

一是，积极宣传、营造氛围。学校成立领导小组，研究制定活动方案，召开动员大会，明确具体要求，并利用LED屏、微信工作群等进行宣传。

二是，加强学习，以学修德。学校采用集中学习、分段（组）学习、个人自学等形式，学习了《习近平新时代中国特色社会主义思想

各组代表教师参加全校大讨论

三十讲》、习近平总书记在全国教育大会上的讲话、习近平总书记关于教育工作的重要论述、《教师法》《中小学教师职业道德规范》等。9月19日下午，教育系统党委办公室副主任肖德清到我校宣讲习近平新时代中国特色社会主义思想，组织学习了习近平总书记在全国教育大会上发表的重要讲话。

三是，对标查摆，撰写剖析材料。在学习、研讨的基础上，全体教师对照"四有"好老师标准，开展自我剖析，查问题、找原因，撰写自我剖析材料，制订下一步努力计划。

四是，开展大讨论活动。学校分两个阶段进行大讨论。9月15日至9月25日，各段（组）依次开展大讨论活动，并邀请学校师德师风工作领导小组成员参加。9月29日，在学术交流中心开展"教师应具有怎样的师德"教育主题大讨论活动。经各段（组）选拔、推荐，共有10名教师代表上台交流。老师们联系学校、本人实际，针对平时教育教学活动中存在的问题，不解的疑惑等进行了交流。与会老师们相互学习，取长补短，汲取了更多的经验。

此次师德主题教育活动，全校教师参与，内容充实，气氛热烈，卓有成效，为今后教育教学工作更好地展开提供了思想保障，奠定了坚实基础。

案例三："红色经典教育"师德主题教育活动

方案摘要：

1. 动员部署、宣传发动（2020年5月）

（1）健全组织机构，成立领导小组，研究制定活动方案。德育处负责活动的组织、协调，材料的收集、归档、总结等。

（2）召开工作动员大会，广泛动员，层层发动；利用校园广播、简报、LED滚动屏、微信平台等载体营造舆论，形成浓厚氛围。

2. 开展专题学习活动（2020年5月—10月）

组织广大教师深入学习领会习近平新时代中国特色社会主义思想和习近平总书记关于教育的重要论述、习近平在全国思想政治理论教师座谈会讲话精神和全国、全省、全市教育大会精神；深入学习《新时代中小学教师职业行为十项准则》《新时代幼儿园教师职业行为十项准则》。通过个人自学、集体学习、撰写体会、座谈交流等方式，准确把握新时代教师职业行为十项准则的内在要求，增强教书育人自觉性，不断提高教师政治理论素养。

开展红色经典"五个一"活动（2020年5月—10月）

（1）看一部红色经典影视。每位老师看一部红色经典电视剧，如：《长征》《闪闪红星》。观后及时撰写影评、观后感或心得体会。

（2）读一位红色经典人物。通过阅读一位革命先辈感人事迹为主要内容，教育引导广大教师从中汲取智慧、营养和力量，继承先烈遗志，为实现中华民族伟大复兴的中国梦不懈奋斗。

（3）写一篇红色经典征文。每位老师撰写一篇红色经典征文，上交学校进行评选。在传承红色基因、积累自身素养的同时，也更深入了解党的历史和先烈的感人事迹。

（4）办一场红色经典报告会。通过报告会，大力弘扬爱国主义精神，增强"四史"教育，讴歌中华民族实现伟大复兴中国梦的奋斗历程，培育和践行社会主义核心价值观。

（5）出一期红色经典专刊。出一期红色经典专刊，通过专刊，缅怀革命先烈的丰功伟绩，继承和发扬红军革命传统；弘扬长征精神，发扬中华民族的优良传统，激励广大师生团结、拼搏，为教育事业贡献力量。

聂云老师做交流

简讯摘要：

为加强师德师风教育，二实小开展"红色经典教育"师德主题教育活动。

学校在全校进行广泛动员宣传，组织学习了《新时代中小学教师职业行为十项准则》《新时代幼儿园教师职业行为十项准则》等法律、法规。教师们观看了《长征》《红星闪闪》等红色经典影视剧，熟读了毛泽东、周恩来等伟人事迹，撰写观后感121篇。

学校从收到的观后感中，评选出了欧仙龙、方铭等七位老师的优秀红色观后感，并于10月27日晚，在学术交流中心举办红色经典教育报告会。报告会上，老师们围绕长征的历史内涵和时代价值、伟大意识和广大人民群众在革命战争过程中光辉历程、英勇壮举等，结合个人感悟，阐述了对红军长征精神的新的认识。全体教师穿梭在历史的长河里，感受红色经典的生命力。

通过此次"红色经典教育"师德主题教育活动，让全体教师进一步理解了红色教育的内涵，陶铸了师德情怀，助推学校师德师风建设。

第六节 协同育人

《中共中央关于制定国民经济和社会发展第十四个五年规划和二〇三五年远景目标的建议》明确提出，"健全学校家庭社会协同育人机制"。这是对"十四五"时期建设高质量教育体系、形成广泛共识和协调行动提出的新的更高要求，是将全面贯彻党的教育方针、坚持立德树人落实到基层的重要要求，是传承弘扬中华优秀传统文化、加强社会主义精神文明建设的基础环节，是我国教育事业"五育并举"和"三全育人"相结合的实现方式。

一、学校与家庭协同育人

家校合作是教育双赢的不变策略，也是素质教育能够顺利实施的有力保障。我校多措并举，将家庭和学校教育紧密地联系起来，做到协同育人。主要做法是：

（一）家长委员会

学校每学年举行"家委会"会议，充实新一届家委会成员，商量、讨论学校有关事宜，充分发挥家长委员会的沟通、监督、参与、服务作用，在学校和家长之间架起联系的桥梁。

1. 家长委员会概况

为进一步落实教育部《关于加强家庭教育工作的指导意见》，本着"不让一个家庭掉队"和"家庭教育才是教育真正的起点"的教育理念，明溪县第二实验小学不断加强家校联动，积极打造家校合力共同体，充分发挥家长在学校教育中的作用。学校自2012年起，在李金禄校长的领导下，成立了校、段、班三个层面的家长委员会。各层级的家委会每学期不定期召开会议，及时把学生、班级、学校大事向家长委员会报告，重要决策先征求家长委员会的意见。家长委员会经常与学校领导、老师、学生交流，为学校的发展出谋划策，向学校反映家长的意见，并就学校的发展提出合理化建议。

在明溪县第二实验小学校领导的高度重视下，学校的家委会工作开展得有声有色：每学年学校都会邀请家长们参与"教育教学开放日"活动；参与丰富多彩的校园文化活动，如：庆"六一"活动、校园科体节、关爱留守儿童活动、经典诵读展示活动、师德演讲活动、研学旅行、亲子阅读、亲子运动会、清明诗会等；邀请家长参与学校"师德师风测评"活动，并以此作为教师年度师德师风评定的依据之一。形式多样的活动，激发了家长参与学校民主管理的热情、提高了家长支持、参与教育的素养。同时家委会成员们在家委会主任的发动号召下积极参与志愿服务活动，协助学校解决了不少难题：维持校门口交通秩序，有效地缓解了学校门口的交通拥堵现象；协助组织各类校园活动，如亲子运动会、校园足球节、六一班级游园活动、科体节等等，家长们各展所长、各尽所能；协助做好学校绿化养护工作，给花草树木浇水；自筹善款为学校优秀学生、贫困学生献爱心，捐赠学习用品、购书券和慰问金近5万余元。

目前，家校共育的理念已经深入到每一位家长的心中，他们虽然来自各行各业，但大家怀着"一切为了孩子"的共同愿望，将"我力行"的精神贯彻到实际行动中，积极投入参与家委会工作，共同参与促进学校工作的全面发展，为学生的成长保驾护航。至今，学校共表彰了300名"力行家长"。

2017年12月学校被授予"三明市优秀家长学校"称号。

十年来,学校家长委员会代表家长参与了学校民主管理,支持和监督学校做好教育工作,成了学校联系广大家长的桥梁和纽带,在推进学校的民主化管理进程和教育教学改革等方面发挥着教育督导的功能,为学校、教师和学生的和谐发展提供了有力的保障。

2. 家长委员会组建方案

完整方案:

一、指导思想

根据教育部《关于建立中小学幼儿园家长委员会的指导意见》的通知精神,坚持"依法治校,民主管理"的原则,积极构建学校、家庭、社会一体化的立体教育体系,增强家庭与学校之间的有效沟通,形成教育合力,打造家校和谐的特色化学校。

二、工作目标:

以促进家校和谐共建和学生全面发展为主要工作目标,进一步与家长增加信息交往、全方位沟通,使家长更好地支持和参与学校部分管理工作,不断提高学校家长委员会工作的主动性、针对性和实效性,构建学校、家庭、社会一体化的个性化精品学校。

三、性质与定位

家长委员会是由本校学生家长代表组成、代表全体家长参与学校民主管理、支持和监督学校做好教育工作的群众性自治组织,是学校联系广大学生家长的桥梁和纽带。

四、组建办法:

1. 工作流程:

家长自荐——班级推荐——学校研究决定——成立校家长委员会

2. 制度建设:

拟定《明溪县第二实验小学家长委员会章程》。

3. 具体实施：

①在家长自荐和班主任推荐的基础上，各班成立班级家长委员会，选出一名班级家长委员会主任和一名副主任。

②班主任填写《班级家委会登记表》并上报德育处。

③班级家委会主任由班主任推荐为学校的家长委员会候选人，并填写《明溪县第二实验小学家长委员会推荐表》上报德育处，经学校研究决定委员名单。

五、组织结构：

1. 全称：明溪县第二实验小学家长委员会。

2. 结构：一级家委会：学校家长委员会（主任1名、副主任2名、秘书长1名，委员若干）

二级家委会：年级家长委员会（主任1名、副主任1名、委员6—8名）

三级家委会：班级家长委员会（主任1名、副主任1名、委员3—5名）

六、资格要求：

1. 具有选举权和被选举权的合法公民；2. 热爱教育事业；3. 具有一定活动组织能力；4. 具有一定的代表性（注意均衡委员之间的文化和职业差异）；5. 具备参与家长委员会工作的时间和精力；6. 家长委员会成员需佩带代表证参与学校活动。

七、主要工作：

1. 健全家长委员会组织机构

2. 组织家长委员会专题会议

学期初召开家长委员会会议。听取学校关于发展规划、教育教学工作安排等方面的情况介绍，就学校发展中的重要问题进行研究，为学校发展献计献策。

3. 建立"家校和谐共建"议事会制度

每个学期初和学期中在学校的召集下，家长委员会委员就学生家长、学生、社会等反映的有关问题尤其是问题学生的处理、学校周边环境的治理、社会教育资源的开发和使用、学生社会实践基地的建立等具体工作召开议事会，进行沟通、协商和解决。

4. 完善培训机制

制定落实培训计划，培训采用专家培训和家长自学相结合的方式，加强家长学习，组建学习型家庭、学习型社区。

5. 丰富家长开放周活动

学校安排家长开放周活动，每位学生家长按照学校通知的时间准时到校，跟踪各学科的课及课外活动等，根据观察校园一天的生活，针对性地提出合理化建议。

6. 强化家校联系工作

家长委员会成员应主动走向学生，走向家庭，走向家长，做好家访工作。尤其是困难家庭和问题家庭。

7. 组织优秀家长评选

结合上级和学校各类评选活动，搞好书香家庭、和谐家庭以及优秀家长等评选工作，引导家长科学育子、环境育子、和谐育子。

8. 维护学校形象，提升学校品牌

家长是学校形象的维护者，学校品牌的宣传者，应大力宣传教师教书育人的先进事迹，宣传学生家长尊师重教典型事例，宣传品学兼优的学生和先进班集体。协助学校及时把办学情况反馈给家长，主动宣传学校改革发展的成果，为打造特色化品牌学校而努力。

八、学校支持家长委员会工作制度

1. 学校重视家长委员会工作，将家校一体作为学校铸就品牌，战略发展的重要举措之一。

2. 学校成立社会联络部，专门负责与家长委员会沟通联络，并组织家校联谊活动。

3. 学校为家长委员会提供必要的办公场所和办公条件，并有计划地组织家庭教育培训，在学校网站等设置家长委员会专栏，设立"家长信箱"等。

附：明溪县第二实验小学家长委员会主任、副主任工作职责

1. 制订家委会活动计划，提交家委会会议讨论通过；

2. 定期召开学校家长委员会及班级家委会主任会议，部署新学期工作；

3. 每学期召开一次家长会议，对家教工作提出表扬或批评，并形成相应的决议。

4. 为学校发展创设有利环境。发挥全体家长的优势和特长，积极为学校办实事、办好事。与学校一起组织家长听课、家长接待日和家长评教等工作，关心支持学校发展。

5. 参与校委员会工作，对学校重大决策提出建议或意见；

6. 积极做好学校宣传工作。

7. 主任负责家长委员会全面工作，副主任协助主任工作，分管教务、组织、财务等具体事务。

3. 家长委员会章程

第一章　性质

第一条：家长委员会是我校全体家长的群众组织。

第二条：家长委员会是参与学校民主管理和民主监督的家长代表组织，是学校工作的支持者、联系者，是沟通学校与家庭、社会之间的纽带和桥梁，是为学校全面贯彻教育方针，实现办学理念及办学目标服务的。

第二章　宗旨

第三条：家长委员会是通过家长和教师的共同努力，以讨论、讲座、实践等多种形式的活动，促使少年儿童在学校、家庭、社会中健康成长，形成良好的学校教育和家庭教育相结合的育人环境。

第四条：通过家长委员会的工作，促使学校各方面工作的规范化、科学

化、现代化，全面提高学生的素质。

第三章　权利和义务

第五条：定期向家长委员会公布、介绍学校的办学信息、重要决议发展规划，使家长了解、参与、监督学校的教育教学工作，积极为学校改进教学方法、提高教学质量、改善办学条件、优化育人环境出谋划策提出建议，创造条件。

第六条：学校有关重大事项提请委员会讨论，委员有权提供口头或书面意见。有权对学校的各项工作提出咨询，提出合理化建议，支持学校的建设与发展。

第七条：家长委员会有权召集学生家长就较大问题开展研究和讨论，随时收集家长对学校管理、教育教学生活等方面的意见和建议，及时反馈给学校，以便学校改进工作。

第八条：组织邀请委员参与学校开展的大型教育教学活动，使家长了解学校，并理解和支持学校的工作。

第九条：家长委员会应协助学校召集家长大会，反馈学校办学理念，宣传学校办学效益和成绩，同时交流家长家庭教育的经验，增进学校与家长、家长与家长、家长与教师间的友谊与沟通。

第十条：家长委员会应向广大家长和社会团体宣传学校的办学思想及学校的教学工作要求及措施，宣传学校的教育教学工作成果，争取社会各界对学校的理解、信任和支持，为学校不断发展、壮大做贡献。

第十一条：家长委员会应关系学校发展，协助学校改善办学条件，协调社会因素，共同构建良好的社会教育环境。同时，应利用社会力量尽可能为学校开展各项活动提供便利和支持。

第四章　组织机构

第十二条：家长委员会成员由班主任推荐。

第三十条：学生毕业离校，其家长委员可随之离任。

第十四条：家长委员会由具有较高素质、关心学校教育工作的在校学生家长代表组成。通过班级推荐及学校邀请等方面产生。学校行政可出席委员会会议，代表学校陈述意见并接受家长的咨询。

第十五条：定期召开家长委员会。委员任期一年，家长委员会接受学校聘任履行职责。学校将家长委员会名单向广大家长及教师颁布。

第十六条：家长委员会设主任一名、秘书长一名、副主任六名均由家长委员会选举产生。

第五章 附则

第十七条：为使家长委员会起到联系家长和学校的桥梁作用，特设：（1）交流平台：家委会微信群。（2）办公电话：2862369。

第十八条：本章程由学校草拟，经家长委员会大会讨论通过后执行。

第十九条：本章程在实施过程中，家长委员会可根据实际情况作必要的修改。

第二十条：本章程自 2018 年 10 月起开始执行。

4. 家长委员会工作计划

计划摘要：

（1）开辟多种渠道，融入学校管理

本年度，家长委员会要加强学校与委员之间的联系，开辟多种渠道，研究当前家庭教育、学校教育的动态，商讨家庭教育指导的措施和方案，参与学校管理，提高家长委员会的工作实效。如：家长委员会成员通过参加学校的有关会议、仪式和活动，听取学校整体工作介绍，了解各项规章制度，督促学校教育教学的规范运作，向学校提出合理化意见和建议，协助学校搞好各项工作。

（2）组织培训学习，提高家教水平

家庭教育是教育系统工程的重要组成部分。为了提高家长的教育水平，普及家庭教育知识，学校将继续分年级、分班级为家长开设家庭教育讲座。一般情况下，每次讲座以后，都安排班主任、任课老师与家长见面，交流学生在学校和家庭中的信息，使家庭教育与学校教育同步协调。

（3）沟通办学信息，促进教育教学

了解教学信息，促进教育教学是家长把握孩子成才的重要渠道，也是家校教育形成合力的重要手段。家长委员会将继续为学校教育教学活动献计献策，共同探讨子女教育问题。例如：学生作息时间的科学安排，待优生的转化，良好学习习惯的培养等。家长委员会将组织部分学生家长参加学校召开的教育教学质量分析会。

（4）关心校园安全，共建防范体系

做好校园安全工作不仅是学校的责任，也是家长委员会的义务。家长委员会将定期、不定期地检查学校各项安全防范措施的落实情况，及时向学校反馈安全隐患以及可采取的措施，并尽可能为学生安全提供必要的帮助。

（5）监督政务校务，规范办学行为

家长委员会参与学校管理、监督依法办学是确保学校办学公平、公正、公开的重要环节。家长委员会可对学校下列工作的实施加以监督：办学方向、教育理念、教育教学行为、规范收费、招生入学以及后勤服务等。

（6）参与学校活动，形成教育合力

参与学生校园文化活动是家长了解学校教育、沟通亲子关系的最佳时机。家长委员会要充分发挥桥梁、纽带作用，尽可能组织学生家长积极参与学校举办的校园文化活动，并在可能条件下为学校开展活动提供帮助与支持，如六一节、艺术节、运动会等。

5. 家委会换届选举方案

为充分发挥家长在学校教育中的作用，努力构建和完善学校、家庭、社会三位一体有机结合的教育体系，使学生全面、健康、和谐地发展，根据

《教育部关于建立中小学幼儿园家长委员会的指导意见》的有关规定，我校将进行学校家长委员会换届选举工作，具体安排如下：

一、选举目的

健全、完善家长委员会组织机构，充分发挥家委会在学校管理中的作用，积极探讨家校合作育人的策略，共促学校优质教育发展。不断增进家长与教师、家长与家长之间的联系和互助，营造亲密和谐的教育环境。

二、参选条件

1. 了解和关心教育、懂得一定的教育规律，具有认真负责的工作态度，关心学校，维护学校形象，有大局观念，愿意为学校、家长、学生服务。

2. 关注学校发展，支持班级工作，乐于和老师沟通交流，热心为学校提供支持和帮助，为家校合作尽心尽责。

3. 有较强的组织协调能力和社会活动能力，热心学校的公共事务管理，处事公正。

4. 有比较丰富的家庭教育经验和良好的教育效果。

5. 能热心听取并向学校积极反映家长们所关注的问题。

6. 有一定的时间和精力投入家委会工作。

三、产生办法

1. 委员产生

学校家长委员会设置委员72名，由各班家长选举产生。

2. 家委会竞选

家长委员会组成后，由委员采取自荐、提名、推荐、竞选等方式产生，选举主任1名、副主任6名、秘书长1名组成常务委员会。

完整简讯：

为进一步密切家校联系，促进家校合作，激发全体家长参与学校管理的积极性，形成教育合力以推进学校建设、促进学生发展。经过精心筹备，10

月 10 日上午，明溪县第二实验小学在学术交流中心举行了第十届家长委员会换届选举大会。本次大会共有 74 名家长加入学校家委会，整个过程家长们积极参与，公开透明，获得了大家的称赞。

大会由学校德育副校长卢琳主持，共有五项议程：一是宣读家委会章程；二是成立家委会组织机构；三是颁发聘书；四是新一届家委会主任就职发言；五是李校长讲话。

本着公开、公正、透明的原则，采用自荐与推选相结合的方式大会选举产生了明溪县第二实验小学新一届家长委员会成员，并当场宣布选举结果：上届家委会主任张瑞明继续连任本届主任、上一届家委会秘书长官永生继续连任本届秘书长，欧建花、葛爱清、曾爱清、黄爱红、曾雪琴、杨良明 6 人当选为新一届家长委员会副主任，他们当中有企业家、有机关单位工作人员、有工人，不同的职业，共同的目标，家校合作，携手同行。学校当即宣布任命本届家委会，并为委员们颁发聘书，给予深深地感谢与支持。

新一届的家委会主任张瑞明进行了就职发言。他表示，家委会一定会发挥好桥梁纽带作用，把学校教育和家庭教育紧密联系起来，为使学校各项工作迈向更高的台阶做出自己的努力，同时，要配合学校组织开展形式多样的教育教学活动，切实把家长委员会的作用发挥出来，推进学校教育教学工作的发展。

最后李校长讲话，他对当选的新一届家委会表示祝贺；感谢家委会一直以来对学校的发展做出的努力，感谢家委会对孩子们的成长奉献的爱心和支持教育的热心；希望新一届家委会在张瑞明主任的带领下和各成员的努力下，各项工作开展得更加有声有色，为学校的发展、学生的成长做出新的更大的贡献。

会后，6 名副主任分别与所在年段的委员们进行简单的认识，并建立微信群。

本次会议圆满结束，但家委会工作继续前行！我们相信，新一届家委会一定会在"力行"精神的引领下,勠力同心,成为学校教育管理的参与者、促进者,继续谱写新的辉煌。

(二) 大走访和家长会的方案简讯摘选

案例一:"大走访"活动

完整方案:

一、指导思想

以习近平新时代中国特色社会主义思想为指导,把立德树人作为教育的根本任务。以建设培养德智体美全面发展的社会主义建设者和接班人为目标,以"敬业爱生、教书育人"为核心,以"立德树人、廉洁从教"为重点。充分发挥家庭教育在加强未成年人思想道德建设与和谐社会建设中的重要作用,提高家长的家庭教育水平,创造未成年人健康快乐成长的良好环境。让广大家长全面了解学校的教育教学工作,掌握学生在校情况,使家长积极、有效地配合学校开展教育,从而保持家庭与学校教育的一致性,统一教育思想和方法,形成教育合力,使孩子健康、快乐成长。

二、领导小组

组　长:李金禄

副组长:卢　琳　叶懿行

成　员:年段长、班主任及科任教师

三、走访内容

(一) 通过走访活动,及时让家长了解我县改革发展的目标思路、重大决策及主要举措;宣传我县教育事业近几年取得的成绩和发展情况,进一步争取家长的理解和支持;进一步宣传学校办学理念、办学特色、办学模式及教育政策,指导家长掌握教育子女的科学方法,指导家长建立科学的家庭教育思想。

(二) 通过走访活动,广泛征求学生及家长对教师和学校工作的意见和建议，不断提升教师服务学生成长意识，增强教师教书育人本领，解决学生成长中的实际困难，提高教育质量和办学水平。

（三）通过走访活动，全面摸查学生的学习、生活环境，了解掌握学生家庭情况、在家表现以及学习、生活习惯等，与家长反馈学生在校思想、学习情况和综合表现等，加强与家长在对学生安全保护措施方面的沟通，督促家长强化学生的安全防范意识，自觉落实安全管理责任，与家长共同探讨促进学生健康成长的有效方法与途径，从而达到培优补差的效果。

四、具体部署

（一）大走访活动面向全体学生，全体教师共同参与，走访率力求达到100%，活动过程全程跟踪反馈，确保实效。

（二）活动步骤及时间。以班主任、科任教师为主，学校行政领导带头参与。自11月1日—20日，为期20天。

走访活动中，校级领导班子每人至少完成10名学生走访；学校中层干部至少完成20名学生走访；班主任、科任教师及技能科教师由各班主任分配任务，做到全员参与。（学生走访面要达到100%）

（三）走访安排：校长参与全校大走访；叶懿行副书记走访二年段；官水生副校长走访六年段；陈雪英副校长走访四年段；卢琳副校长走访一年段；黄惠红主席走访五年段；叶芳助理走访三年段。

班主任及科任教师走访本班学生；技能科老师走访任课班级（每人走访15名学生）

（四）建立家访工作记载手册。每完成一名学生走访，须详细记录学生的家庭情况、学生生活状况及在家表现情况及下一步采取的对策措施等。

（五）大走访活动要重点关注六类家庭：一是经济困难家庭；二是学习困难学生家庭；三是思想和学业上有重大变化的学生家庭；四是留守儿童和单亲子女家庭；五是进城务工随迁子女家庭；六是残疾学生家庭。加大对弱势群体重点走访，并进行多轮次回访。

完整简讯：

初冬送暖　情系家校

小城的初冬就这样悄然而至，当夜幕降临、华灯初上，寒风习习中有这样一群人，奔走于街头巷尾，穿梭于车水马龙。他们顾不上，工作一天的疲惫，满心热忱地投入其中；顾不上，下班回家看看放学归家的孩子，享受天伦之乐；顾不上，咿呀学语、蹒跚学步的二宝，回家只能看看熟睡的小脸儿。可是，每每聊起忙碌后的收获，脸上漾起的都是最会心的微笑，流露出的总是最真切的感受。他们是一群平凡而不凡的人，他们有一个动人的称谓"老师"。

李校长为留守儿童送去了温暖并提出殷切期望

为进一步加强教育行风和师德建设，促进家校教育有效衔接，形成学校、家庭、社会三位一体的教育发展合力，切实办好人民满意的教育，按照教育局关于"进一步加强家校联系开展大走访活动的通知"的相关要求，我校的"大走访"活动就此拉开了序幕……

截止到目前，我校总共走访了1769名学生，校级领导家访人次101，中层干部家访人次286，班主任家访人次1769，科任及其他教师家访人次2166，合计总人次高达4322次。

合力同行　率先垂范

为切实做好该项工作，学校领导班子高度重视，召开教师动员大会，统筹安排，校长带头，教职工全员参与。

李金禄校长放下手中繁忙的工作，与老师们一起深入学生家庭，详细了解孩子在家的学习情况，不辞辛劳先后走访了六个年段，十二名学生。这些孩子大都属于留守儿童，李校长送去的谆谆教诲、勉励鼓舞、希冀期待，如春风化雨，滋润了孩子们的心田。我想，无论何时，当孩子们回首这一幕，内心涌动的定是满满的感动与力量。

案例二：期中家长会活动

方案摘要：

（一）活动地点：学术交流中心。　　主持人：年段长

1. 李校长作报告。
2. 年段长向家长介绍本年段学生的基本情况。
3. 学校家委会副主任谈应如何配合学校做好教育。
4. 年段优秀学生家长代表谈家教经验。

（二）活动地点：各班教室　　主持人：班主任

1. 家长签到。
2. 由任课语、数、英老师介绍本班学生半学期以来的学习、表现情况。
3. 倾听家长对教师、班级及学校的建议和意见。

简讯摘要：

11月12日—11月19日，明溪县第二实验小学在校学术交流中心举隆重召开了期中家长会。

本次家长会以年段为单位分批次举行，主要有四项议程。一是该校李金禄校长分别为各年段做了题为《家校合力共促成长》报告；二是年段长介绍本年段学

优秀家长代表发

生的学习表现情况；三是优秀家长代表介绍家教经验；四是各年段家委会副主任谈家校配合重要性；四是家长们深入各班教室召开班级家长会。

李校长通过大量具体的、生动的事例向家长们强调了家庭教育的重要性、孩子教育的重要性，也向家长们提出了教育孩子的方法。班主任从学生的德育、学习、纪律等方面与家长进行了沟通和交流。任课教师就此次期中成绩与家长进行了沟通分析。家长会在宽松、和谐的氛围中举行，许多家长在会后都迟迟不肯离去，还想再与老师多交流。

通过本次家长会的召开，为学校和家庭架起了沟通的桥梁，形成了学校、教师、家庭的教育合力。同时，也为学校更好地做好教育教学工作，提高教育质量打下了扎实的基础。

(三) 力行家长

学校每学年都评选"力行家长"，确定每班 6 名"力行家长"，利用学校宣传栏进行集体表彰，发挥优秀家庭的辐射带动作用。

案例一：最力行家长

明溪县第二实验小学家委会主任　张瑞明

"现在宣布投票结果，张瑞明继续当选家委会主任！"校长李金禄话音未落，热烈的掌声就在会场响起。

志愿服务甘力行

今年的冬天格外寒冷。张瑞明早早地在学校桥头协助指挥交通，车辆有序流畅地行进，奏响晨送和谐曲。

几年如一日，不论严寒酷暑，明溪第二实验小学上放学时段，张瑞明在校门口、桥头志愿维持交通秩序的一幕已经定格成美丽的风景线。

家长行车到校附近，他上前开车门、提书包、接孩子，这些细节，既节省了车辆停留时间，更温暖了众多家长的心。

榜样的力量是无穷的。在他的感召下，更多的家长加入志愿服务的队伍行列；更多的智慧被运用到管理中。2020年5月学生返校复学，家长们发现，方便学生错峰上放学的人行道和家长行车的路线已改进得更加安全、便捷。

尊师重教勤力行

"请张主任为李校长献花！"全场教师和家长代表热烈鼓掌。这是在学校学术中心举行的庆祝2020年教师节大会上，"家长为教师献一束花"活动的感人一幕。根据往年学生向教师送花存在的弊端，由张瑞明倡议的这一活动得到了家长们的一致支持和好评，一股风清气正、热情洋溢的尊师重教情在明溪城区传为美谈。

这仅仅是张主任带领家长们尊师重教的一个缩影。2019年干旱期间，张瑞明主任组织家长们轮流给学校的花草苗木义务浇水。校园里生机盎然的景象，见证了家校水乳交融的生动气象。

2020年末，家长们发现，在接送孩子的等候区，两排遮阳挡雨的钢构棚区已然建成。殊不知，张瑞明为了此事，多次向学校、向上级反映，得到了县里的重视，迅速得到落实。

热情帮扶善力行

"扶贫先扶智，你无论如何也要把孩子送去学校读书！"在和教师一起去做贫困学生家长思想工作时，张主任总是不厌其烦、耐心细致地劝说家长要对孩子负责。

四年级贫困学生张燕在给张瑞明主任的感谢信中说"这几年，在寒冷的冬天，穿上你连年赠送的衣裤鞋帽，让我感觉非常温暖"。

先富起来的张瑞明夫妇，始终惦记着学校里需要帮助的贫困学生家庭，逢年过节，嘘寒问暖，热情帮扶，携手家长朋友迈向教育的明天。

学校召开家长大会，细心的家长们发现，张主任总会结合实际畅谈家庭教育心得：一要重视家庭教育。"子不教，父之过"，古语要新记——"不教娃，家之过"。二要严慈并济。做到严而有格，宠而不溺。三是家校联系莫忘记。要主动与教师对接，形成教育合力。他是这样说的，更是这样做的。他有宝马车，却常骑摩托车，就是为了多锻炼孩子往返家校的独立能力；女儿生病，家长群里会看到他教科书式的请假，"语文、数学、英语老师，女儿一凡生病需要请假，稍好些会叫她把所有作业补上"！

"张主任是最力行家长！"这是李金禄校长多场合多次对张瑞明由衷的表扬。

案例二：与时俱进做力行家长

明溪县第二实验小学二（2）班家长　肖德清

感恩学校及为之辛勤付出的老师们，学校在充满教育情怀与教育智慧的李校长带领下，践行"力行"教育思想，蒸蒸日上，办学特色鲜明，硕果累累。作为家长甚感欣慰，深受启迪与教育。

人这一生当中要接受三种教育，即家庭教育、学校教育和社会教育。家庭是儿童生命的摇篮，是人出生后接受教育的第一个场所，父母是儿童的第一任老师。家庭教育是教育孩子的起点和基点，良好的家庭教育是造就孩子成才的必要条件，良好的家庭教育是优化孩子心灵的催化剂，家庭教育的好与坏将直接影响孩子的一生，作为学生家长我充分认识到家庭教育的重要性，自觉地做好孩子的教育工作，尽好家长的责任与义务，为孩子成才尽到家长应尽的责任和义务。

在教育孩子上，我坚持以下原则。一是平等原则。平时我尽量把孩子放在与自己平等角度上看待，与孩子交流时我会俯下身子，平视孩子的眼睛，耐心听取孩子的争辩。心理学研究证明：孩子与父母平等的争辩，不仅是互爱的一种体现，而且能够帮助孩子树立信心，明辨是非，丰富想象力和创造力。二是尊重原则。日常生活中尽量尊重孩子，有事多与孩子商量，听听孩子的想法或意见。不把孩子的缺点挂在嘴边，不在别人面前斥责数落孩子，不限制他的自由、否定他的想法，伤孩子的自尊心。尊重是相互的，家长尊重孩子，孩子才会尊重家长。三是交流原则。平时多与孩子交流，如，每天放学回家后，问一问孩子今天上了什么课？学了什么本领？有什么有趣的事？今天开心吗？通过和孩子交心，孩子乐意把在学校发生的事都告诉我，我也从中了解到孩子的内心世界，对存在的问题也能及时引导教育。孩子问问题时，我从不打断孩子的话，而是认真听完后给予回答。孩子的成长不仅仅是物质，也有精神、情感的需要。四是统一原则。做到家庭教育和学校统一，尽自己最大努力支持与配合学校教育孩子。五是榜样原则。"随风潜入夜，润物细无声"。回家对孩子要求做到的，自己首先做到。如要求孩子不玩手机、不玩电脑，过马路走斑马线，不讲脏话、不随地吐痰、不乱扔垃圾，自己就以身作则。注重在孩子的面前的一言一行，不乱发脾气，讲文明礼貌，遵纪守法，做好榜样，做好表率等。六是宽容原则。人非圣人，孰能无过？孩子在成长的过程中，犯错误是正常的。当孩子犯错误时我能宽容地对待，不摆出严厉的脸孔，注重做好引导教育工作，温和地给他意见，使他容易接受。七是鼓励原则。在孩子遇到挫折或考试成绩不理想的时候，我不用苛刻字眼责备孩子，我会帮助他分析原因并多鼓励孩子，从哪里跌倒就从哪里爬起来。

　　我不过分宠爱孩子。孩子提出的要求，合理的给予考虑，不合理的要求坚决说不，哭闹也没有用。因为我深知孩子的要求总能得到满足，他的抗挫折能力就无法得到锻炼，就容易形成孤僻、自傲、任性、自私等性格缺点。父母事事顺从孩子的要求，替他完成所有事情，孩子什么事情都不必动手，于是容易变得以自我为中心、任性、依赖、迟熟、不能忍让、也不懂自己照顾自己。我善于发现孩子的优点及时表扬，增强孩子的自信心。生活中我及时表扬孩子的良好行为，通过表扬，孩子容易明白哪些是好的行为，找准努力的方向。我注重孩子思想品德与能力教育，培养孩子学会做人、学会做事、学会学习的能力。家长教育的主要任务、首要任务应该是从孩子的品德教育抓起，教育孩子学做人。教育孩子要有明确的学习志向，刻苦学习，有良好习惯、有孝心，爱国爱党，有责任心、义务感，勤劳节俭，爱学习、有毅力。与女孩相比，男孩天生喜欢冒险、贪玩、具有叛逆思想……这些特性注定了男孩在成长过程中要走更多的弯路，遇到更多的烦恼。我通过优秀男孩要做的小事帮助他养成良好的生活、学习习惯，用健康的心态面对人生的挫折，用积极的态度面对生活的烦恼。

日常生活中，我不仅注重孩子品行教育也关注孩子的学习教育。孩子学习成绩的好坏，不能全靠老师，家长的教育也至关重要。在家为孩子创造一个安静、舒适、温馨的学习环境，在孩子学习上舍得投入，购买书籍与学习用品。工作再忙也要尽量挤时间给孩子做辅导，陪孩子一起学习。大力培养孩子自主学习能力，鼓励孩子每天把新课预习一下，做好预习笔记，特别是有不懂的地方一定要做上记号，带着问题到课堂上认真听老师讲解。

家长是孩子的第一任教师，家长还是孩子的终生教师。诚然学校是有领导、有计划、有组织、有目的的专门教育人的场所，在培养人才方面起主导作用。但我知道学校教育必须要有家长的正确配合，只有这样才能提高教育的质量，取得最佳的教育效果。我始终尽最大努力做好家校配合教育工作。一是紧跟学校教师步伐，不拖孩子后退。学校安排家长完成的任务我及时完成，比如：观看教育类视频、完成安全平台作业、订报纸、校服等；教师安排辅导检查孩子的作业、参加各类有益的比赛、活动等。二是坚决维护教师的威信。我不随便在孩子面前议论教师，引导孩子正确评价老师，让孩子看到教师的优点，把教师的优点放大再放大，缺点缩小再缩小。在孩子面前树立教师良好形象，使孩子能够自觉、主动、情愿的接受教师的教育和管理。三是培养孩子的集体荣誉感。我积极主动支持学校及班级的各类教育、竞赛等活动，密切配合教师共同教育好孩子，为学校、班级争取荣誉。四是充分信任教师。我相信教师在对待孩子的问题上是真诚的、无私的，目的只有一个，那就是培养教育成人、成才。我给予教师一定的理解、信任与配合。正确看待教师对孩子的要求、教育与管理，适当的、善意的、可接受的惩罚方法也是非常必要、非常有效的。

二、学校与社会协同育人

（一）宣传部门

宣传部门主动承担协同育人，协同落实社会主义核心价值观、四史文化育人、网络文化建设和防疫抗疫进校园等工作。

明溪县委宣传部通过"明溪电视台""明溪在线"，宣传我校学习党史、践行社会主义核心价值观、开展"风展红旗如画三明"的生动实践。2020年12月底，在团县委的组织下，我校安排高年级学生冒雨前往新落成的明溪县革命烈士纪念碑祭扫。经媒体报道后，引发社会广泛好评。

（二）政法部门

一是县公安局派警担任我校的法制副校长定期来学校上法制教育课。教育学生在学校期间做文明学生，不要追逐打闹；上下楼梯时不要相互拥挤；发生火灾时需要注意的事项等。此外，借助以案说法，通过一个个鲜活的案例教导同学们在生活中如何预防诈骗；开展禁毒教育，教育学生珍爱生命、远离毒品。

二是县交警大队派警在我校上放学期间来校维持交通秩序，他们除了指挥车辆有序行进，还耐心细致引导学生遵守交通规则。

三是法院、检察院在河滨路开辟了"法苑"公园，组织学生前往参观，接受普法教育，养成学生从小尊法、学法、守法。

县学校综合治理联席会议成员单位协助学校加强对学校平安创建和社会治安综合治理工作的领导，提高师生的法律意识、自我保护意识和安全防范意识，协调有关部门对校园周边治安环境进行整治，为我校连续多年获得创建平安校园先进单位注入协同能量。

（三）团委

"少先队是建设社会主义和共产主义的预备队。广大少先队员在少先队这所大学校里立志向、修品行、练本领，从小培养热爱党、热爱祖国、热爱人民的情怀，展现出朝气蓬勃的精神风貌。"

学校少先队根据团县委的部署，认真组织学习习近平总书记祝贺中国少年先锋队第八次全国代表大会召开来信的重要精神。

团县委指导学校开展以"我们的节日"为主题的生动丰富的实践体验。在建队日和"六一"节专属少年儿童的节日里，团县委专人专程前往我校，慰问、表彰广大辅导员和少先队员。抗疫期间，团县委还专门组织少先队员以征文、绘画等形式点赞抗疫英雄，传播正能量。

在团县委的协力关心下，我校少先队工作呈现朝气蓬勃的气象。广大少先队员从小热爱中国共产党，衷心爱戴、拥护习近平总书记。

（四）妇联

习近平总书记明确要求，教育、妇联等部门要统筹协调社会资源支持服务家庭教育，全社会要担负起青少年成长成才的责任，并多次强调"注重家庭、注重家教、注重家风"。

县妇联通过评选"最美家庭""最美媳妇"，在全社会、青少年群体中树立正确的价值导向。

县妇联组织专家走进学校，开展关爱女童为主题的宣传活动，促使家长履行好监护责任，增强未成年人自我防范意识，预防和减少侵害未成年人案件发生，促进未成年人健康成长。

（五）文明委

县文明委指导学校创建省级文明校园，要求把创建工作与校园建设、教育教学和管理服务等日常工作结合起来，夯实创建基础，筑牢创建阵地，进一步提升师生文明素养和校园文明程度。

我校创建工作和创建育人实践得到上级的充分肯定。2018年获得省级文明学校荣誉称号。

（六）关工委

县关工委牢记为党育人，为国育才的初心使命，着眼青少年的全面发展，组织老干部、老战士、老专家、老教育、老模范深入学校，围绕"风展红旗如画三明"活动主题，开展党史教育、抗疫精神、长征精神、脱贫攻坚和乡村振兴等专题宣讲，教育学生听党话，跟党走。

（七）社区

学校所在的紫岭社区定期开展道德讲堂暨家长学校活动。

社区干部、特邀教师从国家、社会、个人三个层面解读"社会主义核心价值观"，并围绕个人层面的"爱国、敬业、诚信、友善"进行了深入讲解。家庭是人生的第一所学校，家长是孩子的第一任老师，要给孩子讲好"人生第一课"，帮助扣好人生第一粒扣子。社区通过活动分享教育孩子尊老爱幼的身边案例，鼓励家长做有心的父母，成为孩子成长道路上的引路人。

社区还联合学校鼓励学生参与公益劳动实践体验，切实做到实践育人。

第五章

小学生品德教育的特色活动

第一节　科学教育活动

一、"3456"科学教育机制

青少年是祖国的未来，是科学的希望，也是科技强国和民族复兴事业的后备力量和生力军。明溪县第二实验小学坚持把科学素养作为学生的重要核心素养之一，把培养德为先且具有实践能力和创新精神等科学素养的新时代人才为育人目标。坚持从小抓、全面抓、长期抓、协同抓，积极探寻培养学生科学素养的有效途径，形成了适合我校科学教育发展的"3456"科学教育机制，即"三大层次""四大领域""五大载体""六大措施"，有力地推进了我校科学教育的快速发展，取得了显著成效。

（一）"三大层次"机制

"三大层次"即科学普及、科学提高和科学精英。主要是从对学生的科学教育培养目标考虑而提出的，坚持学生全体参与、全面培养、兴趣激发、重点培养的原则，遵循从易到难、循序渐进、梯次上升的教育规律。通过三大层次科学教育机制，将科技教育活动进行多层次，阶梯性发展，在我校学生科学教育中做到了全面普及和重点培养，实现了全面科学启蒙教育和尖端科学小能手培养的目标。

(二)"四大领域"机制

"四大领域"即科技模型、科技创新、机器人和电子制作。主要是从对学生的科学教育内容考虑而制定的，坚持适应性、有效性和科学性的原则，即选择适合我校实际的，能促进学生科学素养提升和潜能激发，能促进学生实践能力和创新精神提升的具有科学教育价值和学生乐于学习的内容。

(三)"五大载体"机制

"五大载体"即落实国家科学课程；构建校本科学课程；丰富科学兴趣活动；组织参加科技大赛；开展辐射示范活动。主要是从对学生的科学教育形式考虑而提出的，坚持立足校本、形式多样、学生喜乐的科学教育原则。

(四)"六大措施"机制

主要是从如何加强和推动我校科学教育发展考虑而提出的。一是我校高度重视科学教育工作。二是打造强大科学教师团队。三是积极开展科学研讨活动。四是发挥课题引领作用。五是丰富科学教育活动。六是加强校内外共建。

明溪县第二实验小学致力于孩子一生成长的"力行"教育理念，努力抓好基础教育阶段的科学启蒙教育。经过全校师生的合力同行，科学教育已成为我校的亮丽品牌，赢得社会各界的高度认可，取得了丰硕的成果。"3456"科学教育机制获得三明市"教学成果奖"，学生参加全国、省、市科技大赛，夺得团体奖 298 项、个人奖 2000 人次（金牌 7 枚、银牌 8 枚、铜牌 1 枚），学校获得"全国科技体育传统校""国家航空飞行营地""全国教育系统先进集体""福建省科技教育基地"等 20 多项殊荣。但成绩只能代表过去，学校将继续深入探究科学教育的经验做法,提升"3456"科学教育机制,努力把我校科学教育推向新的更高的发展阶段,为培养具有科学家潜质的新时代青少年,为实现中华民族伟大复兴的中国梦做出积极的贡献。

二、学校科学教育成果

(一)国家奖牌榜:

国家团体奖 4 次,其中获得国家团体第一名 1 次,一等奖 2 次,二等奖 1 次;学生个人获国家奖 47 人次,其中获得国家金牌 6 枚、银牌 4 枚、铜牌 1 枚。

1. 国家学生团体奖:4 次

赛事名称	获奖项目名称	参赛时间
全国青少年航空航天模型锦标赛	伞降火箭(S3A/2)比赛团体第一名	2013 年 7 月
第十三届"我爱祖国海疆"全国青少年航海模型教育竞赛	遥控快艇水上足球小学组团体一等奖	2012 年 8 月
第十四届"我爱祖国海疆"全国青少年航海模型教育竞赛总决赛	水上足球赛小学组团体二等奖	2013 年 7 月
第十五届"我爱祖国海疆"全国青少年航海模型教育竞赛总决赛	"自由号"水上足球团体第二名(银牌)	2014 年 8 月

2. 国家学生个人奖：47 人次

国家学生个人金牌 6 枚

姓　　名	赛事名称	获奖项目名称	参赛时间
林雨荷	第十届"飞向北京－飞向太空"全国青少年航空航天模型竞赛	A 级"神鹰"火箭助推滑翔机留空小学女子组 一等奖（金牌）	2008 年 8 月
官　欣	第十二届"飞向北京－飞向太空"全国青少年航空航天模型竞赛	A 级"神鹰"火箭助推滑翔机计时赛小学组 一等奖（金牌）	2010 年 8 月
马　权	第十五届"飞向北京—飞向太空"全国青少年航空航天模型教育竞赛总决赛	"嫦娥"一号柔翼滑翔机计时赛，小学组一等奖（金牌）	2013 年 7 月
赖紫瑶	第十六届"飞向北京—飞向太空"全国青少年航空航天模型教育竞赛总决赛	"小力士"火箭伞降留空计时赛一等奖（金牌）	2014 年 8 月
卓德宇	第十六届"飞向北京—飞向太空"全国青少年航空航天模型教育竞赛总决赛	"嫦娥一号"柔性翼滑翔机留空计时赛一等奖（金牌）	2014 年 8 月
聂仕博	第二十一届"飞向北京·飞向太空"全国青少年航空模型总决赛	悬浮纸飞机竞速赛第一名 金牌	2019 年 8 月

国家学生个人银牌 4 枚

姓　　名	赛事名称	获奖项目名称	参赛时间
邹　易	第十一届"飞向北京－飞向太空"全国青少年航空航天模型竞赛	A 级"神鹰"火箭助推滑翔机竞时赛小学组 一等奖（银牌）	2009 年 8 月

（续表）

姓名	赛事名称	获奖项目名称	参赛时间
张安杰 温旺洋	第十五届"我爱祖国海疆"全国青少年航海模型教育竞赛总决赛	"自由号"水上足球团体第二名（银牌）	2014年8月
蔡书睿	第十八届"飞向北京—飞向太空"全国青少年航空航天模型教育竞赛总决赛	"飞天梦"火箭伞降留空计时赛第二名（银牌）	2016年8月
张昀溥	第二十届"飞向北京·飞向太空"全国青少年航空模型总决赛	"飞天梦"火箭伞降竞时赛第二名（银牌）	2018年8月

国家学生个人铜牌1枚

姓名	赛事名称	获奖项目名称	参赛时间
邱璟怡	第十七届"飞向北京—飞向太空"全国青少年航空航天模型教育竞赛总决赛	"飞天梦"火箭伞降留空计时赛第三名（铜牌）	2015年8月

（二）省级奖牌榜：省级团体奖139项，省级个人获奖807人次。

1. 获省级学生团体奖第一名

赛事名称	获奖项目名称	参赛时间
福建省青少年运动会航海模型锦标赛	"自由号"遥控绕标单项团体第一名	2015年7月
福建省青少年运动会航海模型锦标赛	"远望号"遥控赛单项团体第一名	2015年7月
福建省青少年运动会航空航天模型锦标赛	航天锦标赛团体第一名	2015年8月

(续表)

福建省青少年运动会航空航天模型锦标赛	S4A/2 助推滑翔机单项团体第一名	2015 年 8 月
福建省青少年运动会航空航天模型锦标赛	S3A/2 火箭伞降单项团体第一名	2015 年 8 月
福建省青少年运动会车辆模型锦标赛	安全行车积分赛单项团体第一名	2015 年 11 月
福建省青少年运动会车辆模型锦标赛	遥控电动车竞速赛单项团体第一名	2015 年 11 月
福建省全民健身运动会航空航海模型总决赛	海模团体总分第一名	2015 年 12 月
福建省全民健身运动会航空航海模型总决赛	遥控竞速艇追逐赛单项团体第一名	2015 年 12 月
福建省全民健身运动会航空航海模型总决赛	纸船承重赛单项团体第一名	2015 年 12 月
福建省全民健身运动会航空航海模型总决赛	遥控船推球赛单项团体第一名	2015 年 12 月
福建省全民健身运动会航空航海模型总决赛	遥控船推球亲情赛单项团体第一名	2015 年 12 月
福建省全民健身运动会航空航海模型总决赛	模型飞翼单项团体第一名	2015 年 12 月
福建省全民健身运动会航空航海模型总决赛	悬浮纸模型飞机单项团体第一名	2015 年 12 月
福建省全民健身运动会航空航海模型总决赛	模型飞轮单项团体第一名	2015 年 12 月
福建省青少年运动会航空航天模型锦标赛	航天锦标赛团体第一名	2016 年 7 月
福建省青少年运动会航空航天模型锦标赛	S4A/2 助推滑翔机单项团体第一名	2016 年 7 月

（续表）

福建省青少年运动会航空航天模型锦标赛	S3A/2 火箭伞降单项团体第一名	2016 年 7 月
福建省青少年运动会建筑模型锦标赛	城市梦想赛团体第一名	2016 年 10 月
福建省青少年运动会建筑模型锦标赛	城市梦想赛团体第一名	2016 年 10 月
福建省全民健身运动会航空航海遥控模型总决赛	遥控竞速追逐赛（亲情组）团体第一名	2016 年 12 月
福建省全民健身运动会航空航海遥控模型总决赛	遥控船推球赛（亲情组）团体第一名	2016 年 12 月
福建省青少年航海模型锦标赛	水上足球团体第一名	2017 年 8 月
福建省青少年车辆模型锦标赛	安全行车积分赛 A 类团体第一名	2017 年 9 月
福建省建筑模型锦标赛	城市梦想创意赛团体第一名	2017 年 10 月
福建省航空航天模型锦标赛	航天综合团体第一名	2017 年 11 月
福建省航空航天模型锦标赛	S9A 旋翼火箭单项团体第一名	2017 年 11 月
福建省航空航天模型锦标赛	神鹰火箭助推滑翔机单项团体第一名	2017 年 11 月
福建省航空航天模型锦标赛	SK 小力士伞降单项团体第一名	2017 年 11 月
福建省青少年航空航天模型锦标赛	小学组大会团体一等奖	2019 年 7 月

2. 获省级学生个人奖第一名

姓　名	赛事名称	获奖项目名称	参赛时间
蔡书睿	福建省青少年运动会航海模型锦标赛	女子"自由号"遥控绕标第一名	2015 年 7 月
蔡书睿	福建省青少年运动会航海模型锦标赛	女子"远望号"遥控赛第一名	2015 年 7 月
吴　旭	福建省青少年运动会航海模型锦标赛	男子"自由号"遥控绕标第一名	2015 年 7 月
罗纯悦	福建省青少年运动会航空航天模型锦标赛	（S3A/2）火箭伞降第一名	2015 年 8 月
叶舸航	福建省青少年运动会航空航天模型锦标赛	（S4A/2）火箭推进滑翔机第一名	2015 年 8 月
卢乐扬	福建省青少年运动会航空航天模型锦标赛	（S9A/2）自旋转翼火箭第一名	2015 年 8 月
连鑫杰	福建省青少年运动会航空航天模型锦标赛	（S6A/2）带降火箭第一名	2015 年 8 月
梁宣祥	福建省青少年运动会车辆模型锦标赛	安全行车积分赛第一名	2015 年 11 月
梁宣祥	福建省青少年运动会车辆模型锦标赛	遥控电动车竞速赛第一名	2015 年 11 月
张硕煜	福建省全民健身运动会航空航海模型总决赛	青少年乙组模型飞翼第一名	2015 年 12 月
肖睿茁	福建省全民健身运动会航空航海模型总决赛	青少年乙组悬浮纸模型飞机第一名	2015 年 12 月

（续表）

王福强	福建省全民健身运动会航空航海模型总决赛	青少年乙组遥控竞速艇追逐赛第一名	2015年12月
陈　展	福建省全民健身运动会航空航海模型总决赛	青少年乙组纸船承重赛第一名	2015年12月
肖睿茁	福建省全民健身运动会航空航海模型总决赛	青少年乙组直航挑战赛第一名	2015年12月
王福强 梁宣祥	福建省全民健身运动会航空航海模型总决赛	水上足球第一名	2015年12月
宋政贤	福建省全民健身运动会航空航海模型总决赛	水上足球亲情赛第一名	2015年12月
王福强	福建省青少年运动会航空航天模型锦标赛	（S3A/2）火箭伞降第一名	2016年7月
张硕煜	福建省青少年运动会航空航天模型锦标赛	（S4A/2）火箭推进滑翔机第一名	2016年7月
罗文兴	福建省青少年运动会航空航天模型锦标赛	（S9A/2）自旋转翼火箭第一名	2016年7月
李瀚勇	福建省青少年运动会航空航天模型锦标赛	（S6A/2）带降火箭第一名	2016年7月
蔡书睿	福建省青少年运动会航空航天模型锦标赛	"飞天梦"火箭伞降第一名	2016年7月
梁宣祥	福建省青少年运动会航空航天模型锦标赛	（s8dp）遥控获奖助推滑翔机第一名	2016年7月
李　晨	福建省青少年运动会建筑模型锦标赛	城市梦想赛小学男子第一名	2016年10月
戴秋月	福建省青少年运动会建筑模型锦标赛	城市梦想赛小学女子第一名	2016年10月

（续表）

张昀溥	福建省全民健身运动会航空航海遥控模型总决赛	遥控竞速追逐赛（亲情组）第一名	2016 年 12 月
郑天越	福建省全民健身运动会航空航海遥控模型总决赛	遥控竞速追逐赛（亲情组）第一名	2016 年 12 月
张昀溥	福建省全民健身运动会航空航海遥控模型总决赛	遥控船推球（亲情组）第一名	2016 年 12 月
郑天越	福建省全民健身运动会航空航海遥控模型总决赛	遥控船推球（亲情组）第一名	2016 年 12 月
张昀浦 刘宇翔	福建省青少年机器人竞赛	WER 工程创新赛第二名银牌	2017 年 5 月
叶黄宜 张昀溥 郑天越	福建省青少年航海模型锦标赛	水上足球第一名	2017 年 8 月
汤 诚	福建省青少年车辆模型锦标赛	安全行车积分赛 A 类第一名	2017 年 9 月
林志佑	福建省航空航天模型锦标赛	小力士火箭伞降第一名	2017 年 11 月
吴宇鹏	福建省航空航天模型锦标赛	神鹰火箭助推滑翔机第一名	2017 年 11 月
原 泉	福建省航空航天模型锦标赛	S9A 旋翼火箭第一名	2017 年 11 月
原 泉 张伟诚	福建省青少年机器人竞赛	WER 工程创新赛银牌	2018 年 5 月
陈墨涵 吴锡凡	福建省青少年机器人竞赛	WER 工程创新赛银牌	2019 年 5 月
谢思杰 曾 轶	福建省青少年机器人竞赛	WER 工程创新赛铜牌	2019 年 5 月
杨子涵	福建省青少年航空航天模型锦标赛	悬浮纸飞机制作靶标定点赛第一名	2019 年 7 月

(三) 市级奖牌榜：市级团体奖 129 项，市级个人获奖 933 人次。

1. 获市级学生团体奖第一名

赛事名称	获奖项目名称	参赛时间
三明市中小学生运动会航海模型比赛	"自由号"遥控绕标单项团体第一名	2015 年 7 月
三明市中小学生运动会航海模型比赛	"远望号"遥控赛单项团体第一名	2015 年 7 月
三明市中小学生运动会航空航天模型比赛	航天锦标赛团体第一名	2015 年 8 月
三明市中小学生运动会航空航天模型比赛	（S4A/2）推进滑翔机单项团体第一名	2015 年 8 月
三明市中小学生运动会航空航天模型比赛	（S3A/2）火箭伞降单项团体第一名	2015 年 8 月
三明市中小学生运动会车辆模型比赛	安全行车积分赛单项团体第一名	2015 年 11 月
三明市中小学生运动会车辆模型比赛	遥控电动车竞速赛单项团体第一名	2015 年 11 月
三明市中小学生运动会航空模型比赛	航天综合团体第一名	2017 年 12 月
三明市中小学生运动会航空模型比赛	小力士火箭单项团体第一名	2017 年 12 月
三明市中小学生运动会航空模型比赛	神鹰火箭助推滑翔机单项团体第一名	2017 年 12 月
三明市中小学生运动会航空模型锦标赛	航天团体总分第一名	2018 年 11 月
三明市车辆模型锦标赛	四驱轨道车组装竞速赛团体第二名	2019 年 6 月
三明市车辆模型锦标赛	安全行车积分赛团体第一名	2019 年 6 月
三明市中小学生运动会航空模型比赛	市航天综合团体一等奖	2019 年 11 月

（续表）

三明市中小学生运动会航空模型比赛	"神鹰"火箭助推滑翔机留空单项团体一等奖	2019年11月
三明市中小学生运动会航空模型比赛	"飞天梦"二级火箭伞降留空单项团体一等奖	2019年11月
三明市青少年动手电子制作锦标赛	小学B组百拼图第一名	2020年12月

2. 获市级学生个人奖第一名

姓名	赛事名称	获奖项目名称	参赛时间
张硕煜 谢凡睿琦	三明市青少年机器人选拔赛	一等奖	2015年4月
连鑫杰	三明市中小学生运动会航空航天模型比赛	（S6A/2）带降火箭第一名	2015年8月
卢乐扬	三明市中小学生运动会航空航天模型比赛	（S9A/2）自旋转翼火箭第一名	2015年8月
罗纯悦	三明市中小学生运动会航空航天模型比赛	（S3A/2）火箭伞降第一名	2015年8月
叶舸航	三明市中小学生运动会航空航天模型比赛	（S4A/2）火箭推进滑翔机第一名	2015年8月
张航昊 陈 政	三明市机器人比赛	一等奖	2016年4月
林志杰	三明市市创新大赛	科幻画《星外来客》获一等奖	2016年5月
虞 婍	三明市市创新大赛	科幻画《雾霾分解器》获一等奖	2016年5月

(续表)

张成俊	三明市市创新大赛	科幻画《未来的城市》获一等奖	2016 年 5 月
揭紫嫣	三明市市创新大赛	科幻画《海底图书馆》获一等奖	2016 年 5 月
林志佑	三明市中小学生运动会航空模型比赛	S4A 火箭推进第一名	2017 年 12 月
张标鑫	三明市中小学生运动会航空模型比赛	S9A 旋翼火箭第一名	2017 年 12 月
汤 诚	三明市中小学生运动会航空模型比赛	S3A 火箭伞降第一名	2017 年 12 月
原 泉 张伟诚	三明市青少年机器人竞赛	WER 工程创新赛第一名	2018 年 4 月
汤 诚	三明市中小学生运动会航空模型锦标赛	S3A/2 伞降火箭第一名	2018 年 11 月
汤 诚	三明市中小学生运动会航空模型锦标赛	S9A/2 旋翼火箭第一名	2018 年 11 月
黄子诚	三明市中小学生运动会航空模型锦标赛	S4A/2 火箭助推第一名	2018 年 11 月
黄子诚	三明市中小学生运动会航空模型锦标赛	S6A/2 带降火箭第一名	2018 年 11 月
杨千与	三明市中小学生运动会航空模型锦标赛	"小力士"伞降火箭第一名	2018 年 11 月
谢慧婕	三明市中小学生运动会航空模型锦标赛	嫦娥柔性翼火箭第一名	2018 年 11 月

（续表）

谢慧婕	三明市中小学生运动会航空模型锦标赛	天鹰一号旋翼火箭第一名	2018年11月
陈墨涵 吴锡凡	三明市青少年机器人竞赛	WER工程创新赛一等奖	2019年4月
谢思杰 曾 轶	三明市青少年机器人竞赛	WER工程创新赛一等奖	2019年4月
陈威廉	三明市车辆模型锦标赛	四驱轨道车组装竞速赛第一名	2019年6月
余成亮	三明市车辆模型锦标赛	小学安全行车积分赛第一名	2019年6月
曾子涵	三明市中小学生运动会航空模型比赛	带降火箭（S6A）小学组第一名	2019年11月
张 越	三明市中小学生运动会航空模型比赛	自旋翼火箭（S9A）小学组第一名	2019年11月
叶雨豪	三明市中小学生运动会航空模型比赛	"天鹰"自旋翼模型火箭留空赛小学组第一名	2019年11月
陈墨涵	三明市中小学生运动会航空模型比赛	"嫦娥一号"柔性翼滑翔机模型火箭留空赛小学组第一名	2019年11月
姜展航	三明市中小学生运动会航空模型比赛	"东风一号"带降模型火箭留空赛小学组第一名	2019年11月
李敏涵	三明市中小学生运动会航空模型比赛	"飞天梦"二级伞降火箭模型留空赛小学组第一名	2019年11月
范孜叶	第35届三明市青少年科技创新大赛	《植物颜料收集器》获小学组一等奖	2019年12月

(续表)

吴承宇	三明市青少年动手电子制作锦标赛	小学B组百拼图指定电路一等奖	2020年12月
姜浩宇	第36届三明市青少年科技创新大赛	《病毒治疗仪》获一等奖	2021年1月
范孜叶	第36届三明市青少年科技创新大赛	《厨余转换器》获一等奖	2021年1月
宋韵竹	第36届三明市青少年科技创新大赛	《扫地机器人》获一等奖	2021年1月
吴坤香	第36届三明市青少年科技创新大赛	《人体器官培育仓》获一等奖	2021年1月

三、学校科学教育案例

案例一：第二十一届"飞向北京·飞向太空"全国青少年航空航天模型总决赛

完整简讯：

2019年8月2日至8月6日，第二十一届"飞向北京·飞向太空"全国青少年航空航天模型教育活动总决赛，在宁夏回族自治区银川市隆重举行。本次活动有来自全国各省、市、自治区、直辖市及香港特别行政区，共49支代表队，2005人次参加了

参加开幕仪式

本次比赛，竞赛活动共设 31 个项目。我校派出两位选手，分别参加伞降火箭、自旋转翼火箭及悬浮纸飞机靶标竞时赛三个项目，选手们沉着应战、奋力拼搏，最终聂仕博同学夺取了悬浮纸飞机靶标竞时赛全国第一名（金牌）和自旋转翼火箭优胜奖，汤诚同学获得伞降火箭优胜奖的好成绩。

本次竞赛激发了学生对航空航天的兴趣，培养学生的动手实践能力，增进学生科学素养的进一步提高，促进了我校科技教育品牌的高质量发展。

案例二：参加第 17 届福建省机器人竞赛

简讯摘要：

2019 年 5 月 17 日至 19 日，由福建省科协、福建省教育厅主办的第 17 届福建省青少年机器人竞赛，在泉州南安市南安第一中学隆重举行。本次的活动主题是"筑梦智能·立志创新"，来自全省各市区 390 支精英代表队齐

学生参加颁奖仪式

聚一堂，近 900 名选手与指导老师参加本次竞赛活动。明溪县第二实验小学总校选派 2 支队伍参加本次竞赛，我校队员们在比赛中竭力而行、力克群雄，最终一举夺得 WER 工程创新赛项目的银牌和铜牌，为我校科技教育再添浓墨重彩的一笔。

案例三：承办 2012 年三明市中小学生运动会车辆模型比赛

简讯摘要：

由三明市体育局、三明市教育局、三明市科协、共青团三明市委主办，

明溪县第二实验小学承办的"2012年三明市中小学生运动会车辆模型比赛"于2012年6月2日在我校体艺馆隆重举行。出席本次活动的领导有三明市航模协会会长曾明、县教育局局长唐福华、县科协主席曾赛招、县文体广电出版局书记汤正春、共青团明溪县委陈副书记、第二实验小学李金禄校长等。

各代表队教练、选手参加开幕式

全市中小学11支代表队共200余名选手参加轨道车计时赛、轨道车追逐赛、遥控车足球赛、无线电遥控电动赛车绕标竞速、轨道车组装赛等项目的角逐。选手们沉着冷静，顽强拼搏，经过一天紧张的角逐，明溪县第二实验小学代表队荣获小学组团体总分第一名、四项比赛项目第一，沙县城关第三小学代表队荣获小学组团体总分第二名，永安西门小学代表队荣获小学组团体总分第三名，明溪县城关中心小学荣获小学组团体总分第四名；明溪县城关中学荣获中学组团体总分第一名。

获奖选手合影留念

本次车辆模型比赛，学生通过参与制作、装配、调试车模和比赛，不仅培养了学生的兴趣，还学到了许多有关机械、电子、力学、空气动力学、材料物理学等方面的知识，提高中小学生动手动脑能力、科技探索意识和拼搏精神、创新精神，有力地推进素质教育的深入发展。

案例四：参加2019年三明市中小学生运动会航空模型锦标赛

简讯摘要：

由三明市体育局、教育局、科协、共青团联合举办，三明市航模协会协办的 2019 年三明市中小学生运动会航空模型锦标赛，于 11 月 29 日至 12 月 1 日在沙县举行，共有来自全市 43 个代表队 700 余名运动员参与 24 个项目的激烈角逐。

我校派出 18 名运动员参加其中 8 个项目的竞赛。运动员们在比赛中竭力而行，沉稳发挥，赛出水平，获得了 6 个第一名的优异成绩，最终以绝对优势夺得航天综合团体总分第一名，包揽航天类各项小团体第一名，学生个人获奖 25 人次。

学生在进行新天鹰自旋翼火箭留空比赛

通过参加本次全市航天航空模型比赛，激发和培养了学生从小爱科学、学科学、用科学的兴趣，提高了学生的动手动脑能力，促进学生科学素养的不断提高，进一步推进了我校科技教育工作的发展。

赛场师生合影

案例五：参加 2019 年县科技大赛

简讯摘要：

2019 年 9 月 22 日，由明溪县科协、县教育局、县科技局、团县委主办，县科技活动中心协办的以"礼赞新时代·智慧新生活"为主题的 2019 年全国科普日暨青少年科技竞赛在我校隆重举行。教育局局长王忠和，科协主席黄清基，教育局副局长吴玉忠，团县委副书记陆纪超和工信局副局长陈奇出席了这次活动，王忠和局长致开幕辞。

本次竞赛共设有五个竞赛项目，分别是悬浮纸飞机靶标赛、风火轮竞距

学校获得团体总分一等奖

（速）赛、纸船承重赛、黄鹂手掷飞机、遥控车绕标赛。

运动员们经过一天紧张激烈的比赛和裁判员公平、公正、公开的评定，明溪县第二实验小学最终凭借扎实的技能水平和出色的发挥，在15支参赛队伍336名参赛选手中拔得头筹，毫无悬念地获得小学组团体一等奖。

其中王安兴、郑彦哲获得风火轮竞距（速）赛金牌，谢世鹏、张子言获黄鹂手掷飞机金牌，虞骑、张偣艺获悬浮纸飞机金牌，姜展航、陈墨涵获遥控车绕标赛金牌，杨沛颖获纸船承重赛金牌。

相信通过参加这样的活动，孩子们在实践中提高了动手能力，培养了科学意识，促进了科学素养的形成。此次竞赛给我校师生运动员和教练提供了一个展示风采的平台，是对我校科技能力的又一次检验，进一步在全校营造了讲科学、爱科学、学科学、用科学的浓厚氛围。

科技校本教育读本

【低年级校本教育读本】摘选

第一课 航空航天模型

航空航天模型分为航空模型和航天模型，竞赛科目有：留空时间、飞行速度、飞行距离、特技、"空战"等。航空模型运动的生命力在于它的趣味性和知识性。亲手制作的矫健雄鹰翱翔蓝天，往往会使青少年产生美好的遐想，激励他们不停地追求，使他们从兴趣爱好走进献身祖国航空事业的理想。参加这项活动还可以学到许多科技知识，培养既善于动脑又善于动手和克服困难勇于进取的优秀品质，促进德智体美劳全面发展。

我校于 2007 年开始开展航空航天模型活动，主要项目有橡筋动力模型飞机、电动自由飞模型飞机、遥控模型飞机、伞降火箭、柔翼火箭、火箭助推等。至 2018 年 10 月底，在参加国家、省、市、县各级竞赛中，学校获国家赛团体第一名 1 次，省市级各类团体奖 89 项；学生个人获奖 510 人次，其中国家赛获奖 26 人次（金牌 5 枚，银牌 3 枚，铜牌 1 枚）。

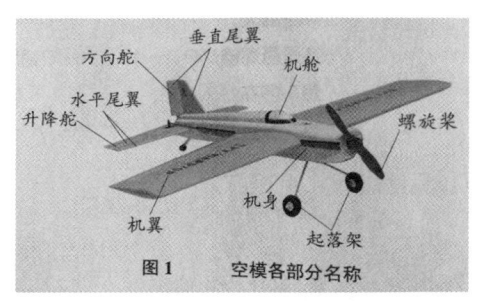

空模各部分名称

第二课　航海模型

航海模型，是指船舶、军舰的各种模型，是一项集科技、体育、文化于一体，具有科技性的体育运动项目。通过研究制作、在水上操纵各种模型，了解关于船舶、海军、海洋方面的各种知识，学习航海科学知识，深受青少年喜爱。航海模型种类很多，分类的方法也各有不同。按照世界航海模型运动联合会的规则，航海模型的竞赛项目分为五类：动力艇航海模型（M），仿真航海模型（C），耐久竞速艇（FSR），帆船模型（S）和仿真航行航海模型（NS）。

航海模型在我国已开展四十余年，无数的事实证明：航海模型活动对青少年的多元发展，特别是对个体的科技品质和能力的培养上，具有积极的促进作用。目前，海模活动已是学校实施科技教育的重要载体，被列为学校的特色活动。

帆船

我校于 2009 年开始开展航海模型活动，主要项目有"自由号"水上足球和绕标、"极光号"遥控绕标、"希望号"两栖越野、"梦想号"航母制作、

550 帆船遥控等。至 2018 年 10 月底，在参加国家、省、市各级竞赛中，学校获国家赛团体一等奖 2 次、二等奖 1 次，省市级各类团体奖 79 项；学生个人获奖 400 人次，其中国家赛获奖 10 人次（银牌 2 枚）。

第三课　车辆模型

车辆模型运动，以装配制作、操纵行驶各种模型车进行训练比赛、课外活动和休闲娱乐的科技性较强的体育运动项目之一。集动手制作、竞技、娱乐为一体，深受广大青少年喜爱。

分自行模型车、静态观赏车和遥控模型车三种类型。竞赛车模型按真车比例缩小，外形逼真。自行模型车一般以电动机为动力，在封闭的环形跑道上行驶。静态观赏车通常以制作的精美、仿真程度为比赛的主要内容。遥控模型车以电动机和内燃机为动力，用遥控器控制方向和车速。

轨道车计时竞赛

车辆模型运动 20 世纪 50 年代兴起于欧美国家，中国于 20 世纪 70 年代末开始推广车辆模型运动。它动手能力强，活动周期短，活动的场地比较小，是一项特别适合中小学生开展的科技教育活动。

我校于 2003 年开始开展车辆模型活动，主要项目有遥控三对三足球、1/16 遥控电动车、安全行车、四驱车组装、四驱车竞速、智能车、太阳能车、电动直线车三项全能等。至 2018 年 10 月底，在参加国家、省、市各级竞赛中，学校获得各类团体奖 77 项；学生个人获奖 352 人次。

第四课　建筑模型

建筑模型的制作是一个利用工具改变材料形态，通过黏结、组合产生新的物质形态的过程。在学校主要开展各种建筑模型套材的制作，其制作的"四步曲"是识图—剪刻—折贴—组合。

中国是多民族国家，各地的民居样式不一样，根据生活环境不同，民族民居不一样。北方以北京四合院住宅为典型，江南地区以封闭式院落为单位，客家住宅分布在广东、广西北部及福建西南部。窑洞则在河南、山西、陕西、甘肃等省区。

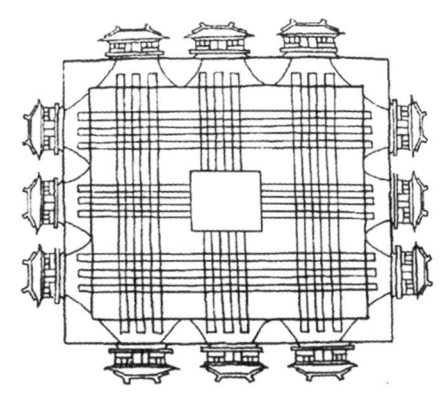

从中国古代西周开始，能工巧匠们担负起设计和建筑城市的任务，王城"择国中而立宫"，市民居住区则分布在城市的四角。

北京紫禁城是中国建筑的瑰宝，它是我国建筑历史上遗存下的一笔最值得骄傲的巨大财富。

中国古城——北京紫禁城

我校于 2016 年开始开展建筑模型活动，主要项目有城市梦想创意、烽火春秋建筑模型制作、木桥梁结构承重赛等。至 2018 年 10 月底，在参加国家、省、市各级竞赛，学校获得各类团体奖 4 项；学生个人获奖 15 人次。

【中年级校本教育读本】摘选

第一课　模型飞机的试飞与调整——手掷试飞

试飞前的检查要检查重心的位置，两边上反角是否对称，机翼、水平尾翼是否扭曲。垂直尾翼是否垂直，水平尾翼是否扭曲变形，机翼的安装角是否正确，有动力的飞机要检查拉力线是否正确。

要注意掷出的速度和出手角度。手持部位要靠近重心，出手角度应与地面成角约 10 度左右，用力方向要保持直线、前后左右保持平稳。模型的翼载荷越轻、滑翔速度越低下滑角越小；反之翼载荷重，滑翔速度和下滑角都增大。如掷出的速度或出手的角度大于模型正常飞行时的速度和迎角，模型便会抬头上升，至某一角度后失速下坠或转入大角度俯冲撞地；如掷出速度或出手角度过小，模型会很快地低头俯冲，达到一定速度后才开始正常下滑。模型手掷试飞的速度和角度，是很重要的基本功，要注意掌握。出手后运动轨迹如图：

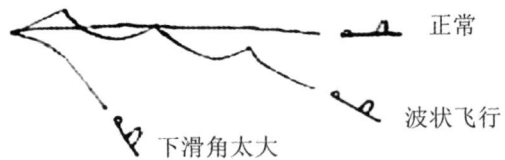

波状飞行的主要原因有：头轻，机翼迎角过大，俯仰安定性不好。第三种情况只要按图纸正确制作就不会出现。可通过调整尾翼的前缘或后缘，也可根据情况加适当的调整片来解决波状飞行。

下滑角过大主要因素：头重，迎角过小，升力不足。可通过配重等办法调整解决。

左旋坠地主要原因：舵面向左偏转角度过大，垂直尾翼向左扭曲变形，机翼扭曲变形。

手掷试飞正常后，竞时模型还需进一步调整，以求获得最长的留空时间。在水平尾翼后缘或机翼前缘增加垫片，即继续增加机翼的迎角，使模型到达最远距离。直至加到出现轻微的波状飞行为止。再将垂直尾翼方向舵向右或向左扳一个角度，使模型出手后有一个向右或向左的盘旋半径。再调整舵面的偏转角调整盘旋半径并使模型恢复俯仰平衡，不再波状飞行。在这种迎角下飞行，留空时间最长，调整量都较小，一定要认真仔细避免造成事故。

手掷直线竞赛提高成绩的方法提高投掷速度，使模型能提高爬升高度以提高飞行成绩。投掷轨迹如图：

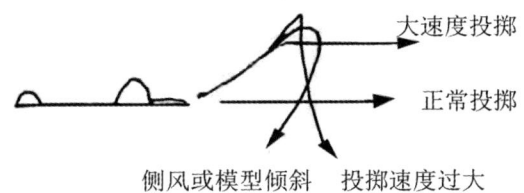

顺风时可用大速度投掷；逆风时，因能使不正常现象加剧，最好用水平投掷；侧风时可以改变投掷方向或用盘旋效应抵消侧风影响，可以提高飞行成绩。在调整时要注意左右翼是否完全相同有没有侧滑或转弯倾向，其次是修正垂尾。

第二课　四驱车组装

项目描述：

学生现场拼装、改造四驱车，并用现场拼装、改造的四驱车进行跑道竞速。

模型介绍：

四驱车采用"奥迪"四驱车模型普及版系列套材及其零配件，拼装时间为 45 分钟（含跑道试车时间）。

组装工具：

小刀、剪刀、小号两用螺丝刀（一字、十字），2 节五号电池。

四驱车的组装程序：

1. 掌握装配图。

2. 基本工具的正确使用。

3. 认真地切剪零件，要把切完后的零件切口凹凸不平多余的部分去掉，以便发挥其功能。

4. 正确地组装零件（一定要看清楚说明书的安装示意图）。

5. 确定齿轮种类（种类有：小齿轮、大齿轮、标准齿、高速齿）。

6. 上好润滑油，在齿轮的啮合面、旋转轴的支点部位、滚轴的部位等地方必须均匀地涂上润滑油。（注意：切记在车轮孔中、马达小齿轮孔中、马达旋转轴及前后轴的两端等处涂润滑油。）

场地要求：

跑道的技术要求：由三轨跑道片和"彩虹桥"换道器组成封闭跑道，跑道宽度 115 毫米，隔板高度 50 毫米。

使用方法：

教师发出"预备"口令时，学生应立即打开电源开关，单手持车在出发预备区（出发线以外）的上方等待（车轮空转），当教师发出"放"的起跑口令后，学生垂直向下释放赛车，不得向前助力推动。

【高年级校本教育读本】摘选

第一课　初级橡筋动力模型飞机

初级橡筋动力模型飞机是一个比较典型的传统普及项目。通过制作、放飞初级橡筋动力模型飞机，可以对带有动力的自由飞项目有一个初步了解，为进一步学习制作复杂的模型飞机打下一个扎实的基础，是在初级模型滑翔机的基础上学习的延伸。下面让我们来做一架初级橡筋动力模型飞机。

一、材料工具：

一套初级橡筋动力模型飞机材料。砂纸板、壁纸刀、尖嘴钳、铅笔、尺子、透明胶带、双面胶带、模型快干胶（502胶水）。

二、制作过程：

1. 制作机翼：将吹塑纸按图示尺寸裁出左右机翼（单位：mm）

制作翼型：在距前缘 25mm 处弯折一下，使它向上凸起 6mm。具体做法：先在折痕处的机翼下面用铅笔压一条印，然后沿此线弯折。

制作上反角：在每边距翼尖 110mm 处，从折痕到前缘切开一个口，再把翼尖翘起 25°、切口最大处相距 5mm，用透明胶带把切口粘上。

为了增加机翼强度，用透明胶带把翼型折痕和上反角折痕粘住。

2. 制作尾翼：

将吹塑纸按图示尺寸裁出水平尾翼和垂直尾翼。（单位：mm）

3. 制作机身：

将机翼翼台与机身杆粘接在一起（翼台前端面距机身杆前端面 10mm）。

制作翼台后加强片：按图示将套材中 0.75mm 厚的木片加工成型，粘接在翼台后部的机身杆上。

修机头右拉：按图示用 0.75mm 木片裁成 5mm×10mm 的木片，粘接于机头右侧，然后用壁纸刀将机头修整出带有向右偏转的形状。

4. 装配：

制作翼台衬板：按图示将套材中 0.75mm 厚的木片从中间裁开，然后用胶水拼接，裁成 25mm×80mm 的木片，画出中心线，粘接在翼台上部。

穿尾钩、粘接尾翼：按图示将套材中的塑料尾钩开口向后穿入机身杆至翼台后加强片；用双面胶将垂直尾翼、水平尾翼分别粘接在机身杆后部。

粘接机翼：按图示用双面胶将左右机翼分别粘接在翼台衬板上，用透明胶带加强。

组装机头：按图示将套材中的机头组件制作成左侧形状，然后插入机身头部。

制作螺旋桨：按图示将套材中的螺旋桨桨轴对齐桨叶根部中心线，用胶水粘接，然后按大约与拉力线呈 $40°$ 的角度插入机头套管中（注意：两片桨叶的角度要相等，否则当螺旋桨旋转时会产生抖动）。

安装动力橡筋：按图示将套材中的橡筋束系紧后盘成三圈，分别挂在机头钢丝钩和尾钩上（注意：橡筋束应呈松弛状态）。

教你一招：

怎样发挥橡筋的最大能量

1. 将橡筋束用婴儿香皂清洗干净，滴上几滴蓖麻油或甘油，放入深色塑料袋中备用。

2. 用 2mm 自行车条做一个挂钩夹在手摇钻上。试飞时用其拉出机头将橡筋束拉长，绕动的同时回退，直至最大绕数，装上机头准备试飞吧！

第二课　"天鹰一号"自旋转翼模型火箭

"天鹰一号"自旋转翼模型火箭，在航天模型中是制作和装配难度较大的一种模型，它是利用自旋翼及其悬挂物体的自重力作动力，模型火箭在自重力作用下，垂直降落，自旋翼展开后，由于气动阻力的横向分力作用，自旋翼将会自动旋转起来，旋转起来的翼面相对于空气作横向运动（切线方向），又产生一定的升力（距离转动中心越远、线速度越大、升力也越大），由于

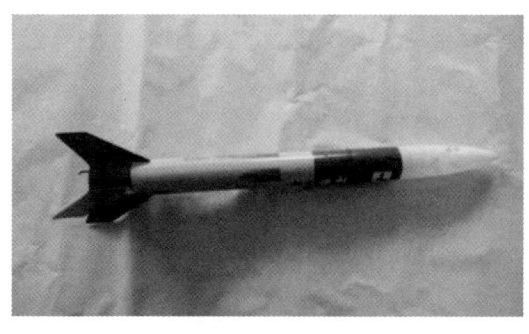

"天鹰一号"自旋转翼模型火箭

有一定的升力，降落的速度就减缓，从而达到回收的目的。

一、工具的准备：

快干（502）胶、直尺、订书钉、铅笔、细砂板、裁纸（美工）刀、圆规、透明胶带（1.8—2厘米）、镊子、锉刀。

二、材料清点：

大翼片3片、小翼片3片、橡皮圈3个、连接盘1个、摇臂3个、钢丝1条、纸板1块、泡沫塞2个、导线1段、大头针3枚、头锥1个、箭体筒段1节、尾段1个、尾翼4片、套管1根、导向管2个、卡钩1个。

三、组装过程：

1. 翼片的准备。

（1）打磨翼片：

用细砂板分别将大小翼片打磨，至表面无棱角和毛刺为止。

（2）整理翼片和粘好翼片等：

将大翼片的曲面朝上，按同类同方位做好A、B端标记，并在两端距端头2厘米处划出横线，横线中间留1厘米，各点上两个点（每片共4个点），在4个点上用1毫米的钻头钻孔，还需在A端的平面划一条中线，再将3个橡皮圈各等与分剪成两份，并把其两端从曲面往平面方向挤入至露近1毫米的头，同时滴上少许胶水。最后把摇臂中线对准翼片A端平面中线粘合，其距离要将摇臂孔与连接盘孔相对，使大翼片端头不会顶住连接盘即可。

将小翼片的曲面朝上，按同类同方位做好A、B端标记，与大翼片方向一致，在A端头2厘米处划出横线，找出中点，将订书钉剪下直角，直角边为4毫米×4毫米，并把一端从曲面往平面方向挤入至露头可见即可（另一端朝B方向），同时滴上少许胶水。

大、小翼片连接。大翼片B对小翼片A配对连接，剪4厘米透明胶带给粘合，三组依次粘好。

2. 连接盘与摇臂连接。先把3枚大头针各剪去一半，将摇臂插入连接盘支耳槽内，3孔相对时将大头针穿过洞孔，并将大头针小头一端夹弯一些，以免大头针脱出，三对用同样方法连接好。

3. 组合旋转翼。

（1）将头锥底部的锥头截去。并把套管剪取五段0.8厘米的小段。还要将纸板剪3个直径3厘米的圆形。

（2）在泡沫塞的上、下两面涂上泡沫胶后，把圆周纸片粘上。并圆心对圆心钻一个不超过1毫米的小孔，钢丝穿过小孔，并在钢丝端头套一节套管，同时滴上胶水（套管不易脱落）。泡沫塞推至套管底部后，再套一节套管把泡沫塞夹住以后，同时滴上少许胶水。钢丝又从连接盘中心孔穿入（翼片朝下方），并套一节套管要距连接盘0.7厘米左右，同时滴上少许胶水，使套管不移动。然后又套一节套管，其具体位置将翼片折叠后连接盘向泡沫塞方向顶，留有（含套管）0.8厘米处将套管滴上少许胶水，使套管不移动。此时再穿入夹有圆纸片的泡沫塞，并扎上一条10厘米线（连接弹性绳），然后套上一节套管，同时将套管、线结、泡沫塞一同滴上胶水。

（3）头锥尖朝下滴入数滴胶水，将带连接盘一端的泡沫塞推进头锥内，正好是泡沫塞厚，然后头锥尖朝上稍微摇动，使里面的胶水把泡沫塞与头锥内壁粘住。最后在头锥的泡沫塞一周滴上胶水。

4. 箭体与尾段组合：

（1）将4片尾翼插入尾段的安定槽内，若太紧时可用锉刀将尾翼的相应部位锉去一些，装平以后滴上少许胶水。

（2）安装卡钩、套管。从套管一端量出5厘米处，并用裁纸（美工）刀尖横刻出2毫米的小口，再将卡钩的钩较长一端从外往内卡进，同时在进卡处滴上胶水。

（3）粘导向管。在箭体筒段从下往上在同一直线上量在9.5厘米和17厘米处做上记号。把箭体筒段平放在玻璃板或平整木板上，将2个导向管分别慢慢滚入9.5厘米和17厘米的位置，滴上胶水（不宜太多，粘住即可）。

(4) 粘上弹性绳。在弹性绳的一端（2厘米处）粘上透明胶4厘米（露出2厘米），用镊子夹住从箭体筒段上方内侧伸进，从上往下透明胶上端粘在距箭体筒段口3厘米处（多余的弹性绳露出），再用圆柱形铅笔把透明胶压紧粘合，然后在距箭体筒段口3厘米处，即箭体筒段内壁与弹性绳之间滴上少许胶水，并立即压紧粘固。

(5) 将套管塞入尾段内（卡钩朝外），套管与尾段底部平，在套管露出尾段处滴上胶水。

(6) 将尾段套入箭体筒段底部，此时观察导向管是否在两片尾翼中间，位置确认后一周滴上少许胶水。

5. 整体组合：

将箭体筒段上弹性绳的另一端与旋转翼尾部线连接即可。

温馨提示：

在条件或规则允许的情况下，头锥、尾段、尾翼、弹性绳、大小翼片等均有替换或改进的空间。

第二节　国学教育活动

国学经典是中华文化的精髓，小学生学习国学能使传统美德根植于他们幼小的心灵，为孩子的成长奠定坚实的基础，对小学生进行国学经典教育有着重要深远的意义，因此我校把国学经典教育作为一项重要的内容。

为了更好地开展国学教育活动，学校做了以下几方面工作：

一、建设人文景观，创造国学氛围

校园文化环境能在不知不觉中让学生受到熏陶和感染，有着"春风化雨、润物无声"的作用。因此我们学校特别重视校园文化环境的建设，让每一堵墙都会说话，每一块石头都有文字，每一处景都是文化，这种无声的语言悄无声息地浸润着每位师生的心灵。

（一）建立国学经典长廊。根据学校发展的历史和未来，按照每层一个主题的思路，分别开辟了行为教育长廊、科技教育长廊、国学经典教育长廊和艺术教育长廊，这些文化走廊主题鲜明，内容至真至善至美易于学生接受，形式学生喜闻乐见，遵循整洁、整体、激励、和谐的原则，是我校环境育人的精髓。其中我校教学楼三楼的是经典诵读的文化走廊，每一根柱子上都配上精美的古典诗词，如：《静夜思》《梅花》《望庐山瀑布》《游园不值》《早发白帝城》《饮湖上初晴后雨》等，文人墨客们描画着自然风光、赞颂着祖国河山，抒发着思乡之情……走廊上充满了经典诗文的气息。孩子们从走廊经过，目之所及皆是经典古诗词，张口便能吟诵，仿佛徜徉在诗歌的海洋里。

（二）开辟"国学园"。国学园的正前方是伟大的毛主席的画像，他目视前方，仿佛看到了中国美好的未来，画像旁配有他的诗词《如梦令元旦》。国学园的右上角是一间"书香小屋"，书香小屋有两排书架，每排有4层，书架上的书摆放得整整齐齐。国学园右边的花圃有一个大大的印章，上面用篆书刻着"国学园"三个大字，散发着浓浓的书香气息。右边的花圃中有一尊杨时的塑像，他一手拿着书本阅读，一手捋着胡须，一副若有所思的样子。国学园内还设有棋台、墨台、国学经典文化墙、名著导读墙等，两面墙上有图有文、图文结合，向同学们介绍着中国古代的四大名著以及孔子、墨子的故事。

（三）建立大型传统文化墙。文化墙版面精美、内容丰富、博古通今，有弟子规、家风家训、明溪古今、明溪八杰以及现代做人的行为准则等，彰显了地域文化特色。大型传统文化墙通过图文并茂的形式让学生既传承了优良传统，还明白了做人的道理。

（四）设立校园文化石。校内随处可见的文化石上镌刻着名言、警句，如华罗庚的"聪明在于勤奋，天才在于积累""多想""善学""乐思""我力行"等等，默默地激励着无数学子们走在无限求知的路上。

校园文化石"善学"

（五）建造精美的雕塑。校园小操场中央的雕塑底座是一本书，书上一把金钥匙，这是开启知识大门的钥匙，钥匙上的小鸟象征着学生在展翅腾飞。小操场的左侧屹立着一尊尊名人塑像。有孔子、祖冲之、华罗庚等，他们的儒雅形象、教育思想彰显着魅力，让校园充满了浓厚的书香味。

（六）浓厚班级诗词氛围。在教室内、走廊上精心布置有关中华传统文化的诗词歌赋、名言警句、诗配画等，营造浓厚的班级传统文化氛围，引导学生读诗、爱诗，从而爱上中华优秀的传统文化。

二、编写校本教育读本，开设校本课程

（一）编撰校本教育读本

我校成立了校本教育读本编委员，编写了《国学教育读本》，共有低、中、高三册，教材内容既选取课程标准规定的必背诗词篇目，还选取了《三字经》《弟子规》《小学生必背古诗词75首》等经典的内容。每篇经典诗文后还配有"请你读读""请你思考"，有助于孩子们理解诗文表达的意境，感悟作者的情怀。诗词歌赋，内容丰富，为学生呈现了一个个动人心魄的历史故事、一幅幅宁静祥和美丽的画面，他们都为塑造孩子们良好的品德起到了

重要的作用。

低年级的读本内含有《三字经》《弟子规》片段以及《山村》《江南》《敕勒歌》《咏鹅》《风》《咏柳》《春晓》《静夜思》《画鸡》《悯农》《望庐山瀑布》《所见》《村居》《清明》等14首古诗。

摘选如下：

山 村

[宋] 邵康节

一去二三里，

烟村四五家。

亭台六七座，

八九十枝花。

请你读读：我到外面游玩，不知不觉离家已有两三里地，看到不远处的小村庄里，有四五户人家已经冒起了炊烟。我信步走来，又看到路边有六七处精美的亭阁楼台，独自静静观赏，才发现身边的树枝上挂着……八朵、九朵，哦，不，十朵花，真是赏心悦目！

请你思考："一年之计在于春，一天之计在于晨，一生之计在于勤"出自邵康节，说一说它的意思吧！

敕 勒 歌

北朝民歌

敕勒川，

阴山下，

天似穹庐，

笼盖四野。

天苍苍，

野茫茫，

风吹草低见牛羊。

请你读读：辽阔的敕勒平原，就在千里阴山下，天空仿佛圆顶帐篷，广阔无边，笼罩着四面的原野。天空蓝蓝的，原野辽阔无边。风儿吹过，牧草低伏，显露出原来隐没于草丛中的众多牛羊。

请你做做：用彩笔先画出大草原，再画上牛羊，远处画山，然后把图画讲给爸爸妈妈听。

咏 鹅

[唐] 骆宾王

鹅、鹅、鹅，

曲项向天歌。

白毛浮绿水，

红掌拨清波。

请你读读：鹅、鹅、鹅，弯弯的脖子对天唱着歌。洁白的身躯漂浮在碧绿的水面上，红红的脚掌拨动着清清的水波。

请你做做：先回答问题："鹅、鹅、鹅，"究竟是几只鹅？再根据这首诗，用彩笔画一只鹅在水上游。

静 夜 思

［唐］李白

床前明月光，

疑是地上霜。

举头望明月，

低头思故乡。

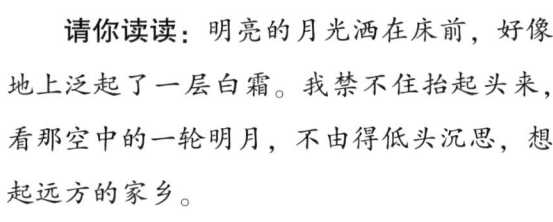

请你读读：明亮的月光洒在床前，好像地上泛起了一层白霜。我禁不住抬起头来，看那空中的一轮明月，不由得低头沉思，想起远方的家乡。

请你思考：跟小朋友一起说说：为什么看见月亮就容易想起家乡？作者"低头思故乡"，也会想到些什么呢？

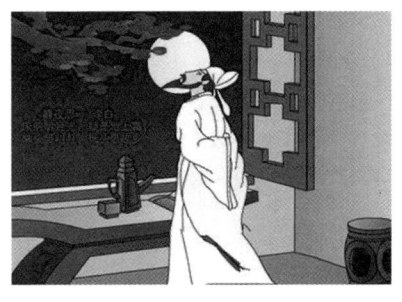

悯 农

［唐］李绅

锄禾日当午，

汗滴禾下土。

谁知盘中餐，

粒粒皆辛苦。

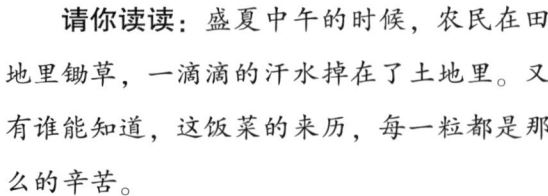

请你读读：盛夏中午的时候，农民在田地里锄草，一滴滴的汗水掉在了土地里。又有谁能知道，这饭菜的来历，每一粒都是那么的辛苦。

请你想想：读完了这首诗，你有什么感受呢？把自己的感受说给父母听，并说说今后想怎么做？

望庐山瀑布

[唐] 李白

日照香炉生紫烟，

遥看瀑布挂前川，

飞流直下三千尺。

疑是银河落九天。

请你读读：太阳照射的香炉峰生起紫色烟雾，远远看去瀑布像匹白练挂在山前。水流从三千尺的高处直泻而下，像是璀璨的银河水落自九天。

请你做做：大家动手，找几幅庐山瀑布的图画、照片，对照诗句，来欣赏庐山瀑布的壮丽美景。

（二）开设校本课程

学校将《国学教育读本》纳入了校本课程，每天的早会课前十分钟和语文课前三分钟诵读国学经典，双周的课外阅读课是国学经典诵读课。在这节课里，就针对教材里的其中一首或有联系的几首古诗词进行学习，并拓展到教材外的古诗词。教师通过收集大量的声音和图像信息，循序渐进地组织教学，使学生能更直观更形象来感受领悟其独有的文化魅力。

（三）每周一诗课前一吟

1. 每周一诗

学校每班每周选择一首古诗，通过早读、每节语文课前3分钟进行诵读；做到读而常吟之，"学而时习之"，吟唱或强化记忆。古诗的内容来自于语文教材中诵读的古诗文篇目、2011版语文课标小学推荐必背75篇、国学教育读本（低、中、高）三本。一学期下来，学生可以积累二十几首古诗，达到积少成多的目的。

2. 课前一吟

小学阶段是人的一生当中记忆力最强的阶段，我校利用每节语文课前三分钟进行"课前一吟"，诵读经典古诗词或优秀诗文。吟诵时采用多种形式，如：师生对诵、男女生对诵、接龙读、擂台诵、学生齐诵、优生领诵等。低年段主要诵读《三字经》《弟子规》古诗等；中年段主要诵读古诗、近现代诗词、中华成语千句文等；高年段主要诵读唐诗宋词、现当代诗词、《论语》等。

"课前一吟"能使学生在吟诵中安抚课间躁动的情绪，快速而高效地进入课堂的状态，培养良好的语感，提高朗诵水平，提高课堂效率。

(四) 编国学操文化健身

国学操集背诵、舞蹈于一体，可以让孩子们和乐而诵、挥洒快乐，在优美的旋律中感受古圣先贤的智慧之光，提高学生的综合素质。学校独树一帜，结合小学生年龄特点和古诗内容，一共创编了三套"国学操"，让孩子们在大课间边诵读边做操。

其中第一套国学操由十五首古诗组成，《寻隐者不遇》《悯农》《天净沙·秋思》《忆母》《寄天台道士》《游子吟》《回车驾言迈（节选）》《村居》《山行》《檀溪寻故人》《乞巧》《闻竹声有感》《书湖阴先生壁》《山中客访》《咏柳》。这15首古诗每首诗的最后一个字与下一首诗的第一个字谐音，诵读起来音韵和谐、朗朗上口，便于记忆。

第一套国学操

告诉你来告诉他，告诉爸爸和妈妈，背诵古诗并不难，蹦蹦跳跳全记下，嘴巴动动请张开，掌声响起来，你背上来我接下我们一起来背吧。

1. 松下问童子，言师采药去。只在此山中，云深不知处。

2. 锄禾日当午，汗滴禾下土。谁知盘中餐，粒粒皆辛苦。

3. 枯藤老树昏鸦，小桥流水人家。古道西风瘦马，夕阳西下，断肠人在天涯。

4. 鸭知春意水轻拍，雁晓冬寒再归来。慈母情牵逐江水，游子思念到碧海。

5. 海上求仙客，三山望几时。焚香宿华顶，裛露采灵芝。

　　屡蹑莓苔滑，将寻汗漫期。倘因松子去，长与世人辞。

6. 慈母手中线，游子身上衣。临行密密缝，意恐迟迟归。谁言寸草心，报得三春晖。

7. 回车驾言迈，悠悠涉长道。四顾何茫茫，东风摇百草。

8. 草长莺飞二月天，拂堤杨柳醉春烟。儿童散学归来早，忙趁东风放纸鸢。

9. 远上寒山石径斜，白云生处有人家。停车坐爱枫林晚，霜叶红于二月花。

10. 花伴成龙竹，池分跃马溪。田园人不见，疑向洞中栖。

11. 七夕今宵看碧霄，牵牛织女渡河桥。家家乞巧望秋月，穿尽红丝几万条。

12. 迢迢千里家书少，暂搁别愁觅古道。忽觉竹动鸣乡音，顿忧阿母屋顶茅。

13. 茅檐长扫静无苔，花木成畦手自栽。一水护田将绿绕，两山排闼送青来。

14. 来客踏清溪，放歌伴玉笛。袖舞晚霞辉，声敲青山碧。

15. 碧玉妆成一树高，万条垂下绿丝绦，不知细叶谁裁出，二月春风似剪刀。

16. 江南可采莲，莲叶何田田。鱼戏莲叶间。

　　鱼戏莲叶东，鱼戏莲叶西，

　　鱼戏莲叶南，鱼戏莲叶北。

第一套国学操

第二套国学操共有《望庐山瀑布》《早春呈水部张十八员外·其一》《竹里馆》《早发白帝城》等 20 首古诗。

第二套国学操

1. 日照香炉生紫烟，遥看瀑布挂前川。飞流直下三千尺，疑是银河落九天。

2. 天街小雨润如酥，草色遥看近却无。最是一年春好处，绝胜烟柳满皇都。

3. 独坐幽篁里，弹琴复长啸。深林人不知，明月来相照。

4. 朝辞白帝彩云间，千里江陵一日还。两岸猿声啼不住，轻舟已过万重山。

5. 山外青山楼外楼，西湖歌舞几时休？暖风熏得游人醉，直把杭州作汴州。

6. 走马西来欲到天，辞家见月两回圆，今夜为知何处宿，平沙万里绝人烟。

7. 烟柳飞轻絮，风榆落小钱。蒙蒙百花里，罗绮竟秋千。

8. 千锤万凿出深山，烈火焚烧若等闲。粉身碎骨浑不怕，要留清白在人间。

9. 健儿须快马，快马须健儿。跸跋黄尘下，然后别雄雌。

10. 迟日江山丽，春风花草香。泥融飞燕子，沙暖睡鸳鸯。

11. 扬子江头杨柳春，杨花愁杀渡江人。数声风笛丽亭晚，君向潇湘我向秦。

12. 秦时明月汉时关，万里长征人未还。但使龙城飞将在，不教胡马度阴山。

13. 山光物态弄春晖，莫为轻阴便拟归。纵使晴明无雨色，入云深处亦沾衣。

14. 一雨池塘水面平，淡磨明镜照檐楹，东风忽起垂杨舞，更作荷心万点声。

15. 生涯不复旧桑田，瓦釜荆篮止道边。日暮榆园拾青荚，可邻无数沈郎钱。

16. 千里莺啼绿映红，水村山郭酒旗风。南朝四百八十寺，多少楼台烟雨中。

17. 终南阴岭秀，积雪浮云端。林表明霁色，城中增暮寒。

18. 寒雨连江夜入吴，平明送客楚山孤。洛阳亲友如相问，一片冰心在玉壶。

19. 湖光秋月两相和，潭面无风镜未磨。遥望洞庭山水色，白银盘里一青螺。

20. 落日清江里，荆歌艳楚腰。采莲从小惯，十五即乘潮。

第二套国学操

第三套国学操共有《登鹳雀楼》《咏柳》《鹿柴》《宿建德江》《黄鹤楼送孟浩然之广陵》等16首古诗以及《三字经》的片段。

第三套国学操

1. 白日依山尽,黄河入海流。欲穷千里目,更上一层楼。
2. 碧玉妆成一树高,万条垂下绿丝绦。不知细叶谁裁出,二月春风似剪刀。
3. 空山不见人,但闻人语响。返景入深林,复照青苔上。
4. 日照香炉生紫烟,遥看瀑布挂前川。飞流直下三千尺,疑是银河落九天。
5. 移舟泊烟渚,日暮客愁新。野旷天低树,江清月近人。
6. 故人西辞黄鹤楼,烟花三月下扬州。孤帆远影碧空尽,唯见长江天际流。
7. 天门中断楚江开,碧水东流至此回。两岸青山相对出,孤帆一片日边来。
8. 两个黄鹂鸣翠柳,一行白鹭上青天。窗含西岭千秋雪,门泊东吴万里船。
9. 黄四娘家花满蹊,千朵万朵压枝低。留连戏蝶时时舞,自在娇莺恰恰啼。
10. 泉眼无声惜细流,树阴照水爱晴柔。小荷才露尖尖角,早有蜻蜓立上头。
11. 远上寒山石径斜,白云生处有人家。停车坐爱枫林晚,霜叶红于二月花。
12. 朝辞白帝彩云间,千里江陵一日还。两岸猿声啼不住,轻舟已过万重山。
13. 横看成岭侧成峰,远近高低各不同。不识庐山真面目,只缘身在此山中。
14. 山外青山楼外楼,西湖歌舞几时休?暖风熏得游人醉,直把杭州作汴州。
15. 寒雨连江夜入吴,平明送客楚山孤。洛阳亲友如相问,一片冰心在玉壶。

16. 西塞山前白鹭飞，桃花流水鳜鱼肥。青箬笠，绿蓑衣，斜风细雨不须归。
17. 人之初，性本善。性相近，习相远。
    苟不教，性乃迁。教之道，贵以专。
    昔孟母，择邻处。子不学，断机杼。
    窦燕山，有义方。教五子，名俱扬。
    养不教，父之过。教不严，师之惰。
    子不学，非所宜。幼不学，老何为。
    玉不琢，不成器。人不学，不知义。
    为人子，方少时。亲师友，习礼仪。
    玉不琢，不成器。人不学，不知义。
    为人子，方少时。亲师友，习礼仪。

第三套国学操

学校音乐、体育组老师合力同行，共同合作为古诗谱曲、录制音乐、创编动作，一套操下来，凝聚了学校艺术组老师的智慧与心血。再由语文老师在各个班级利用晨会、课前三分钟以及班队会、课后等一切可利用的时间教学生吟诵古诗，各班体育老师利用体育课的时间耐心细致地教学生做操。

伴随着动感的节奏，学生边做操，边诵读着脍炙人口、意蕴深远的古诗词，既锻炼了身体，又积累了古诗，达到了文化健身的目的。一学期下来一套国学操的古诗已经背得滚瓜烂熟，三套国学操学生一共积累了41首古诗，还有一些《三字经》的片段。

为了使学生熟练掌握国学操，我校还举办了"国学操"比赛，全校各个班级认真组织，用心训练，各班以最饱满的热情和昂扬的斗志参与比赛，从而达到文化健身，弘扬中华经典，厚德善学的目的。

国学操比赛

（五）挑战国学丰厚底蕴

学校门厅摆放着两台科普智慧云，我们充分利用科普智慧云进行班级之间的国学挑战赛，安排学生利用课余时间去参加古诗词的挑战。诗词挑战赛，极大地激发学生学习国学的热情。

国学挑战赛

（六）诵读展演展示风采

1. 经典诵读展演

学校每年都会开展一次不同主题的经典诵读展演活动，如："诵中华经典 做书香少年""品味中华经典，传承优良传统"经典诵读展示活动，"我们的节日——清明"诗会，"力行教育活动之经典诵读展演""力行教育实践之经典诵读展演"等。

每一次的经典诵读展演活动，先由教研室出具活动方案，班班开展经典诵读活动，再由语文备课组推选表现最好的班级参加学校的展演。每一次的展演都聘请评委评选出一、二等奖，对参加展演获奖的学生在学校"慧海素质评价"平台予以赋星评价。

案例一："诵中华经典做书香少年"经典诵读展演活动

方案摘要：

内容与形式

1. 参加对象：全体学生
2. 诵读范围：经典古诗词、经典家训、近现代经典名篇等。
3. 地点：学术交流中心
4. 时间：2015年12月17日下午第三节课
5. 展示形式

以上述范围为主要内容，以班级、集体诵读为主要形式，同时鼓励编排情景剧、表演诵、配乐诵、对诵等形式。通过正确、流利、有感情地诵读，恰当地诠释经典文化的情韵。

简讯摘要：

中华五千年的悠久历史，孕育了底蕴深厚的民族文化。我校积极推广诵读国学经典，营造和谐的书香校园活动，为了展现诵读的成果，于12月17日在学术交流中心举行了以"诵中华经典，做书香少年"为主题的经典诵读展示活动。

随着主持人一段热情洋溢的开场白，一场别开生面的国学经典诵读拉开了悠悠长卷。一（5）班的小朋友精神抖擞、用稚嫩的童音诵读了

五（3）班的同学正深情地《咏月》

《千家诗》；五（3）班的同学对月感怀，望月兴叹，寄托哀思，表明心志，那精湛的表演令在场的观众引起无限的遐想；三（3）班的同学采用快板的形式来朗诵描写祖国风光的古诗，可谓别具一格，独出心裁；四（6）班的同学诵读了《论语》《道德经》《长征》以及《一九三七年》，他们博古通今，带着现场的观众穿越时空，不仅再现了古代的文明礼仪，还讲述了中国抗日救亡运动发生的故事，令人久久不能忘怀；二（3）班的小朋友则为现场的观众带来了春天的古诗，五彩斑斓的画卷，清脆的声音为温暖的冬日注入春天的气息；最后六（2）班的同学诵读了《将进酒》，声音浑厚有力，气势豪迈，感情奔放，语言流畅，具有很强的感染力。最后，经过评委们认真公正的评判，评比结果如下，一等奖：五（3）班、四（6）班；二等奖：一（5）班、二（3）班、三（3）班、六（2）班。

这次诵读展示中，同学们采用诵经典、唱经典、演经典等丰富多彩的形式，再现了诗文的内容意境，给人以美的享受，彰显了强烈的艺术感染力，引领孩子们在诵读中华经典诗文中感受民族厚重的文化底蕴，提升语文素养，让经典的力量浸润人心。

案例二："品味中华经典，传承优良传统"经典诵读展示活动

方案摘要：

1. 参加对象：全体学生。

2. 诵读范围：以爱国、孝敬、友善、节俭、诚信为主要内容，精选一批古代诗词歌赋、散文札记和现当代名篇佳作、经典诗文歌曲等作为诵读材料。

3. 展示形式：以上述范围为主要内容，以班级、集体诵读为主要形式，同时鼓励编排情景剧、表演诵、配乐诵、对诵等形式。通过正确、流利、有感情地诵读，恰当地诠释经典文化的情韵。

4. 诵读过程可采用配乐、配背景等辅助手段，但要避免喧宾夺主。

简讯摘要：

中华五千年的悠久历史，孕育了底蕴深厚的民族文化。我校积极推广诵读国学经典，营造和谐的书香校园活动，为了展现诵读的成果，12月10日教育教学开放周下午第二节课，我校在学术交流中心举行了"品味中华经典，传承优良传统"经典诵读展示活动。教育督学汤必文老师、家委会主任、副主任以及部分家长参加了此次活动。

随着主持人一段热情洋溢的开场白，拉开了经典诵读的序幕。一（3）班的小朋友身着古代服饰，用稚嫩的童音诵读着《三字经》，他们三字一句，两句一韵，朗朗上口，那声音好似一股清泉在耳边流淌。五（3）班的同学朗诵的是古代圣贤的智慧结晶，孔子及他的弟子的言行以及孟子的思想从他们的口中娓娓道来，在场的观众们感悟着做人的道理。二（3）班的小朋友手持竹简，玉树临风地站着，一副书生模样。他们朗诵的是集中国传统家训、家规、家教之大成的《弟子规》，用婉转流畅的童音为我们展现的是古人教育的故事。六年级同学诵读的是《中国梦——我的梦》，他们诉说着祖国悠久的历史，灿烂的文化，讲述着中国梦的故事。那铿锵的音律，满满的深情，吸引着全场的观众。此时此刻，我们正走进习近平总书记领导下的新时代，共筑中国梦，谱写祖国的新篇章。四（5）班的同学精神抖擞，诵读的是一组爱国古诗。他们气宇轩昂、满怀豪情，生动地再现了《满江红》一诗中壮怀激烈的场景。三（4）班同学一上场便惊艳了时光，引来了阵阵惊叹。统一的民国着装，男孩像思想进步的新青年，女孩温婉秀气灵动。他们的诵读别出心裁，以唱歌的形式演绎了一曲《满江红》，使在场的观众们眼前一亮；他们诵读的爱国诗《我的祖国》展现了爱国志士的爱国情怀。他们的诵读为大家献上了一场视听盛宴。最后，经过评委们认真公正的评判，评比结果如下，一等奖：三（4）班、五（3）班；二等奖：一（3）班、二（3）班、四（5）班、六年段。

通过此次诵读展示活动，同学们诵经典、唱经典、演经典，既品味了中华经典，又感受了爱国情怀，学习了祖国的语言文字，感悟了做人的道理。

二（3）班诵读《弟子规》　　　　三（4）班诵读《我爱你祖国》

案例三："力行"教育实践之经典诵读展演

完整方案：

一、活动目的

开展中华优秀传统文化教育、引导未成年人学习优秀传统文化，提升道德情操，增进家国情怀，培育和践行社会主义核心价值观，培育"力行"精神，建设"书香校园"。

二、活动主题：诵中华经典做书香少年

三、活动时间：2020年12月25日下午第二节课

四、活动组织：

组长：李金禄

成员：卢琳、黄凤英、肖勇明、张婧、王凤莲、张英姿、林珠丹等

五、活动地点：学术交流中心

六、活动对象：全体学生。

七、活动内容与形式：

1. 诵读内容：以爱国、孝敬、友善、节俭、诚信为主要内容，精选一批古代诗词歌赋、散文札记和现当代名篇佳作、经典诗文歌曲等作为诵读材料。

2. 展示形式：以上述范围为主要内容，以集体诵读（8-30人之间）为主要形式，同时鼓励编排情景剧、表演诵、配乐诵、对诵等形式。通过正确、

流利、有感情地诵读，恰当地诠释经典文化的情韵。诵读过程可采用配乐、配背景等辅助手段，但要避免喧宾夺主。

3. 以年段为单位，全校一至六年段每个备课组编排一个朗诵节目。

4. 时间控制在 5 分钟左右。

5. 诵读过程可采用配乐、配背景等辅助手段，但要避免喧宾夺主。

八、活动时间安排：

1. 分散背诵时间：自下发本方案之日起至展示前，要求学生把应背诵的内容全部背熟。

2. 分散排练阶段：展示的班级或年段集中排练。

九、奖项设置

我们将根据经典诵读展示的情况评出一等奖两名、二等奖四名。

完整简讯：

一（1）班小朋友诵读《三字经》

中华五千年的悠久历史，孕育了底蕴深厚的民族文化。为了展现我校国学教育成果，12月25日教育教学开放周下午第二节课，我校在学术交流中心举行了"力行"教育实践之经典诵读展演，教育督学汤必文老师、兄弟学校的教师代表和本校教师共80余人参加了此次活动。

一（1）班的小朋友身着古代服饰，手拿书卷，用稚嫩的童音诵读着《三字经》，他们三字一句，两句一韵，朗朗上口，那声音好似一股清泉在耳边流淌。二（3）班的小朋友带来的是《江南》，他们手持轻罗小扇，穿梭流连在荷叶丛中，欢快的步子，如花的笑靥，展现了采莲人的热闹欢乐场面，让人仿佛听到采莲人的欢笑声。三（2）班的同学诉说着祖国悠久的历史，灿烂的文化，并展望未来，立志装点祖国的万里大花园。那铿锵的音律，满满的深情，展现了《中华少年》的雄姿。四（4）班同学展演的是《百善孝为先》，他们深情地吟诵，使人感受到"孝"的文化魅力。六（5）班的同学带着大家在古韵古风中流连，诵读流传千古的美文，做诗意的少年。最后，经过评委们认真公正的评判，评比结果如下：一等奖三（2）班、二（3）班；二等奖：六（5）班、四（4）班、一（1）班。校长为获奖班级颁发了奖状，并对此次经典诵读展演做了高度的评价。

此次"力行"教育活动之经典诵读展演，是力行教育思想的一次实践。活动虽然结束了，但中华经典诗文的铿锵音韵还在我们耳边回响，中华经典诗文的千古风韵还在我们心头荡漾。相信以本次活动为契机，我校吟诵经典的氛围将更加浓厚，让我们把经典诵读融入每一天，让经典滋润心灵，让校园溢满书香！

二（3）班同学带来的《江南》

四（4）班深情吟诵《百善孝为先》

2. 承办大型诵读展演

学校多次承办县、市级经典诵读展演活动和大型诗会活动。如：2013年12月20日，承办了"明溪县经典诵读活动"2014年6月，承办市级"做一个有道德的人——中华经典诵读"展演活动；2017年9月，承办三明市第20

届全国推普周启动仪式；2018 年 4 月承办县文明委举办的"清明诗会"等。

每次接到展演的任务，学校都特别重视，成立了以校长为组长，副校长为副组长的活动领导小组，商讨并制定具体方案，小组成员贯彻实施，在大家的齐心协力、合力同行下，展演得到顺利完成，广受各级领导好评。

案例一：承办"明溪县经典家训诵读活动"

方案摘要：

一、活动目标：

1. 传承中华文化

通过诵读家训活动的开展，让学生与家训为友，与大师对话，寻根问祖，感受民族文化源远流长，诛子百家思想博大精深，获得古圣先贤的智慧之光。

2. 熔铸光明伟岸的道德人格

与圣贤相伴，与经典家训同行。在诵读家训中潜移默化，培养仁义敦厚的性情，自信自强的人格，感恩图报的品质，懂得在家尽孝、于国尽忠。

3. 推进素质教育

诵读家训可以使从经典家训中汲取中华民族的精髓，启迪思想、塑造心灵，培养心智，将良好的习惯自觉地践行在日常的生活中，进一步推进我校素质教育，构建书香校园。

二、活动主题：

诵读经典家训，培育文明新风

三、领导机构：

组长：李金禄

副组长：余华

成员：李传锋、罗梅兰、王秀琴、冯秀莲及各班主任

四、活动时间：2013 年 12 月 20 日

五、活动地点：多媒体教室

六、活动形式：

通过诵读、快板、讲故事、观看家训故事等方式来展现风采，以经典润泽心灵。

1. 观家训：通过观看家训故事，使学生获得直接的情感体验。

2. 诵家训：选取适当的家训，大声地诵读，并使之音韵和谐，抑扬顿挫。

3. 说家训：通过快板的形式，说《范文正公家训》。

4. 讲家训：通过讲家训故事《断机喻学》，让学生理解古人教育孩子的方法。

5. 谈收获。

七、活动过程：

（一）故事"断机喻学"。

（二）快板《范文正公家训》。

（三）读《林则徐家训》吗？既"十无益格言"。

（四）观看视频《岳飞刺字》。

（五）欣赏歌曲《满江红》（视频）。

（六）诵读：《弟子规》。

（七）说家训，谈感受。

（八）观看《曾国藩家训——立志篇》视频2.37分钟欣赏歌曲《一代风流曾国藩》视频4分钟。

（九）请领导讲话。

简讯摘要：

2013年12月20日，明溪县委文明办、县教育局及明溪二实小联合举办的"明溪县经典家训诵读活动"在第二实验小学"学术交流中心"隆重开展。

参加本次活动的人员有县委文明办副主任张光堂、县方志委副主任罗兴东、县妇联副主席叶倩、县教育局宣教股股长李仕坤及城区各中小学校分管德育工作的领导。

本次诵读活动丰富多彩，同学们通过朗诵、快板、讲故事、观看家训故事、谈感悟等方式来展现风采，以经典家训润泽心灵。活动在两位小主持人张炫和吴优的满怀激昂的主持中拉开序幕，接着由五（4）班的赖紫瑶同学讲家训故事《断机喻学》，

五（1）班同学快板诵读《范正文公家训》

让学生理解古人教育孩子的方法；五（1）班的学生代表通过快板的形式诵读《范文正公家训》；五（3）班的同学们边演边诵《弟子规》；五（2）班诵读了《朱熹家训》，音韵和谐，抑扬顿挫。最后大家观看家训视频——《岳飞刺字》，影片展现了岳母教子精忠报国的情怀，大家从这首气势磅礴的《满江红》歌曲中了解了一位民族英雄的气概。

此次家训诵读活动，使学生从经典家训中汲取中华民族的精髓，启迪思想、塑造心灵，并将良好的习惯自觉地践行在日常的生活中，进一步推进明溪二实小素质教育的发展，构建和谐书香校园。

方案二：承办三明市"做一个有道德的人——中华经典诵读"展演活动完整方案：

一、活动意义

通过开展经典诵读活动，使全体学生学会正确处理人与人、人与社会、人与自然之间的关系，学会建立互相尊重、互相关怀、互相照顾、互相合作的人际关系，形成爱父母、爱祖国、爱人类、爱自然、爱生命的思想情感，从而不断提升伦理道德和文明素养，提升传统文化的涵养。

二、活动主题

做一个有道德的人

三、活动领导小组

组长：李金禄

副组长：余华

成员：杨锦智、罗梅兰、李琴、黄凤英、叶懿行、李晓雁、陈小娟、张英姿以及各年段长。

四、展演观摩活动时间和地点

时间：2014 年 5 月 30 日

地点：明溪县第二实验小学体艺馆

五、诵读内容

诵读的内容选自中华经典，有关励志、爱国、惜时、亲情、好学等方面的诗文和中外名篇、当代美文，如：古诗、童谣、家训等。

六、表演形式

采取个人诵读、两人对诵、多人合诵、集体诵读，结合曲艺、歌舞、情景剧等多种艺术表现形式。

七、诵读过程

（一）合唱《少年强国梦》。

（二）诵读古诗《春居》。

（三）童谣《春芽》。

（四）古诗新唱。

（五）朱熹家训。

（六）朗诵《祝福祖国》。

（七）两人对诵《书香梦少年梦中国梦》。

（八）古诗韵律操。

完整简讯：

6 月 18 日，三明市委文明办、三明市教育局、明溪县文明办、明溪县教育局以及明溪县第二实验小学联合举办的三明市"做一个有有道德的人——中华经典诵读"展演活动在明溪县第二实验小学体艺馆隆重举行。

五年段表演《咏雪》

参加本次活动的人员有市委文明办副主任陈里平，市委文明办未成办主任，市教育工委宣传部部长、市教育局思政科科长谢群，县委宣传部部长戴玲玲，县文明办主任陈建平以及教育局局长唐福华和城区各中小学校分管德育工作的领导。县文明办主任陈建平在展演活动上致了辞，她首先肯定了我校近年来经典诵读活动取得的成就，并对我校今后的诵读活动提出了希望。

展演活动在五年级的《咏雪》中拉开了序幕，他们一出场便惊艳全场，他们的诵读字正腔圆，气宇轩昂，激情飞扬，博得了全场热烈的掌声。二年段的《追月》既有清新儒雅的低吟浅唱，又有慷慨激昂的豪情壮志，表现了人类对月的向往以及科技进步之后对月的探索，同时也蕴含着我校科技永远腾飞，少年振兴祖国之意。三年段表演的古诗韵律操节奏感强，动作到位、整齐划一，令人振奋人心，给人以赏心悦目的感觉。一年段的孩子可爱活泼，她们表演的《悯农》灵动、跳跃，将古诗的意境表现得淋漓尽致，令人眼前一亮。最后，诵读展演活动在大合唱《少年中国梦》与我校校歌《幸福港湾》中结束。

这几年来，我校始终将经典诵读活动作为我校的办学特色之一，全体语文老师利用晨会课、语文课前三分钟以及阅读课等时间指导学生采用多种形式诵读，让中华民族传统美德和民族精神深深融入每一个学生的心灵。

今天的中华经典诵读展演活动虽然结束了，但中华经典诗文的铿锵音韵还在我们耳边回响，中华经典诗文的千古风韵还在我们心头荡漾。我校将继续引领孩子们诵读中华经典诗文，感受民族厚重的文化底蕴，提升语文素养，让经典的力量浸润人心，做一个有道德的人。

案例三：承办纪念中国共产党成立 95 周年暨红军长征胜利 80 周年经典诵读展示活动

完整方案：

中华源远流长的经典诗文是中国古代文学的精华汇聚，是历史长河中经久不衰的瑰宝。诵读中华经典美文对陶冶学生的情操，培育学生的民族精神，奠定文化根基，提高语文素养显得至关重要。根据三明市教育局《关于开展纪念中国共产党成立 95 周年暨红军长征胜利 80 周年诵读活动的通知》（明教体〔2016〕185 号）精神。我校将开展纪念中国共产党成立 95 周年暨红军长征胜利 80 周年诵读活动。现将有关事项通知如下：

一、活动目的：

全面贯彻落实党的十八大和十八届三中、四中、五中全会精神，深入学习贯彻习近平总书记系列重要讲话精神，通过开展诵读活动，着力宣传以爱国主义为核心的伟大民族精神，激发师生"铭记历史、缅怀先烈、珍视和平、开创未来"的强烈愿望，引导广大师生坚定不移走中国特色社会主义道路，紧密团结在以习近平同志为核心的党中央周围，为实现"两个一百年"奋斗目标、实现中华民族伟大复兴的中国梦而努力奋斗。

二、活动主题：手拉手诵经典

三、活动组织：

　　　　组　长：李金禄

　　　　副组长：卢　琳　　李　琴　　官水生　　余　华

　　　　成　员：黄凤英　　叶　芳　　王凤莲　　林珠丹　　方容梅

　　　　　　　　李丽英　　尤志蓉　　李婉莹　　曾桂招　　张丽华

四、活动地点：学术交流中心

五、活动时间：2016 年 10 月 27 日下午第二节课

六、内容与形式：

1. 参加对象：全体学生。

2. 诵读范围：一、二年段可经典古诗词、经典家训、近现代经典名篇等。三至六年段的诵读篇目要体现纪念中国共产党成立95周年暨红军长征胜利80周年的内容（或至少有一篇），诵读作品可以是中外名篇名作或自创作品，诵读形式不拘一格，以充分体现作品内涵、特色鲜明为佳。

3. 展示形式：以上述范围为主要内容，以班级、集体诵读为主要形式，同时鼓励编排情景剧、表演诵、配乐诵、对诵等形式。通过正确、流利、有感情地诵读，恰当地诠释经典文化的情韵。

4. 诵读过程可采用配乐、配背景等辅助手段，但要避免喧宾夺主。

完整简讯：

中华五千年的悠久历史，孕育了底蕴深厚的民族文化。我校积极推广诵读国学经典，营造和谐的书香校园活动，为了展现诵读的成果，于10月27日在学术交流中心举行了"手拉手，诵经典"纪念中国共产党成立95周年暨红军长征胜利80周年经典诵读展示活动。明溪县妇联副主席付莉丽，县妇女儿童活动中心陈春香主任，县科协办公室主任江建英，县教育局宣教股肖德清副股长和明溪县第二实验小学李金禄校长以及150名学生和部分家长参加了活动。

随着主持人一段热情洋溢的开场白，一场别开生面的经典诵读拉开了悠悠长卷。二（2）班的小朋友精神抖擞、用稚嫩的童音诵读了《古诗》；一（3）班的同学三字一句，两句一韵，将《三字经》诵读得节奏分明，富有韵律感；五（4）班的同学为我们朗诵了《中华少年》，那铿锵的音律展现了新时代中华少

一（3）班小朋友诵读《三字经》

年热爱祖国、报效祖国的满怀豪情;三(3)班的同学则为现场的观众朋友唱上了一曲《党的赞歌》;四年段的一上场,整齐的服装、轩昂的气势便令现场的领导、老师、同学们惊叹,他们诵读了一组《爱国组诗》,博古通今,展现了爱国志士的爱国情怀,表达了对祖国繁荣富强的祝福;最后六年段的同学为在场的观众献上了一场视听的盛宴《党是阳光我是花》。最后,经过评委们认真公正的评判,评比结果如下,第一名:四年段;第二名:六年段;第三名:五(4)班;第四名:一(3)班;第五名:三(3)班;第六名:二(2)班。县里的嘉宾为我校获奖的同学颁发了奖状和奖品。

这次诵读展示中,同学们采用诵经典、唱经典、演经典等丰富多彩的形式,再现了党的历史,重温了长征精神,给人以美的享受,彰显了强烈的艺术感染力,引领孩子们在诵读中感受民族厚重的文化底蕴,提升语文素养。

三(3)班同学献上一曲《党的赞歌》

案例四:承办"三明市第20届全国推普周开幕式"

方案摘要:

(一)时间:9月11日(周一)上午9:00开始。

(二)地点:明溪县第二实验小学体艺馆。

(三)开幕式议程

主持人:唐福华(明溪县教育局局长)

1. 县政府分管副县长蔡丽青致欢迎辞;

2. 市政府副市长、市语委主任张文珍讲话;

(四)明溪县师生语言文化艺术展示:

主持人:杨千与

1. 诗朗诵：《作为教师的我们》——城关中心小学教师表演
2. 儿童故事：《留守大山的孩子》——实验小学李欣楲同学表演
3. 经典诵读：《我骄傲我是中国人》——实验小学学生表演
4. 配乐表演：《七子之歌》——城关中学演出
5. 配乐诗朗诵：《青春的歌》——城关中学表演
6. 三字经：《诗礼中华》——第二实验小学表演

（五）百人书写大赛：（实验小学30人、第二实小40人、城中30人）

（六）师生作品展示

（七）市、县领导接受媒体记者采访

简讯摘要：

9月11日上午，由三明市语言文字工作委员会、三明市教育局主办，明溪县教育局、明溪县语言文字工作委员会办公室承办的第二十届全国推普周启动仪式在明溪县第二实验小学体艺馆隆重举行。市政府及相关部门领导、明溪县语委成员单位领导，及明溪县城区各中小学校校长及各校的教师、学生代表参加了启动仪式。

本次的启动仪式分三项议程：第一项是市县领导为这次推普周启动仪式致辞。市政府办调研员吴小士在致辞中强调，推广普通话，是关系到国家统一、民族团结、文化传承和社会进步的基础工程，是社会主义物质文明和精神文明建设的重要组成部分。第二项是进行文化艺术展示。明溪城区各中小学的师生们围绕推普周"大力推广和规范使用国家通用语言文字，自觉传承弘扬中华优秀传统文化"的主题，先后展演了《作为教师的我们》《诗礼中华》《我骄傲我是中国人》《七子之歌》《诗之韵》和《青春的歌》等积极向上、时代特色鲜

百人书写大赛

明的经典诗文节目，彰显了普通话在传承优秀文化、弘扬核心价值、消除语言障碍、增进人际沟通等方面的重要作用。第三项是进行百人书写大赛。大赛中百名学子同场挥毫泼墨，对继承中华优秀传统文化产生了积极影响。

通过这次活动，促进广大师生更深入认识到说好普通话、写好规范字是热爱我们伟大的祖国、增强民族凝聚力的重要方式。同时，引导青少年更加全面地认识中华民族的优秀传统文化和华夏文明。

案例五：承办明溪县清明主题诗会暨"网上暨英烈"签名寄语活动启动仪式

活动通知：

一、活动主题

深入学习宣传贯彻党的十九大精神，围绕立德树人根本任务，以"缅怀革命先烈·争做时代新人"为主题，通过组织瞻仰宣誓、祭扫献花、慰问帮扶烈士家属等活动，引导未成年人学习党史国史和英模事迹，感知幸福生活来之不易，继承先烈遗志、传承红色基因、弘扬优良传统。

二、活动内容

(一) 积极组织未成年人登录福建文明风、三明文明网等网站开设的专题、专栏或专门网页，在网上学习党史国史、红色文化和英模事迹，了解民族优秀传统文化和革命传统，向革命先烈鞠躬献花、写感言寄语。

(二) 广泛组织开展以"缅怀革命先烈·争做时代新人"为主题的征文演讲、诗歌朗诵、文艺演出、主题班队会、团日活动；组织瞻仰宣誓、祭扫献花和"美丽家园、美好生活"家园清洁行动；开展编撰"清明"节日小报，撰写"清明"小博客，慰问帮扶复退军人和烈士家属活动。

三、活动安排

(一) 举办"清明祭英烈"启动仪式。4月3日下午2：50，在县第二实验小学举办明溪县2018年清明"缅怀先辈·继往开来"主题活动。届时，请县委文明办、县教育局、团县委、县妇联、县关工委分管领导和城区各中小学校分管德育工作的领导于4月3日下午2：40前到县二实小参加活动。

（二）开展网上学习祭扫活动。3月29日至4月7日，清明期间，三明文明网将开设"缅怀革命先烈·争做时代新人"清明祭英烈专题，刊登各地活动信息。各学校要认真做好"网上祭英烈"活动的宣传发动工作，积极组织中小学生登陆福建文明风（网址：http：//wmf.fjsen.com/node_170975.htm）、三明文明网等相关网站和福建日报手机报客户端"新福建"参与网上祭奠活动，在网上向先贤先烈鞠躬献花，抒写感言寄语。

教育、团委、妇联、关工委等部门要运用和推广手机客服端参与活动。"新福建"手机客户端参与方式：通过手机应用市场或浏览器，搜索"新福建"下载，或扫描二维码（右图），下载《新福建》客户端，参与活动。

（三）开展实地祭扫活动。按照就近就便、形式多样原则，组织学校青少年到红色旅游景区景点、革命战争纪念地、重大战役发生地特别是红军长征出发地纪念碑、抗日战争遗址遗迹以及烈士陵园、烈士墓地祭扫、献花和宣誓，以实际行动表达对革命先烈的感恩怀念，礼敬先烈先辈，培养爱国情感。

（四）开展编撰"清明小报"活动。由妇联牵头发动家长和孩子以制作"清明节日小报"为主要载体，以"体验感悟"为活动重点，深入挖掘清明节的深厚文化内涵，引导广大未成年人认知传统、尊重传统、继承传统、弘扬传统。

附件：关于举办明溪县
2018年清明"缅怀先辈·继往开来"主题活动的通知

为了广泛发动和组织全县未成年人参与"清明祭英烈"主题教育实践活动，县委文明办、县教育局、团县委、县妇联、县关工委决定联合举办明溪县2018年清明"缅怀先辈·继往开来"主题活动。现就活动有关事项通知如下：

一、活动时间、地点

2018 年 4 月 3 日（星期二）下午 2：50，明溪县第二实验小学礼堂。

二、参加人员

（一）县委文明办、县教育局、团县委、县妇联、县关工委领导各 1 人；

（二）城区各中小学校分管德育工作的领导各 1 人（由县教育局负责通知）；

（三）县第二实验小学师生代表。

三、活动内容

（一）学生代表宣读倡议书；

（二）观看节目表演；

（三）县委文明办领导讲话；

（四）学生代表到电脑教室进行网上签名寄语。

四、有关事项

（一）请参加县启动仪式的人员于 4 月 3 日下午 2：40 分到县第二实验小学参加活动。

（二）请县二实小做好各项准备工作，有关文字、图片材料于 4 月 9 日报县委文明办未成办。

简讯摘要：

为深入贯彻落实党的十九大精神和习近平新时代中国特色社会主义思想，深化"中国梦"学习教育，培育和践行社会主义核心价值观，按照中央、省、

大合唱《中华孝道》

诗朗诵《缅怀革命烈士》

市、县的工作部署，2018年4月3日下午，我校承办了"缅怀先烈·继往开来"明溪县清明主题诗会暨"网上祭英烈"签名寄语活动启动仪式。

此次活动，共有四项议程。第一项议程：县委文明办主任陈建华讲话，她提到作为一个中国人要继承光荣传统，培养高尚道德情操和浓厚爱国情感；学校要精心组织，要发挥"中国梦"的主题活动，以少先队组织优势，开展主题团队活动；要把"网上祭英烈"活动作为学校的重要内容，动员家长孩子共同参与、共同祭奠。第二项议程：少先队员代表原泉同学宣读倡议书。第三项议程："我们的节日·清明"主题诗会表演，节目有诗朗诵、歌伴舞、大合唱等7个节目，如今，我们的祖国正以繁荣而富强的崭新面貌，屹立于世界东方，各单位以表演的形式，表达了对先烈的敬仰感恩之情，告慰先烈的英灵。最后一项议程：观看学生网上签名寄语。向全县中小学生发出踊跃参加"网上祭英烈"活动的倡议，在网上向英烈献花、鞠躬和留言寄语，并表达了时刻准备着，为共产主义事业而奋斗的志向。

本次活动以"缅怀先烈·继往开来"为主题，突出立德树人，深化"我的中国梦"主题教育实践活动，引导未成年人慎终追远、缅怀先辈，铭记革命先烈光荣事迹。

3. 网络经典诵读活动

除了大型经典诵读展演，2020年疫情期间，我们还通过网络举行线上的经典诵读比赛。教师通过微信、钉钉等对学生进行一对一、点对点的指导，学生录制个人诵读视频，参加展演活动。如："共抗疫情爱国力行"网络经典诵读展演活动，校园"小小朗读者"比赛等，"美好生活、劳动创造"诵读交流活动等，通过网络的方式为孩子们提供展示的平台。

案例："共抗疫情爱国力行"网络经典诵读展演活动

方案摘要：

1. 诵读内容：抗击疫情、爱国的诗文或者缅怀先烈的诗文作为朗诵材料。

2. 展示形式：以上述范围为主要内容，可以个人诵读、两人对诵、也可以亲子诵读，同时鼓励编排情景剧、表演诵、配乐诵等。录制成视频的形式，可用手机录制，时长不超过三分钟。

3. 以年段为单位，全校一至六年段每个年段于3月21日前择优上交3个以上作品，上交的作品中既要有抗击疫情的，也要有缅怀先烈的。

4. 诵读过程可采用配乐、配背景等辅助手段，但要避免喧宾夺主。

简讯摘要：

山川异域，风雨同天。新冠疫情仍在全球肆虐，战"疫"仍在继续。为了进一步弘扬优秀传统文化，使国学经典文化根植于孩子心中，我校在线上开展了"共抗疫情爱国力行网络经典诵读"展演。

活动前，各班精心准备，老师们各显身手，运用各种手段、各种APP引导学生练习朗诵，为孩子们架起学习的空中桥梁。

老师们针对具体情况，通过微信、电话、钉钉等进行一对一、点对点的指导。隔着屏幕也有爱，暖心的话、精准的指导提升了同学们的自信心，朗诵水平、朗诵能力得到提高，录制出优秀的经典诵读作品。

他们有的饱含深情，朗诵了抗疫英雄的事迹，有的朗诵了歌颂白衣战士的诗文，有的朗诵了缅怀先烈的诗歌，还有的朗诵了爱国的诗歌，在朗诵中他们向英雄致敬、向先烈学习、为中国加油！为武汉加油！

此次共收到网络经典诵读作品46个，经过评审小组认真、细致的评审，评选出了一等奖作品11个，二等奖作品19个。"共抗疫情爱国力行网络经典诵读"活动是我校力行教育思想的又一次实践。活动中，同学们身体力行，通过经典诵读表达了对抗疫英雄、白衣战士以及先烈们的敬佩，对祖国的热爱，传承了中华民族的优良传统。

4. 开展古诗词教研活动

为了提高教师的古诗词教学水平，我校加强了古诗词的教研，并结合教育教学开放周、片区活动以及省教育教改示范性建设学校项目阶段汇报和成

古诗词教学

果展示的契机，执教古诗词的教学公开课，并进行认真的研讨。如：2018年4月24日，在我校举办的"福建省义务教育教改示范性建设学校"项目阶段汇报和成果展示活动，教研室黄凤英主任围绕学校校本课程《国学教育读本》进行了一组田园诗诵读的课堂教学展示。黄主任以《诗中田园情》为课例展示了我校在引导学生"诵读国学经典，传承中华文化"的教学缩影。整节课巧导妙引，引领学生读古诗、明诗意、想画面、悟诗情学习了《归田园居》《田园乐》《绝句》三首古诗。通过形式多样的诵读，如：自由读、配乐读、打节奏读、师生配合读、小组合作读、唱古诗等方法，大大激发了学生诵读古诗的兴趣，学生在古诗中穿梭流连，感受田园之美，环环相扣，层层推进，在快乐的氛围中受到中国经典田园类诗歌美的熏陶。课后，进行了互动点评。与会老师围绕课堂实际，各抒己见，她们既充分肯定了我校古诗词教学方面取得的成效，又中肯地提出了自己的建议与思考。

（七）取得成果

在全校师生的合力同行下，我校的国学教育活动取得初步成效，经典诵读作品多次获得县市级表彰；学生的注意力、记忆力得以增强，语文素养得到提高。

在全国"清玄杯"公益朗读大会活动中，5人获得全国三等奖，多人次获得"优秀朗读者"称号。在"美好生活，劳动创造"征文与朗诵视频征集活动中，两名学生的征文获得全国二等奖，一名学生的征文获全国三等奖；在选送的朗诵视频中，两位同学的作品获福建省朗读交流展示三等奖。在第三届《致敬时代先锋——小小朗读者大赛》中，我校8位选手获得县级一、二等奖；市级赛中，一名选手获金奖，4名选手获银奖。我校的经典诵读作品《党是阳光我是花》《花之韵》分别获得县级一、二等奖。教师陈思璐的诗歌朗诵作品《长征颂》获县级教师组二等奖。舞蹈《家训伴我成长》获县级小学组一等奖；合唱《中华孝道》获县级小学组一等奖；舞蹈《书声朗朗有道德》获市级小学组三等奖；诵读作品《诗词大观芳华千载》获市级三等奖。

通过国学诵读，学生的记忆力得到增强，语文能力得到提高，写作水平得到提升。近几年来，学生参加全国汉语作文等级评价共有191人次获奖；参加省级青少年写作大赛有5人获奖，1人获省级演讲比赛二等奖；24人在市级作文、演讲比赛中获奖；有27人在县级作文、演讲比赛中获奖。在"爱国心报国情强国志"征文活动中，我校有三位学生的征文上了学习强国。

第三节 体艺教育活动

学校体育教学是德育教育的重要途径和方式，是对学校德育工作的强力补充和加强。学校体育教育对于实施素质教育，培养学生的爱国主义、集体主义精神、促进学生德、智、体、美、劳全面发展具有重要的意义。通过课程的学习，学生将掌握学校体育的基础知识、基本技能与方法，增强体能；学会学习和锻炼，发展学校体育实践和创新能力；同时培养学生自尊、自信、不怕困难、坦然面对挫折坚强的意志品质和服从组织、遵守纪律、诚实机智、积极进取的品质。

一、明确体育教学的育人特点

体育是一门以身体练习为主要手段的实践性非常强的一门学科，其特点是寓教育于体育活动中，同其他学科比较具有明显的优势和得天独厚的条件。学校体育的教学、活动内容，具有广泛的、较强的思想性和丰富的教育因素，它处处与人的思想道德、意志品质紧密地联系在一起。学生的各种思想意识和言行等一般不是表现在口头上，而是从他们的实际行动中表露出来的。而体育教学不同于其他学科的一个显著特点，主要是通过各种身体练习和活动进行的，一般在操场上进行，具有活动空间大，扰动因素与突发事件多的特点，学生的个性差异与行为特征容易暴露，各种思想随时都可以表现出来，只要教师把德育教育贯穿在课的全过程，根据学生反映出来的言行，及时并有针对性地进行德育渗透，既具体又实际，其效果是有些学科所不及的，容易收到事半功倍的效果。

二、落实体育教学的育人措施

体育与德育都是学校素质教育的重要组成部分，学校领导、老师要积极发掘两者之间内在的联系，想方设法寓德育工作于体育教学之中，才能把学校的德育工作推上一个新台阶。

学校体育包括体育教学、体育活动、各类体育比赛。因此，体育育人模式应该由课内向课外延伸，校内外体育活动丰富多彩。让每一个孩子爱运动，促进学生独立进行科学锻炼，培养学生的终身体育锻炼的意识，提高学生的体育素养。在学校体育中体育教学中尽可能地渗透德育。如：在常规体育课教学中渗透"严明组织纪律性"的教育；在体育健康课教学中渗透心理健康教育，减轻学生的心理负担，让他们心情愉悦的学习；利用体育比赛活动进行团队精神、耐心、毅力、意志、信心、集体主义精神等教育。

（一）发挥教师表率的育人作用

身教重于言传，教师本身就是教育内容的体现者和表现者，在教与学的过程中，教师的思想品德、言谈举止都会对学生产生深刻的印象、起到潜移默化的影响。教学中，教师应根据教材内容和教学中出现的具体问题，抓住时机，恰当运用生动和教育性语言、多样的教学方法，把美好的思想与高尚的情操、优良的品质传授给学生。为此，教师要加强自身的修养，严于律己、为人师表，要以良好的师德、精湛的技艺去教育启迪学生，赢得学生的尊敬和信赖，在学生心里树立良好的形象和威望。教师时刻注意对学生的言传身教，用自己的模范行动为学生树立表率，这样，学生就会产生巨大的向心力，德育教育才能收到最佳的效果。

（二）发挥组织教学的育人作用

课堂常规是中学体育教学的基本要求，体育课堂常规教育的过程也就是向学生进行文明礼貌、组织纪律、思想作风的教育过程。教师应严格执行课堂常规教育，制定出各种严格的制度，加强组织纪律性，以保证体育课的正常进行。

坚持每堂课的师生问好仪式，可以培养尊师爱生的意识和师生间的亲切感。关心学生，是师德的重要表现，师生之间互相理解，感情相融，尽量缩小心理上的距离，思想品德教育才能收到好的效果。其次，严格队列练习，培养良好的组织纪律性。在练习中，教师提出要求：学生做动作时，要时刻想着大家是一个整体，按照口令做到步调一致、精神抖擞，如果一个人的动作错了，就会影响到整个班级的精神面貌。通过这一常规要求，我们不仅有针对性地培养了学生遵纪守法的自觉性，而且进一步增强了学生的集体荣誉感，使学生做到动作整齐一致，既达到了体育课的要求，又使学生在一个严而有度的良好环境中上好体育课。

（三）发挥教学内容的育人作用

体育教学的内容很广泛，不同的教材有不同特点，教师应针对不同的教材特点和教学内容制定出不同的德育渗透计划、任务。

1. 结合教学，介绍我国体育发展史、体育成就和为振兴我国体育事业奋斗的运动员、教练员的事迹，对学生进行爱党、爱社会主义和爱祖国的教育。

（1）我国具有悠久的体育发展史，古代劳动人民创造了灿烂的体育文化，形成了中华民族辉煌灿烂的体育发展史。在教学中应充分利用这些内容，激发学生的民族自尊心、自豪感和爱国热情。

（2）中国体育的近现代史同我国近现代史一样是一部屈辱史、血泪史。从旧中国的体育屈人胯下，被称为"东亚病夫"，到新中国成立后，我国在各种国际大赛中日益崛起,展示出中国这一东方巨人的拼搏精神面貌。利用这方面的教育使学生更深刻地认识到只有在中国共产党的领导下,在社会主义制度下,中国的体育事业才能蓬勃发展,中华民族才能屹立于世界强国之林。

(3) 用中国健儿为了祖国荣誉奋勇拼搏的事迹去感染、激励学生。

2. 短跑教学。在起跑教学前着重讲明起跑在品德上的要求——实事求是。在规则上的要求——必须听到枪声响后才能起动,而绝不能猜口令,存在侥幸心理而采取投机行动"抢跑",有意识地培养学生精力集中的习惯和实事求是的品德。

3. 耐久跑教学是培养学生顽强意志品质的良好时机。现在的学生大多生活条件比较优越,多数学生缺乏艰苦的锻炼,怕长跑、怕吃苦的比较多。教师在教学过程中要认真进行思想教育,深入了解情况,从严要求,有意识培养他们吃苦的精神,让他们在实践中得到锻炼。如针对中长跑练习中的"极点"现象,告诉学生科学训练的方法,安排适宜的跑速、距离等;对于意志薄弱的学生或落在后面的学生,教师及时指导和启发学生发扬"拼搏精神",以增添精神力量,鼓励学生勇于克服困难,战胜困难,磨炼意志,培养学生勇敢顽强和坚韧不拔的意志品质。

4. 跳跃、障碍跑或支撑跳跃等项目的教学中,提高器械的高度,加长起跳的距离,肋木、平梯上的爬上、行走、跳下,爬杆时从顶部半握的滑落,可培养学生勇敢、果断、自信和克服困难的优良品质。教师充分把握时机为他们创造一种能发挥才能的良好环境,不拘泥于动作规范,让学生以自己的方式充分自由行动,反复去尝试成功或失败的滋味。当学生成功时,教师应给予鼓励的话语,投去赞赏的目光,并提出更高、更难的目标,让他们尝试新的挑战。

5. 在田径、体操、球类、武术等教学中,蕴含着丰富的集体主义教育内容,教师在组织教学过程中,应不失时机地进行集体观念和集体主义教育,使学生明白团结就是力量,团结就是胜利的道理。具体实践中,多让学生参与游戏、竞赛的设计，让学生为胜利献计献策，使每一位学生都成为组织者、参与者和鼓动者。在参与活动过程中，较好地学会自尊自爱、诚实公正、宽厚待人等良好品质，培养主人翁意识、团队认同感、集体荣誉感、社会责任感和使命感。

（四）发挥自主体验的育人作用

合理地选择和运用组织教法，对学生进行思想品德教育十分重要。教师要善于把学生的心理活动和身体活动、意识和行为结合起来，利用体育课程组织教法中的各个环节对学生进行教育。如体育课教学主要在室外进行，受自然环境影响较大，冬天的寒冷、夏天的炎热、风吹日晒，恰恰是对学生意志品质的考验，能提高他们对自然环境的适应能力。通过队列、队形的练习，培养学生动作迅速整齐、严格遵守纪律的良好习惯；通过组织学生布置场地、借还器材，教育学生爱护场地器材和正确使用场地器材，培养学生热爱劳动和爱护公物的品德；科学合理的分组教学，特别是分组轮换教学时，要培养体育骨干的组织能力；提倡认真观摩、学习别人长处，热情帮助、保护同伴改进技术的好作风。这样既有利于提高练习质量，又有利于培养学生自觉遵守纪律、团结协作、互相帮助的优良品德。

（五）发挥课堂生成的育人作用

体育教学中，学生活动空间大，对外界的干扰容易表现出各种不同的情绪和行为，偶发事件时有发生。同时，体育教学常以对抗性练习和教学比赛的形式出现，学生与学生之间，集体与集体之间的协作、对抗较多，经常磕碰。教师要做教育的有心人，随时注意观察学生的一切行动和表现，及时抓住课堂中的偶发事件，因势利导，态度鲜明而又迅速地进行处理。在教育学生时，以正面教育为主，语言要严肃诚恳，以理服人，切忌简单粗暴，讽刺挖苦。面对偶发的不良事件则指出要害，给予适当的批评又能提高学生对是非的判别能力。

体育课同别的课程一样，有优秀学生，也有学习困难学生，他们在学习过程中，难免存在畏难情绪，特别是在跳高等动作难度较大的练习中更为突出。他们既有身体素质和技术问题，也有胆怯、怕苦、怕难等心理，教师应该把握时机，针对各种不利于学习的心理，有的放矢地进行教育。当他们胆怯畏难时，要适时给予鼓励和帮助；当他们失败时，要及时帮助分析原因、商量对策；当他们有点进步时，要及时给予肯定和表扬。通过帮助学生克服学习上的畏难情绪，进一步培养学生坚忍不拔、勇敢顽强、吃苦耐劳的意志品质。

三、发挥体育活动的育人优势

丰富多彩的体育活动，彰显育人效果。学校定期开展"运动会""校园足球文化节""亲子运动会""国学操比赛""阳光体育"活动等，各项活动精彩纷呈，学生、家长参与达 90% 以上。学生踊跃报名，参加比赛的人数逐年增加，吸引了更多学生参加锻炼，同时，校园体育文化应运而生。这些丰富多彩的活动不仅培养了学生的体育兴趣让学生的身体得到锻炼，运动技能得以提高。

学校每学年都组织几次有效而实用的体育活动，并将体育活动的部分组织工作放手让学生做。老师在整个组织过程只是指导者，而更多的是引导参与组织的同学在活动组织过程中自己领悟发扬"团队精神"的重要性，从而潜移默化地培养学生的团结协助精神。一项体育比赛活动的组织，从报名到比赛的开展，都需要许多人的参与，那么多人去共同做一件事，各自独干是绝不可能做好的，必须要求大家统一思想，统一步调，更需要大家团结一致互相协助，务必发扬团队精神。

体育活动是以竞技、比赛的形式开展的，每次的活动开展运动员们都要进行体育项目的训练。老师就要抓住时机对学生进行"耐性、毅力、团队精神"的教育。引导他们坚持训练下来，让他们明白坚持就是胜利的道理。引导他们边训练边感悟而"耐性、毅力、团队精神"对人生的作用。

体育活动是以竞技、比赛的形式开展的，运动员们都要进行体育项目的训练。老师就要抓住时机。引导他们坚持训练，让他们明白坚持就是胜利的道理。引导他们边训练边感悟而"耐性、毅力、团队精神"对人生的作用。

在体育比赛活动过程，教师针对具体的比赛项目对学生进行相应的思想教育。如：中长跑项目，除了需要耐力之外，考验更多的是运动员的毅力和意志；比赛过程中，在他们最需要支持时给予鼓励；赛后安排运动员对全班同学分享自己坚持不懈的顽强斗志和取得成绩后的喜悦，实现一人比赛，全班受教育。

比赛结束后，还可以结合相关的活动进行德育教育。

一是利用"表彰大会"，对学生进行集体荣誉感教育。学校每次体育活动比赛结束后，都会召开表彰大会，对取得优异成绩的班集体进行表重奖励，以此激励全体学生为班争荣誉的责任感。受表彰的兴高采烈，没受表彰的也暗下决心努力拼搏，争取更好成绩，让自己和班级也"风光"一回。

二是组织"冠军运动员"进行"我的夺冠历程"。班主任在班级组织通过这一活动，既可以让"冠军"体验到成功的喜悦，更让全班、全校学生体会到成功背后的"付出"与"汗水"，从而让学生深深领悟到"成功=1%天才+99%汗水"的道理。

各级各项体育比赛过程对学生来说更是一种难得的锻炼。学生在参与体育比赛过程可认识自我、评价自我，摆正个人在的位置，学会人际交往，在参与群体活动中还可锻炼其独立思考、独立生活的能力，以逐步提高学生的社会适应能力。体育比赛竞争激烈，对抗性强，不仅需要运动员有良好的身体运动能力和技战术水平，还需要有良好的心理素质。体育竞赛可培养学生坚忍不拔的毅力，勇敢顽强的精神，机智灵活的反应。在赛场瞬息万变的情况下，灵活机动，充分发挥主观能动性和创新能力，有助于培养学生独立分析，判断的能力。坚韧顽强的毅力是现代社会生活的心理基础，这些体育竞赛教育学生养成正确的胜负观，在胜利面前不骄傲，在失败面前不气馁。

经过多年的努力，学校体育教育取得了丰硕的成果。学校以"足球、排球、田径"为突破口,通过课堂教学、活动组织、文化建设等路径,打造"一校多品"的学校体育特色。学校先后被评为"全国科技体育传统校""省体育(排球)传统特色项目学校""全国青少年校园足球特色学校""全国青少年校园排球特色学校"。学生参加国家、省、市、县举行的体育项目竞赛中,累计获得团体22奖项,学生个人获奖133人次。其中学校获得省团体二等奖2次、三等奖2次,市团体一等奖1次,二等奖1次、三等奖2次。

案例一:参加2018年"阳光体育"福建省校外体育活动中心排球夏令营

二小代表队合照

简讯摘要:

2018年4月28日—5月1日,由福建省体育局、福建省教育厅主办的2018年"阳光体育"福建省校外体育活动中心排球夏令营在晋江市金井镇毓英中心小学举行。来自全省21个中小学排球传统学校和青少年活动中心100多名的孩子参加了此次盛会,我校代表对在陈素娟老师的带领下我校10名优秀的排球运动员也参加了此次比赛。经过三天的角逐,运动员们在赛场上奋力拼搏,我校代表队最终取得小学组二等奖的优异成绩。

案例二:"奋勇拼搏,再创佳绩"参加县第二十三届中小学田径运动会

简讯摘要:

2018年11月3日至4日我校田径队代表我校参加明溪县第二十三届中小学田径运动会。这次共有12名运动员参加了比赛,从暑假起运动员们就开始

了为期几个月的集训，牺牲了许多的课余时间，每天坚持训练，不怕苦不怕累，终于在比赛中赛出好成绩，我校田径队在全县小学组10所学校中，以143分的总成绩绝对的优势勇夺第一名，第三次蝉联冠军，为学校添增了光彩。

校田径队的运动员们与李金禄校长及老师合影

在本次竞赛中，我校运动员们一展风采。其中夺得第一名的有：陈联焰男子60米及100米；张柳铭男子400米；苏陈威男子垒球；何子卉女子60米；黄飞阳女子100米；原敏静女子400米；原泉女子跳远；女子4×100米接力、男子4×100米接力；荣获第二名的有：李世元男子60米；苏陈威男子200米；聂仕博男子跳远；原敏静女子200米；陆姝丹女子800米；肖璐女子垒球；获得第三名的有：肖璐等5人；获得第四名的有：苏俊诚等3人。

本届运动会充分展现了我校师生良好的体育道德风貌，展现了二小人的风采，同时也充分展现了我校合力同行、努力践行的校风和学风。

案例三：明溪县第二实验小学大课间活动

完整方案：

为认真落实"两操活动"，积极开展阳光体育运动，培养学生健康体魄，强化师生健康第一的意识，让校园充满生机和活力，促进学生全面发展，特制定本校上午大课间活动方案。

一、活动时间：上午9：00—9：35

二、活动地点：本校操场、篮球场

三、参加人员：全体师生

四、活动内容：广播操、国学操、跑操

五、活动要求：

1. 大课间活动列入学校课程计划，全体师生必须按时参加。

2. 进退场时，各班分别排成一路纵队，靠楼梯右边安静、依次地走。

3. 学生保持正确的站姿和走姿，古诗朗诵、跑操口号要响亮。

4. 做操动作规范、整齐、到位、协调，体现班级精神面貌。

5. 学校将成立由副校长任组长的督查小组，少先队安排红领巾志愿者每天对各班大课间活动表现进行检查评比，并记入班级绩效考核。

6. 遇雨雪天气，做室内国学操。

跑操

广播操

案例四：明溪县第二实验小学"校园足球文化节"活动

完整方案：

为进一步丰富校园足球活动，更好地提升、营造良好的足球氛围，促进学生健康成长，经学校研究，决定举办明溪县第二实验小学"校园足球文化节"。

一、活动时间：2019 年 4 月

活动内容包括：班级足球联赛、"亲子"足球嘉年华"放飞足球梦"绘画（一—二年段）、手抄报（三—四年段）、足球队徽设计（五—六年段）

二、活动内容

1. 班级足球联赛（三—六年段）

2. "亲子"足球嘉年华（一—二年段）

3. "放飞足球梦"绘画（一—二年段）、手抄报（三—四年段）、足球队徽设计（五—六年段）

三、比赛方法

1. 班级足球联赛（三—六年段）

以班级为单位进行报名，分年段进行比赛。赛制形式：班级联赛为 5 人制小组单循环和淘汰制。每个年段分两小组先循环比赛前 2 名晋级。晋级后进入淘汰赛决出前三名进行颁奖。

2. "亲子"足球嘉年华（一—二年段）

项目分为：学生的个人单项比赛、亲子合作比赛、学生团体赛三大类。单项类比赛和亲子合作类的比赛每班报名人数不限，但每个学生最多报两个项目。每班带球接力每男女各报 6 名。

比赛项目包括："1 分钟"亲子传接球、亲子保龄球、带球接力、"孤胆枪手"

各比赛项目取前五名颁奖，并按 6、4、3、2、1 计分，集体项目加倍计分。团体总分按年段取前三名颁奖。

3. "放飞足球梦"绘画（一—二年段）、手抄报（三—四年段）、足球队徽设计（五—六年段）

以班级为单位先进行初赛，每班选出 3 份较有代表性的活动作品递交参评，最终评选出优秀有代表性的作品进行展示。

赛场上运动员们奋力拼搏

亲子携手参与比赛

获奖班级合影

完整简讯：

经过一个月的角逐，校园足球文化节活动，在全体师生的共同努力下终于完美落下帷幕。

为了准备本次比赛，同学们利用业余时间和大课间活动时间积极训练，相互之间在技战术配合上已有一定的默契，虽然不比专业足球运动员的技战术水平，但对于比赛认真的态度和敬业精神感动着全校的师生。

在班级足球联赛更好地提升水平、营造良好的足球氛围，推进我校"全国青少年校园足球特色校"建设，增强学生体质，培养青少年拼搏进取、团结协作的体育精神。

在"亲子"足球嘉年华中家长积极配合和亲历亲为的参与，更是提高了孩子们活动的情趣和积极性。最让孩子们兴奋的是能和爸爸妈妈一起游戏、一起拼搏。而平时忙于工作的家长们也深深体会到运动对孩子健康和全面发展的重要。孩子们和家长在轻松、欢愉而又不失紧张激烈的比赛中，赛出了好心情，赛出了孩子坚强的毅力，赛出了家校之间更多的融洽，也为孩子的童年生活记下了温馨美好的一页。

同时通过"放飞足球梦"主题足球画、手抄报、足球队徽作品征集活动丰富学生们的校园文化，进一步激发学生热爱足球的兴趣，使学生从中获得人生感悟，培养学生观察生活、思考生活的能力。

案例五：明溪县第二实验小学第 42 届田径运动会

完整方案：

根据明溪县第二实验小学 2020 年工作意见，定于 2020 年 11 月举办明溪县第二实验小学第 42 届运动会。

一、时间、地点：

时间：11 月 19 日—20 日

地点：学校田径场、体艺馆

二、参加年段：三至六年段

三、比赛细则：

1. 以班级为单位，每班限报男女运动员各 15 人，每个运动员限报二项（接力除外）。

2. 组别划分：学生以年段为比赛年龄。

3. 竞赛项目：60 米、100 米、200 米、400 米、800 米（五、六年段）、跳高、跳远、垒球、4×100 米接力。

4. 比赛采用国家体育总局审定的最新田径竞赛规则。

5. 每个项目每班限报 4 人。

6. 具体比赛细则在《运动会秩序册》中。

四、录取名次和计分办法：

1. 各比赛项目取前五名，不足五人减一录取。采取 6、4、3、2、1 计分，集体项目加倍计分。破校记录加 10 分，破县记录加 20 分，破市纪录加 50 分。

2. 团体总分：各年段取一名。按各队参赛运动员比赛得分之和计算，得分多者名次列前。

五、其他事项：

1. 各代表队要充分利用课余时间，在确保安全的前提下，组织学生进行训练，促使校运动会赛出好成绩。

2. 各班如有受伤运动员请及时送往校医务室就诊。

3. 校运会具体比赛事项由体育组负责；校运会宣传报道由少先队负责；秩序维持由学校保卫处、红领巾志愿者、家委会家长志愿者负责。

完整简讯：

11月19日—20日，明溪县第二实验小学迎来了一年一度的"田径运动会"活动。校领导的高度重视，科技、体育组教师的认真细致，各班主任的密切配合，全体师生发扬力行精神，使得"田径运动会"活动完美落下帷幕。

精彩纷呈的开幕式

19日上午，随着《运动员进行曲》响彻校园，我校第四十二届"田径运动会"在一片热烈欢快的气氛中拉开序幕。三至六年级各中队队员迈着整齐的步伐，呼喊着振奋人心的口号，进行了精彩的风采展示。

在两天的赛程中，各项比赛紧锣密鼓地进行着，原来宁静的体育场顿时沸腾。赛跑道上，同学们一次次向前冲刺，人人不甘落后，运动员个个精神严肃、摆臂有力、互不相让、你追我赶。4×100米接力赛跑，永远是田径场上的焦点。小小的接力棒，联结的是团结和力量。为了集体荣誉，各班的啦啦队员们也鼓足了劲，此起彼伏的欢呼声不绝于耳。跳远、跳高场地上，运动员们腾空的精彩瞬间成为定格在观众心中的永恒。

运动真正的风采来源于不断拼搏的精神和自我超越的毅力，经过不懈的努力，运动员们纷纷斩获佳绩。闭幕式上陈雪英副校长为获奖的同学、班级颁奖，他号召全体师生要以强健的体魄、良好的心态做人生赛场上永远的冠军。

顽强拼搏、勇攀高峰的田径赛场

四、发挥艺术教育的育人作用

（一）组建兴趣小组，营造艺术教育氛围

我校一直坚持开展兴趣小组活动，并将兴趣小组与课堂有机结合。兴趣小组不仅是第一课堂的有机延伸，也是第一课堂的重要补充，在兴趣小组活动中，我校注重学生的多元发展，注重培养学生健全的人格，健康的审美情趣和艺术创造力，以兴趣教育为抓手，以课堂教育为主渠道，培养学生的创新精神和实践能力，学会欣赏美、创造美。并依据学生兴趣特长并结合学校实际，开设了合唱、腰鼓、小号、科幻画、儿童画、线描、素描等九个艺术类兴趣小组活动课程，培养学生的欣赏水平，张扬学生的个性，展示学生的艺术才华。

（二）成立"红豆杉"少儿艺术团，加大艺术教育投入

我校于2019年组建成立"红豆杉"少儿艺术团，艺术团下设合唱组、舞蹈组、戏剧组、器乐组、书画组、小主持人组。以普及艺术教育，培养艺术人才为宗旨，坚持公益性原则，依托学校和文旅局的专业师资力量，充分利

用二实小丰富的场地设施资源，通过开展系统地艺术培训排练、演出等系列活动，为学生搭建展示风采的大舞台，提升少年儿童的综合素质和艺术实践能力。并聘请了一批优秀的艺术专家担任校外辅导员，互相学习，积极探索，努力提高艺术指导能力。

（三）参加各类活动，展示学生艺术才能

我校积极组织学生参加省市县艺术节、各类比赛及展示活动，同时，每年五月份举办校园艺术节活动，活动内容包括：声乐、舞蹈、器乐、讲故事、演讲、绘画、书法等比赛，并举办庆"六一"文艺汇演和各类小型多样的文体活动，为学生的艺术活动搭建平台，提供机会，陶冶了学生的情操，提高了学生的艺术修养，促进了学生的全面发展。

学校艺术教育成果：

1. 音乐类获奖名单：

赛事名称	获奖项目名称	参赛时间
明溪县中小学生小组合唱比赛	合唱《我们的幸福港湾》《祖国在我心窝里》一等奖	2013年6月
明溪县"庆祝新中国成立七十周年"合唱比赛	合唱《我们是鲜花》一等奖	2019年5月

2. 美术类获奖名单：

姓名	赛事名称	获奖项目名称	参赛时间
原泉	三明市首届中小学生美术、书法课堂作业评选活动	《快乐成长》一等奖	2016年6月
林志杰	三明市第三十一届青少年科技创新大赛	《星外来客》一等奖	2016年10月
虞婍	三明市第三十一届青少年科技创新大赛	《雾霾分解器》一等奖	2016年10月
张成俊	三明市第三十一届青少年科技创新大赛	《未来的城市》一等奖	2016年10月

(续表)

揭紫嫣	三明市第三十一届青少年科技创新大赛	《海底图书馆》一等奖	2016年10月
谢 岩	明溪县2019年青少年科技创新大赛	《超级自驾游全自动节能车》一等奖	2019年9月
黄 艺	明溪县2019年青少年科技创新大赛	《垃圾消化处理器》一等奖	2019年9月
曾承希	明溪县2019年青少年科技创新大赛	《机器人小分队》一等奖	2019年9月
叶 晟	明溪县首届迎接新中国成立70周年新时代好少年"绘我中华"绘画征集活动	《腾飞中国》一等奖	2019年10月
范孜叶	福建省第三十五届青少年科技创新大赛	《植物颜料收集器》二等奖	2020年4月
姜浩宇	三明市第三十六届青少年科技创新大赛	《病毒治疗仪》一等奖	2021年1月
范孜叶	三明市第三十六届青少年科技创新大赛	《厨余转换器》一等奖	2021年1月
宋韵竹	三明市第三十六届青少年科技创新大赛	《扫地机器人》一等奖	2021年1月
吴坤香	三明市第三十六届青少年科技创新大赛	《人体器官培育仓》一等奖	2021年1月

案例一

简讯摘要：

为进一步学习贯彻习近平新时代中国特色社会主义思想和党的十九大精神，弘扬中华优秀传统文化，庆祝新中国成立70周年，传承老区苏区精神，教育系统组织了"风展红旗如画传承红色经典"庆祝新中国成立70周年合唱比赛。我校积极落实文件精神，分别选拔了学生队伍和教师队伍参赛，并取得了学生组一等奖和教师组二等奖的优异成绩。

我校在收到文件的第一时间就经过层层选拔组建了两支优秀的合唱队，由于时间紧任务重，大家只能利用课余时间和放学时间进行老师和学生的排

学生合唱队与李金禄校长及老师合影

练。在排练的过程中学生和老师的热情度极高,每天都准时来到音乐室,从最开始练每个声部,到中期练合唱,再到后期练情感表达、舞台动作等,从不喊苦喊累,音乐室内充满着年轻人的热情和朝气,洋溢着欢声笑语。有的老师和学生声音已经嘶哑,大家都劝说休息一下,但他们第二天仍然坚持排练;排练中期赶上连续大暴雨,路上经常风雨交加、电闪雷鸣,但大家从没有一次因为天气延误了排练,大家心中都有一个目标,就是用自己的力行精神,合力同行为祖国母亲70周年献出最美妙的声音,让力动于行,乐动于声,情动于心。

案例二

简讯摘要:

由三明市科协、市教育局、市科技局、市生态环境局与市关工委共同主办的第36届三明市青少年科技创新大赛圆满落幕。

本次大赛我校选送30幅科幻画参赛,共有14幅作品脱颖而出,斩获佳绩。其中4幅作品荣获一等奖、4幅作品荣获二等奖、6幅作品荣获三等奖,并且我校首次荣获三明市青少年科技创新大赛"优秀组织奖"称号。我校4幅一等奖作品,被推送参加第36届福建省青少年科技创新大赛。

通过参加本届市青少年科技创新大赛,又一次展现了我校"3456科学教育机制"的应用成果。引领我校学生领会科学、感受科学、走近科学的风尚,进一步增强学生的创新精神和实践能力,提高学生的综合素质,推进了我校科技教育工作的长足发展。

参考文献

[1] 李金禄. 创特色文化造和谐环境——以明溪第二实验小学为例[J]. 福建基础教育研究, 2013 (3): 18-19.

[2] 李金禄. 关爱留守儿童创建成长乐园——以明溪第二实验小学为例[J]. 福建教育学院学报, 2015, 16 (2): 20-21.

[3] 李金禄. 用先进的文化引领学校发展[J]. 教育, 2015 (15): 57.

[4] 李金禄. 基于"力行"教育的课堂教学模式改革——以明溪县第二实验小学为例[J]. 福建教育学院学报, 2019, 20 (9).

[5] 欧仙龙. 引导学生在进步中体验快乐——谈《品德与社会》教学[J]. 考试周刊, 2018 (74).

[6] 王凤莲. 语文力行课堂教学模式之我见[J]. 小学时代（奥妙）, 2019 (9).

[7] 黄梅坚. 轻轻地告诉你：我爱你, 百家讲坛[J]. 小作家选刊（教学交流）, 2014 (10): 169-170.

[8] 郑立峰. 对提高高中体育课选项教学实效性的几点认识[J]. 考试周刊, 2013 (37): 112-113.

[9] 蒋玉叶. 高中英语阅读教学培养学生思维品质的策略研究[J]. 魅力中国, 2020 (9):

150-151.

［10］张芳芳. 留守儿童心理辅导案例——孩子，你不再是"边缘"人物［J］. 新教育时代电子杂志（教师版），2018（21）：270.

［11］傅兰芳.《小小辩论会》教学反思［J］. 东西南北·教育观察，2012（9）：168-169.

［12］陈越. 掌控学生心理，促进学生发展——班级心理教育案例浅析［J］. 新课程学习（基础教育），2012（6）：340-341.

［13］王翰儒. 浅谈小学生思想品德教育管理的主要内容及其措施［J］. 百科论坛电子杂志，2018（10）：607.

［14］朱汉民. 朱熹的德育方法论［J］. 徽州社会科学，2000（2）：44-47.

［15］徐海彬. 加强德育建设，增强学生劳动意识［J］. 小学教学参考，2021（3）：94.

［16］鄢姿. 福建红色文化的新时代价值探究［J］. 闽南师范大学学报（哲学社会科学版），2020，34（3）：143-146.

［17］冉苒. 综合实践活动融入初中英语教学的策略初探［J］. 教育教学论坛，2019（13）：253-254.

［18］陈小娅. 扎实推进中小学社会实践活动［J］. 人民教育，2010（2）：2-4.

［19］叶霜飞. 全国首座中央苏区反"围剿"纪念园简介［J］. 福建党史月刊，2008（8）：40-41.

［20］刘春英. 沟通与合作是家校共育的桥梁［J］. 基础教育论坛，2017（33）：22-23.

［21］王淑慧. 小学品德课教学存在的问题与应对策略浅议［J］. 学周刊 C 版，2014（6）：48.

［22］于继洲. 在品社课程中培养学生核心素养［J］，教育，2019（2）：53.

［23］周敬贵. 小学综合实践活动与德育融合课程资源开发的途径与方法［J］. 延边教育学院学报，2020，34（5）：244-246.

［24］涪陵区致力创建"全国中小学劳动教育实验区"［N］. 重庆日报，2020-12-15（T09）.

［25］入队仪式［N］. 济南日报，2017-06-09（A07）.

［26］王丹丹，黄秋月. "家校联合"筑起心灵港湾［N］. 贵阳日报，2018-03-27（A07）.

［27］韩松航. 树立良好师德师风［N］. 中国教育报，2019-01-10（05）.

［28］刘玉艳. 小学语文经典诵读教学研究［D］. 南京师范大学，2013.

［29］宫承琳. 儒家力行哲学及其现代价值［D］. 长春理工大学，2017.

［30］边慧民. 朱熹"力行"德育思想及其现代启示［D］. 山东师范大学，2002.

［31］杨柳. 王阳明"知行合一"说探析［D］. 沈阳师范大学，2017.

［32］王亮. 城市高中后进生辅导策略研究——以江苏省苏州市高中为例［D］. 苏州大学，硕士，2012.

［33］潘雨晨. 小学生思想品德教育现状及对策研究［D］. 内蒙古科技大学，2013.

［34］裴佑宏. 小学爱国主义学校文化建设个案研究——以山西省 JW 小学为例［D］. 山西师范大学，2016.

［35］吴慧慧. 小学低学段班级规范合理性的研究——以苏州市某校为例［D］. 南京师范大学，硕士，2017.

［36］郭慧君. 小学社会科的品格教育研究——上海市小学生道德"知行分离"的教育应对［D］. 上海师范大学，2016.

［37］周盼盼. 小学一年级新生入学适应的差异研究［D］. 北京师范大学，2012.

［38］唐聪. 国学经典融入小学语文教育的实践研究［D］. 湖南科技大学，2018.

［39］李丽花，学校场域下的力量博弈——对一所小学家长委员会职能的质性研究［D］. 西北师范大学，2013.

［40］孙媛媛. 山东省小学家长委员会建设问题与对策研究［D］. 曲阜师范大学，2012.

［41］覃学健. 中小学家长委员会职能问题研究［D］. 西南大学，2011.

［42］李宁. 我国普通高校学生校内体育竞赛研究［D］. 北京体育大学，2001.